普通高等教育"十三五"规划教材
高职高专实验(训)系列

证券投资实训教程

主　审　张效梅

主　编　杨秋海

副主编　高　勇

立信会计出版社
LIXIN ACCOUNTING PUBLISHING HOUSE

图书在版编目(CIP)数据

证券投资实训教程 / 杨秋海主编. —上海：立信会计
出版社，2016.7(2020.3 重印)
普通高等教育"十三五"规划教材
ISBN 978-7-5429-5175-5

Ⅰ.①证⋯　Ⅱ.①杨⋯　Ⅲ.①证券投资—高等学
校—教材　Ⅳ.①F830.91

中国版本图书馆 CIP 数据核字(2016)第 185246 号

责任编辑　　赵新民　秦思慧
封面设计　　南房间

证券投资实训教程

Zhengquan Touzi Shixun Jiaocheng

出版发行	立信会计出版社
地　　址	上海市中山西路 2230 号　　　邮政编码　200235
电　　话	(021)64411389　　　　　　　传　　真　(021)64411325
网　　址	www.lixinaph.com　　　电子邮箱　lixinaph2019@126.com
网上书店	http://lixin.jd.com　　　http://lxkjcbs.tmall.com
经　　销	各地新华书店
印　　刷	常熟市华顺印刷有限公司
开　　本	787 毫米×1092 毫米　　　1/16
印　　张	12
字　　数	313 千字
版　　次	2016 年 7 月第 1 版
印　　次	2020 年 3 月第 3 次
印　　数	3 101—5 200
书　　号	ISBN 978-7-5429-5175-5/F
定　　价	35.00 元

如有印订差错，请与本社联系调换

普通高等教育"十三五"规划教材

高职高专实验(训)系列

编委会主任　赵水根

编委会副主任　王振华　　张学功

编委会委员　（以姓氏笔画为序）

马荣贵　孔祥慧　宁艳岩　刘爱萍　刘　喆

张效梅　李煜辉　陈爱国　倪天林　琚军红

董云展　韩宗保

行业企业委员（以姓氏笔画为序）

王寿轩　牛宗芬　史　强　石维堂　张连升

张延民　赵永战　赵树亭　臧喜昌

总 序　PREFACE

　　实验(训)教学是高等职业教育教学的重要环节,是培养适应现代经济社会发展的高素质技能人才的重要保障。规范实验(训)教学内容,建立标准化的实验(训)教学流程是完善实践教学体系,推进人才培养规范化,加快发展现代职业教育的重要举措。为此,我们编纂了本套实验(训)系列教材。

　　本系列教材在编纂过程中,紧密结合行业、企业发展实际,坚持应用导向,坚持实践教学与理论教学相衔接,实践内容与职业标准相衔接,实践技能与职业技能鉴定相衔接,把职业岗位所需要的知识、技能和职业素养融入实践教学,构建对接紧密、特色鲜明的实践教学课程体系。

　　该套教材在栏目编排上,采用模块化的结构,系统讲解实践教学的各个环节。同时,紧贴实践教学内容,采用项目教学、案例教学、工作过程导向教学等教学模式。

　　为确保教材质量,本套教材由具有企业一线工作经历和丰富实践教学经验的"双师型"教师编写,结构严谨,体系完整。在写作方式上,力求语言简练、形式活泼、深入浅出。本套教材以课程为单元,配有丰富的实验(训)案例,是高校教师教授实践类课程的重要参考。

普通高等教育"十三五"规划教材编委会

前　言　FOREWORD

根据高等职业教育的要求,应大力加强对学生职业技能的培养,实验室实训教学是学生职业能力培养的一个重要环节。为了提高学生的实际操作能力,加深对金融证券理论的理解与掌握,满足用人部门的实际业务需要,我们编写了这本《证券投资实训教程》实训教材。

《证券投资实训教程》是结合《证券投资理论与实务》教材的内容,按照实验教学理念设计的投资技能培养实验教材,目的是加强理论与实践的紧密联系,本书以《证券投资理论与实务》教材理论体系为序列,以国泰君安证券实训系统为模版,采用项目化、任务化设计,通过必做实验与选做实验、验证实验与实用实验的有机结合,培养学生的实际动手操作能力,具有全面培养和提高学生实战投资技能的功效。实验要求:认识基本投资工具,掌握投资实战信息获取的方法、通过投资信息获取实验,利用投资实战技术分析实验,帮助建立投资实战技术分析框架。掌握股票、债券、基金等金融工具的投资操作流程,通过模拟实验,让学生充分体会所学金融理论、投资理论以及基本分析、技术分析方法在股票等投资实践中的应用。

《证券投资实训教程》实训教材编写主审为河南财政金融学院金融系主任张效梅教授,河南财政金融学院金融系杨秋海老师担任主编,河南财政金融学院金融系的高勇老师任副主编、河南财政金融学院的丁鹭老师参与编写工作。章节编写具体分工为:杨秋海编写项目一、项目二、项目三、项目五、项目六、项目七;高勇编写项目八、项目九、项目十、项目十一、项目十二、项目十三、项目十四、项目十五;丁鹭编写项目四。在编写过程中,我们参考了大量的证券投资实训教材,这些教材为我们提供了有益的帮助;同时,我们也参考了部分证券公司营业部员工培训的内容,以利于我们的实训内容更贴近于实践的需要,此外,本教材还参考了国泰君安(http://www.gtja.com)、申万宏源(http://www.sw2000.com)、上海证券交易所(http://www.sse.com.cn)、深圳证券交易所(http://www.szse.cn)等网站的有关资料,在此一并表示感谢。本教材适用于金融、证券等相关专业的专业实训,也可作为专业培训使用。

目 录 CONTENTS

项目 一　证券投资基础知识认知实训

【实训目的】

(1) 掌握证券投资的基本知识。

(2) 了解证券交易所与证券公司的关系。

(3) 熟悉证券投资的品种。

【实训要求】

(1) 对实训目的认真掌握,严格按照实训操作方法对实训内容进行操作。

(2) 认真写出实训报告,并总结存在的问题。

(3) 认知实训是对事物性质的掌握,要结合具体事务进一步认知。

【实训设计】

以证券市场结构为主线,对证券市场的要素进行认知;以工作岗位为切入点,加强对工作岗位内容的了解。

【实训内容】

任务一　认知证券交易所

一、对证券交易所性质的认知

(一) 证券交易所性质

在证券市场上,证券交易所是最主要的交易场所,证券交易所最主要的职能就是组织证券交易。投资者很多,不可能都进入证券交易所进行交易,上海证券交易所和深圳证券交易所采用会员制,通过接纳证券公司入会,组成一个自律性的会员制组织,而投资者是通过证券交易所的会员也就是通过证券公司来代理买卖证券的。证券公司要成为证券交易所的会员,除了具备上海证券交易所和深圳证券交易所规定的会员条件外,还要向证券交易所缴纳一定的会费。

根据我国《证券法》的规定,证券交易所是为证券集中交易提供场所和设施,组织和监督证券交易,实行自律管理的法人。证券交易所的监管职能包括对证券交易活动进行管理,对会员进行管理,以及对上市公司进行管理。

(二) 我国的证券交易所

上海证券交易所(Shanghai Stock Exchange)是中国大陆两所证券交易所之一,位于上海浦东新区,如图 1-1-1 所示。上海证券交易所创立于 1990 年 11 月 26 日,同年 12 月 19 日开始正式营业。上海证券交易所是不以营利为目的的法人,归属中国证监会直接管理。其主要职能包括:提供证券交易的场所和设施；制定证券交易所的业务规则；接受上市申请，安排证券上市；组织、监督证券交易；对会员、上市公司进行监管；管理和公布市场信息。

图 1-1-1　上海证券交易所

深圳证券交易所(Shenzhen Stock Exchange)，位于深圳罗湖区深南东路 5045 号，如图 1-1-2 所示。成立于 1990 年 12 月 1 日，于 1991 年 7 月 3 日正式营业，是为证券集中交易提供场所和设施，组织和监督证券交易，实行自律管理的法人，由中国证监会直接监督管理。经国务院同意，中国证监会批准，2004 年 5 月起深圳证券交易所在主板市场内设立中小企业板块。2009 年 10 月，创业板在深圳证券交易所挂牌交易。

图 1-1-2　深圳证券交易所

二、对交易所业务岗位的认知

1. 上海证券交易所职能岗位

上海证券交易所下设办公室、人事部(组织部)、党办(宣传部)、纪检办、交易管理部、发行上市部、上市公司监管一部、上市公司监管二部、会员部、债券业务部、国际发展部、基金与衍生品部、市场监察部、法律部、投资者教育部、系统运行部、技术开发部、技术规划与服务部、信息中心、北京中心、财务部、风控与内审部、行政服务中心(保卫部)、基建工作小组等23个部门。

2. 深圳证券交易所职能岗位

深圳证券交易所下设办公室、党委办公室、人力资源部、财务部、稽核审计部、法律部、公司管理部、市场监察部、会员管理部、基金债券部、信息统计部、系统运行部、电脑工程部、策划国际部、发审监管部、上市推广部、综合研究所、创业企业培训中心等十八个部门。

3. 进入证券交易所工作的通道

证券交易所是一个组织高度严密的证券交易场所,它既涉及上市公司,又联系千家万户的投资者,更对整个金融市场有着重要的影响。这种关系可以用图1-1-3表示。

证券交易所对其从业人员有着严格的要求,特别是对一些重点业务部门和岗位,所以,进入证券交易所的通道一般为两个:一个是通过证券交易所的招聘进入,另外一个就是通过证券交易所的会员进入,也就是成为会员公司的交易员代表进场交易。

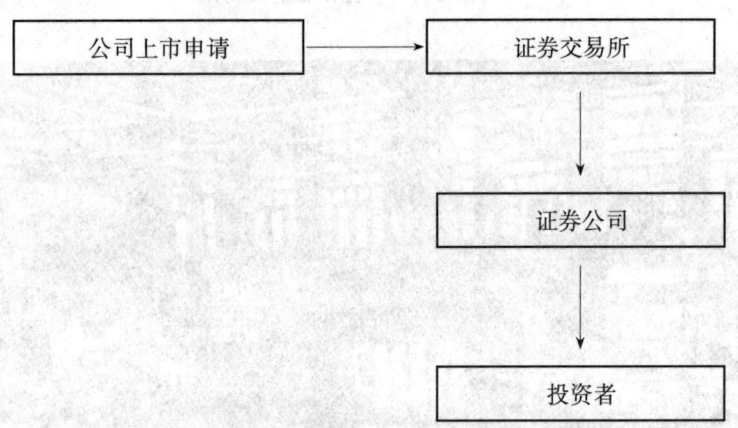

图 1-1-3   证券市场中交易所位置结构图

三、对交易所组织形式的认知

证券交易所的组织形式有两种,一种是会员制,一种是公司制。

(1) 会员制证券交易所是不以营利为目的的法人。证券交易所的会员由证券公司等证券商组成,只有取得证券交易所会员资格之后,证券商才能在证券交易所参加交易。会员制证券交易所强调自治自律,自我管理,会员向证券交易所承担的责任仅以缴纳会费为限。由于会员制证券交易所不以营利为目的,因此收取的费用较低,证券商和投资者的负担相应地也较轻。在发生交易纠纷时,证券交易所不负赔偿责任,由会员和买卖双方自己解决。我国的上海证券交易所和深圳证券交易所都是实行的会员制。图1-1-4所示为上海证券交易所交易大厅。

(2) 公司制证券交易所是由银行、证券公司等作为股东组成,其组织结构和有关的权利义务等法律关系均以公司法的规定为准。如伦敦证券交易所、纽约证券交易所。图1-1-5所示为纽约证券交易所交易大厅。

图 1-1-4　上海证券交易所

图 1-1-5　纽约证券交易所图片

任务二　认知证券公司

一、证券公司认知的实训项目

证券公司是指依照《公司法》和《证券法》设立的经营证券业务的有限责任公司或者股份有限公司。在我国,设立证券公司必须经国务院证券监督管理机构审查批准。

（1）上网查阅《公司法》和《证券法》中关于设立证券公司的条件。

（2）上网查阅证券公司设立子公司、分公司以及营业部的条件,对证券公司的性质做进一步的了解,特别注意区分证券公司和证券营业部。

（3）对证券公司组织结构进行了解,对证券公司营业部职能岗位设置进行了解。

二、对证券公司认知的实训练习

（1）上网搜索某一个证券公司,比如国泰君安证券股份有限公司,对公司的设立、业务内容等做进一步了解。同时,登录一家上市证券公司的网站,了解其详细内容,并和非上市证券公司做一比较认知。

（2）搜索进入中国证监会网站、中国证券业协会网站,对证券公司做更多的了解。

（3）对证券公司的职能机构设置和营业部的岗位设置进一步认知。搜索某一家证券公司的网站,比如中原证券股份有限公司,查看其组织机构情况,再查看中原证券股份有限公司经三路营业部的情况,做对比认知。

在百度中输入中原证券股份有限公司,如图 1-2-1 所示。进入中原证券股份有限公司官方网站,点击走进中原,点击组织架构,就可以查看其组织架构图,如图 1-2-2 所示。

网页	视频	图片	音乐	新闻	地图	贴吧	购物	词典

搜狗搜索　　中原证券股份有限公司　　　　　　搜索一下

图 1-2-1　搜狗搜索页面截图

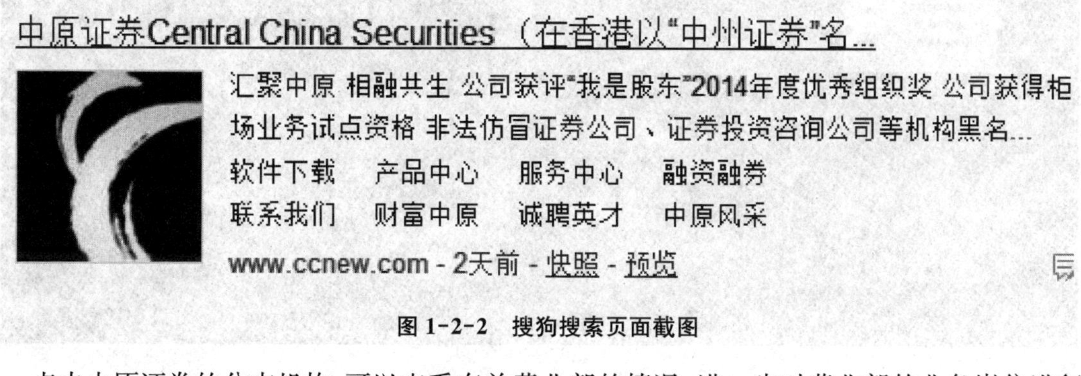

中原证券 Central China Securities （在香港以"中州证券"名…

汇聚中原 相融共生 公司获评"我是股东"2014年度优秀组织奖 公司获得柜场业务试点资格 非法仿冒证券公司、证券投资咨询公司等机构黑名…

软件下载　　产品中心　　服务中心　　融资融券

联系我们　　财富中原　　诚聘英才　　中原风采

www.ccnew.com - 2天前 - 快照 - 预览

图 1-2-2　搜狗搜索页面截图

点击中原证券的分支机构,可以查看有关营业部的情况,进一步对营业部的业务岗位进行认知,为将来就业储备知识。

任务三 认知证券交易品种及代码

一、证券交易品种及代码

目前在沪深证券交易所上市交易的证券品种主要有股票类、债券类、基金类等。

证券挂牌交易就是上市了，每个上市证券都有一个自己的证券代码，证券与代码一一对应，而且证券的代码一旦确定就不能再改变。目的有两个，一个有利于计算机识别，另一个也是为了交易的方便。

证券代码采用6位阿拉伯数字编码，取值范围在000 000～999 999。6位代码的前三位为证券类识别区，其中第一位为证券产品标识，第二位至第三位为证券业务标识，后三位为顺序编码区。

在上海交易所上市的证券，根据上交所"证券编码实施方案"，采用6位编码方法，前三位为证券品种区别代码，具体为：001——国债现货；201——国债回购；110～120——企业债券；100～129——可转换债券；310——国债期货；500～550——基金；600——A股；700——配股；710——转配股；701——转配股再配股；711——转配股再转配股；720——红利；730——新股申购；735——新基金申购；900——B股；737——新股配售。

在深圳证券交易所上市的证券，根据深交所证券编码采取6位编制方法，具体为000——主板；10——国债现货；13——国债回购；12——可转换债券；200——B股；300——创业板；002——中小板；174——投资基金；184——证券投资基金。

二、证券交易品种认知的实训

操作步骤一，下载大智慧交易软件（或者其他的交易软件），并打开软件系统。

操作步骤二，点击界面"报价"，出现沪深分类，如图1-3-1所示。

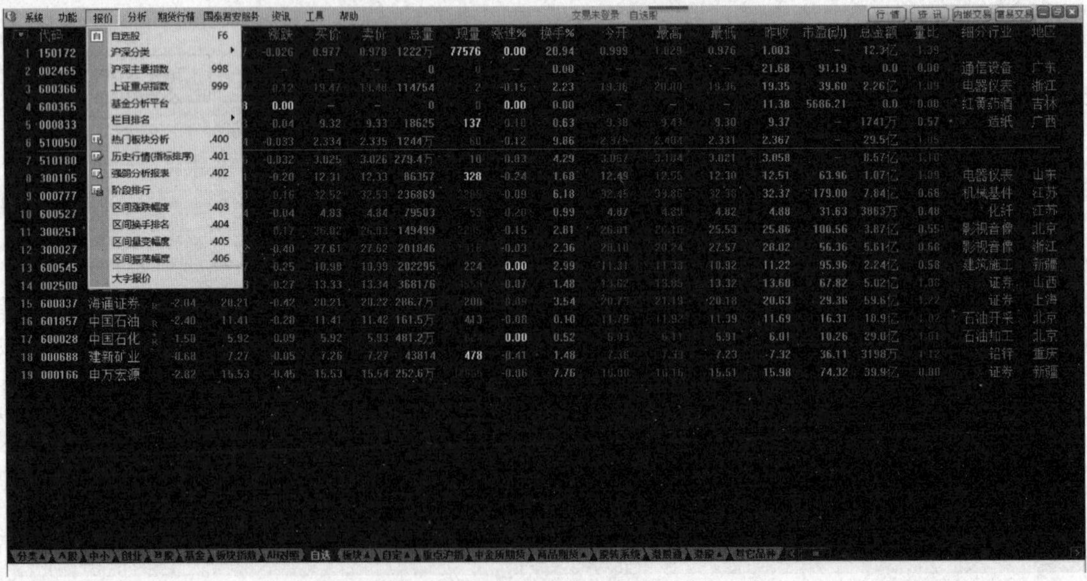

图1-3-1 证券交易行情截图

操作步骤三,点击沪深分类,出现沪深证券交易所的所有交易品种,然后点击分类项,就可以查看所有上市证券的代码,如图 1-3-2 所示。

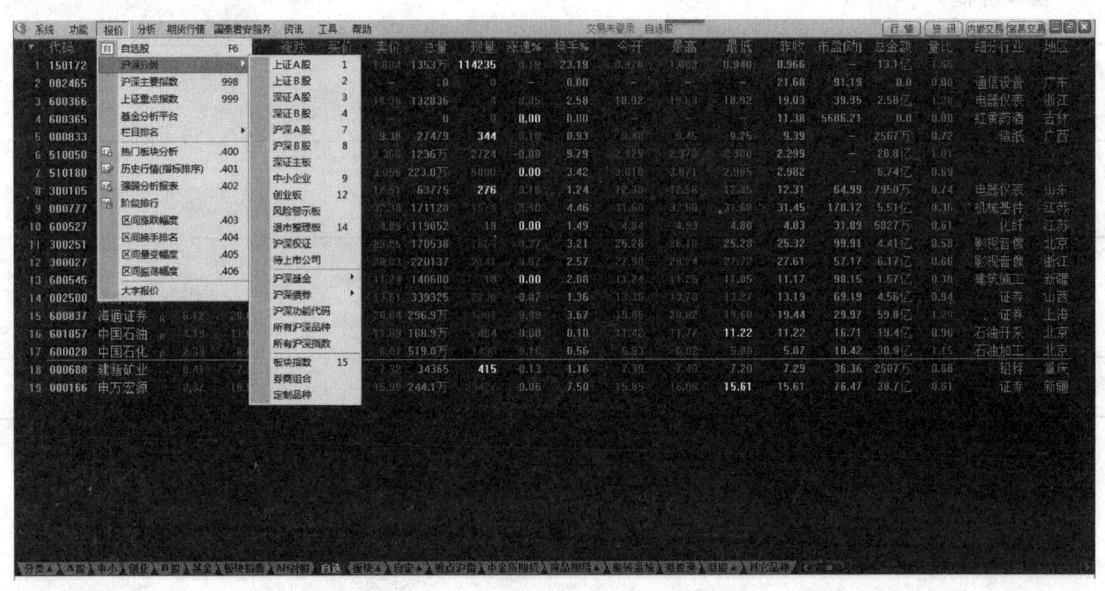

图 1-3-2　证券交易行情截图(2015 年 2 月 5 日)

实 验 报 告

班级名称:　　　　　　　　课程名称:

学生姓名:　　　　　　　　学　　号:

实验地点:　　　　　　　　实验日期:

实验目的	
实验工具	
实验原理	
实验过程	

实验结果	
实验结论	
实验资料	
实验评语	指导老师：_____ 时　　间：
参与学生签字	

项目 二 证券发行业务

【实训目的】

（1）掌握投资银行的职能。

（2）了解投资银行的作用。

（3）熟悉投资银行发行证券、承销证券的基本流程。

【实训要求】

（1）对实训目的认真掌握，严格按照实训操作方法对实训内容进行操作。

（2）认真写出实训报告，并总结存在的问题。

（3）联系实训内容，结合案例进一步熟悉投行业务流程。

【实训设计】

以投资银行业务为主线，以岗位角色进行定位，熟悉投资银行的发行、承销工作流程。

【实训内容】

任务一　投资银行证券发行业务认知

投资银行在证券发行中发挥着重要的作用，证券的发行业务涵盖了股票、债券等诸多内容，为了方便了解业务流程，这里以股票的发行为例介绍投资银行的作用。

一、对发行股票的辅导、推荐及保荐上市工作

为保证发行股票公司的素质及规范运作的水平，保证从事辅导工作的保荐机构（具有保荐资格的证券公司）在首次公开发行股票过程中依法履行职责，中国证监会分别于 2006 年 5 月、2008 年 12 月实施了《首次公开发行股票并上市管理办法》和《证券发行上市保荐业务管理办法》。根据规定，保荐机构在推荐发行人首次公开发行股票并上市前，应当对发行人进行辅导。股票发行申请经中国证监会核准后，保荐机构应当组织发行人做好市场推介活动。基本流程如图 2-1-1 所示。

二、股票上网发行申购程序

（一）基本规定

（1）申购单位及上限。上海证券交易所规定，每一申购单位为 1 000 股，申购数量不少于 1 000 股，超过 1 000 股的必须是 1 000 股的整数倍。深圳证券交易所规定，申购单位为 500 股，每一证券账户申购委托不少于 500 股，超过 500 股的必须是 500 股的整数倍。

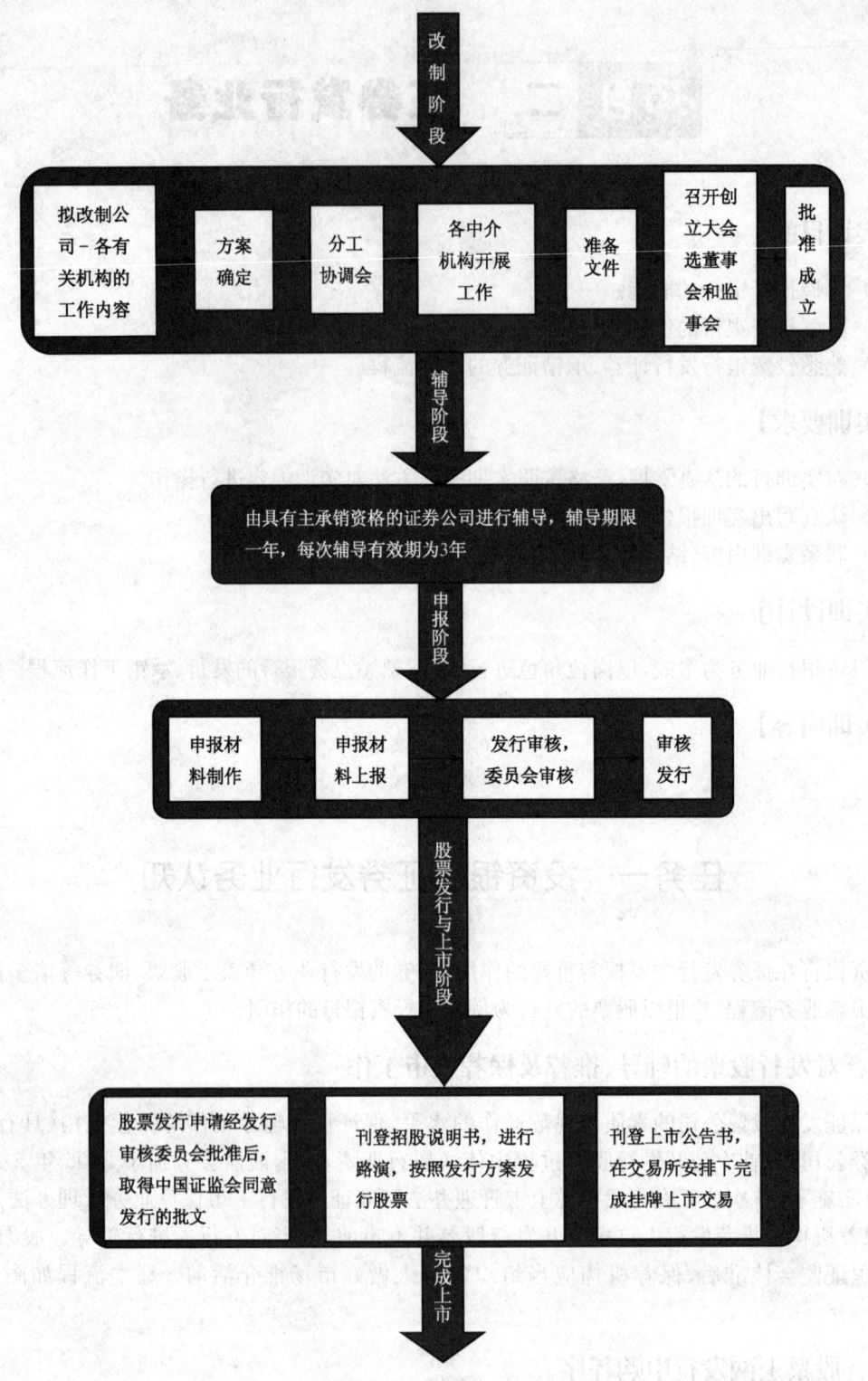

图 2-1-1　股票发行流程图

（2）申购次数。投资者参与网上公开发行股票的申购，以持有股份的市值为依据进行。投资者持有多个证券账户的，多个证券账户的市值合并计算。投资者只能使用一个证券账户进行申购。

（3）申购配号。申购配号根据实际有效申购进行，每一个有效申购单位配一个号，对所有有效申购单位按时间顺序连续配号。

（4）投资者在进行申购时无需缴付申购资金。

（二）操作流程

（1）投资者申购。申购当日（T＋0），投资者在指定的申购时间内，根据发行人发行公告规定的发行价格和申购数量进行申购委托。

（2）摇号抽签、中签处理（T＋2）。如果有效申购总量大于该次股票发行量，主承销商将于申购日后的第二个交易日（T＋2）组织摇号抽签，公布确定的发行价和中签率，并按规定进行中签处理，如图2-1-2所示。

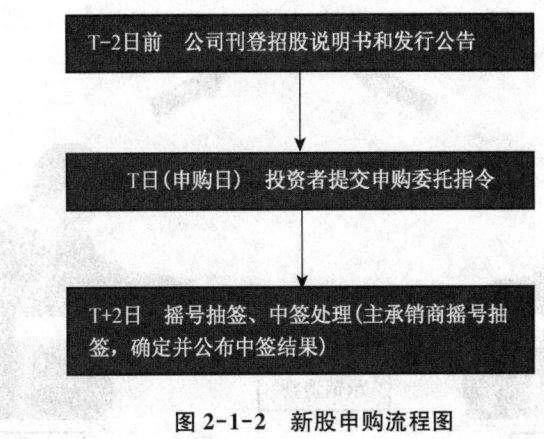

图2-1-2　新股申购流程图

任务二　投资银行证券承销业务认知

一、证券公司承销证券业务的程序

证券公司对证券承销按如下程序进行：

（1）证券公司首先取得证券承销资格。

（2）证券公司实施证券承销前，应当向中国证监会报送发行与承销方案。

（3）证券公司承销证券，应当依照《中华人民共和国证券法》第二十八条的规定采用包销或代销方式。

股票发行采用代销方式的，应当在发行公告中披露发行失败后的处理措施。股票发行失败后，主承销商应当协助发行人按照发行价并加算银行同期存款利息返还股票认购人。

证券发行依照法律、行政法规的规定应当由承销团承销的，组成承销团的承销商应当签订承销协议，由主承销商负责组织承销工作。

承销团成员应当按照承销协议及承销协议规定进行承销活动，不得进行虚假承销。承销协议和承销团协议可以在发行价格确定后签订。

证券公司在承销过程中，不得以提供透支、回扣或者中国证监会认定的其他不当诱使他人申购股票。

二、承销证券业务实训

（一）认知证券承销的关系人

在证券承销业务中涉及证券发行人、证券承销商、投资者等，证券发行人是发行证券的法人单位，主要是股份有限公司或者是上市公司，证券承销商是对证券进行承销的证券公司或银行、基金公司等，投资者是投资证券的人。

（二）对承销过程的实训

（1）对学生进行分组，分别扮演证券承销过程中的不同关系人。

（2）模拟证券发行人与证券承销商的承销谈判，如图 2-2-1 所示。

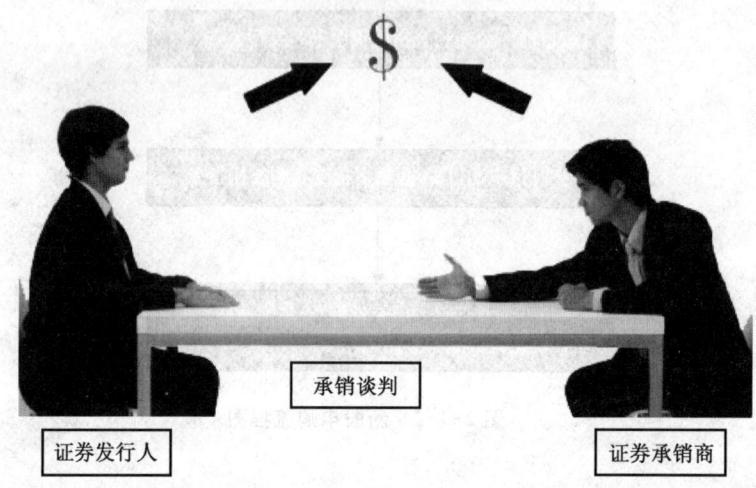

图 2-2-1 谈判图示

（3）模拟证券承销商销售证券的过程，如图 2-2-2 所示。

图 2-2-2 模拟销售过程

实 验 报 告

班级名称：   课程名称：
学生姓名：   学   号：
实验地点：   实验日期：

实验目的	
实验工具	
实验原理	
实验过程	
实验结果	
实验结论	
实验资料	
实验评语	指导老师： 时　间：
参与学生签字	

项目 三 证券交易业务

【实训目的】

（1）掌握证券公司经纪业务的内容。

（2）了解证券经纪业务的流程。

（3）熟悉证券交易的基本规则。

【实训要求】

（1）对实训目的认真掌握，严格按照实训操作方法对实训内容进行操作。

（2）认真写出实训报告，并总结存在的问题。

（3）结合实训内容，在实验室对经纪业务进行实践性操作。

（4）利用模拟系统训练进一步熟悉交易规则。

【实训设计】

以证券公司前台业务内容为主线，对证券公司的经纪业务进行岗位实训，同时结合交易规则进一步掌握证券公司的经纪业务。

【实训内容】

任务一　证券经纪业务

一、证券公司经纪业务

（一）证券经纪业务

证券经纪业务是指证券公司通过其设立的证券营业部，接受客户委托，按照客户的要求代理客户买卖证券的业务。在证券经纪业务中，证券公司不赚取买卖差价，只收取一定比例的佣金作为业务收入。

在证券经纪业务中，包含的要素有：委托人、证券经纪商、证券交易所和证券交易对象。

目前，我国具有法人资格的证券经纪商是指在证券交易中代理买卖证券，从事经纪业务的证券公司。在证券代理买卖业务中，投资者是不能直接进入证券交易所买卖证券的，而只能由经过批准并具备一定条件的证券经纪商进入交易所进行交易，投资者则需要委托证券经纪商代理买卖来完成交易过程。

（二）证券经纪关系的建立

证券经纪商是证券交易的中介，是独立于买卖双方的第三者，与客户之间不存在从属或依附的关系。但是，要开展经纪业务，证券经纪商首先必须与客户建立具体的委托代理关系。

1）建立委托代理关系

（1）委托代理开立证券账户。填写《个人开户基本信息表》和《证券账户开立申请表》，如表3-1-2和表3-1-3所示。

（2）签署《风险揭示书》。

（3）认知风险，确认《客户须知》。

（4）签订《证券交易委托代理协议》和《客户交易结算资金第三方存管合同》。

表 3-1-1 ××股份有限公司客户资金第三方存管服务申请表

客户名称			客户号	
证件类型			证件号码	
业务申请	□主资金账户预指定存管银行 □主资金账户撤销存管银 □开立辅助资金账户及预制定存管银行 □辅助资金账户销户及撤销存管银行		□变更存管银行 □证券转银行限额调整（首次开立主、辅资金账户不适用） □其他	
1. 主资金账号及对应存管银行： _____	证券转银行限额设定（不填写默认为50万元，下同）		金额：_____（万元）	
2. 辅助资金账号及对应存管银行： _____	证券转银行限额设定		金额：_____（万元）	
3. 辅助资金账号及对应存管银行： _____	证券转银行限额设定		金额：_____（万元）	
4. 辅助资金账号及对应存管银行： _____	证券转银行限额设定		金额：_____（万元）	
5. 辅助资金账号及对应存管银行： _____	证券转银行限额设定		金额：_____（万元）	
申请变更银行需填写以下信息：				
资金账号		变更前存管银行：_____		变更后存管银行：_____
资金账号		变更前存管银行：_____		变更后存管银行：_____
客户声明： 　　本人/机构承诺所提供的资料和填写的信息真实准确完整，并承担账户内各项操作引起的一切后果和法律责任。本人/机构有能力承担风险，并保证资金来源的合法性。 　　本人/机构已充分知晓、并遵守贵公司关于客户资金第三方存管及单客户多银行服务的各项业务规定，并自愿开通客户资金第三方存管及单客户多银行服务。 　　个人客户签名：_____　　　　机构客户盖章：_____ 　　授权代理人签字：_____　　　　日期：____年____月____日				
以下由××证券营业网点填写 　　经办人（签章）：_____　　　　　　复核人（签章）：_____ 　　营业部总经理（签字）：_____　　　经办营业部（盖章）：_____ 　　　　　　　　　　　　　　　　　　　　　日期：____年____月____日				

填表说明：

（1）客户需到指定存管银行办理相关签约手续。

（2）证券转银行限额为"单日累计证券转银行金额"。公司设定初始额为50万元。

（3）变更存管银行，需先撤销、再重新指定存管银行。

（4）在营业部柜台填写开户申请表，开立资金账户。

表 3-1-2　个人开户基本信息表

姓名	
职业	□党政机关工作人员　　□文教科卫专业人员　　□企事业单位职工 □个体工商户　　　　　□农民　　　　　　　□无业　　　　　□其他
学历	□博士　　□硕士　　□大本　　□大专　　□中专　□高中　□初中及以下
手机号码	

手机号码		固定电话(格式:区号-号码)	
联系地址 (经常居住地或 单位地址)			
Email 地址		邮政编码	
其他联系人 信息	其他联系人: 联系电话:		
开通账户	□沪 A　　□深 A　　□沪 B　　□深 B　　□沪基　　□深基　　□沪市 TA □深市 TA　　□其他场外基金账户(　　　　　　　基金公司)		
委托方式	本人申请开通:电话委托、热自助委托、驻留委托、网上委托、手机委托。如不愿开通以上某种委托方式,请在此单独声明:(不填写视为全部开通) 		
业务选择	□已开立上海证券账户,并办理指定交易业务 □开通登记公司网络服务功能(网络服务初始密码为 6 个 8,请及时更改) □其他		
客户存管银行	银行		

备注:若开通 TA 账户、其他场外基金账户的,还需填写《证券投资基金投资人权益须知》。

表 3-1-3　证券账户开立申请表(适用于自然人)

身 份 信 息			
投资者姓名		国籍或地区	
身份证明文件类别	□居民身份证　　　　　□澳门居民身份证　　　　□香港居民身份证 □港澳居民来往内地通行证　　　　　　　□台湾居民来往大陆通行证 □外国人永久居留证　□护照　　　　　　　　□其他		
证件有效期截止日期	□　　年　　月　　日　　　　　　□　长期持有		

身份证明文件号码	
身份证明文件注册地址	

基 本 信 息

出生日期	年　月　日	民族		性别	□男　□女
教育程度	□博士　　□硕士　　□本科　　□大专　□高中　□初中　□初中及以下				
职业	□文教科卫专业员　　　　　　□党政(在职、离退休)机关干部 □企事业单位干部　　　　　　□行政企事业单位工人 □农民　　□个体　　□无业　　□军人 □学生　　□证券从业人员　　□离退休　　□其他				

联 系 信 息

联系地址(含收件人)		邮编	
电子邮箱		移动电话		固定电话	

服 务 信 息

是否直接开通网络服务	□是　　□否	网络服务初始密码	

证券账户开立

□一码通账户密码：__已有一码通的填写一码通号码__
　□A 股账户　　　　　　　　□沪市 B 股账户　　　　　□深市 B 股账户
　□沪市封闭式基金账户　　　□深市封闭式基金账户　　　□沪市衍生品合约账户
　□深市衍生品合约账户　　　□沪市信用账户　　　　　　□深市信用账户
　□股转系统账户　　　　　　□其他(　　　　　　　)

开户方式：	□ 临时开户	□见证开户	□网上开户

机构经办人或自然人代办人信息

姓名		身份证明文件类型	□居民身份证　□护照　□其他
联系电话		身份证明文件号码	

备注：

开户代理机构填写

□ 已审核投资者身份证明文件的真实性、有效性、完整性。
□已审核业务申请表中的填写信息与业务申请材料相关内容一致。
□申请人、经办人或代办人已签名。

经办人：	复核人：	代理机构用章：
业务联系电话：		填表日期：

　本人已阅读并承诺遵守《证券账户业务办理须知》(见背面),保证填写的上述材料真实、准确、完整、有效,对因违反《证券账户管理规则》导致的相应经济损失和法律责任由本人承担。

　　　　投资者确认签字：　　　　　　　　　　日期：　　　年　月　日

2）证券账户业务办理须知

（1）中国证券登记结算有限责任公司（以下简称中国结算）及其委托的开户代理机构，负责为投资者开立证券账户，用于记录证券账户持有人的证券（含证券衍生品）持有及其变动情况，并提供证券账户查询。变更、注销以及关联关系确认等账户业务服务。

（2）投资者在申请开立证券账户前，应当仔细阅读本须知及业务申请表。投资者签署业务申请表后，表示已经认真阅读本须知及业务申请表，并同意接受本须知条款。对于拒绝签署申请表的投资者，中国结算或其委托的开户代理机构应拒绝为其开立证券账户。

（3）投资者开立和使用证券账户应当遵守国家有关法律法规、行政规章以及中国结算《证券账户管理规则》等有关规定；投资者应当以本人名义开立并使用账户，不得冒用他人名义或利用虚假证件来开立证券账户，不得违规使用他人证券账户或使用以虚假身份开立的证券账户，不得将本人证券账户违规提供给他人使用。

投资者因违规开立和使用证券账户导致的相应经济损失和法律责任由其本人承担；中国结算及其委托的开户代理机构不对投资者违规开立使用证券账户的行为承担任何责任。

（4）投资者应当提供真实、准确的、完整、有效的身份证明文件等开户申请材料，并对开户申请材料的真实性、准确性、完整性、有效性负责。投资者应当对中国结算或开户代理机构录入的证券账户信息予以确认并对确认结果负责。

（5）投资者办理证券账户开立时，统一账户平台将根据开户代理机构的申报建立新开证券账户与一码通账户之间的关联关系。

（6）中国结算及其委托的开户代理机构仅对投资者所提供的开户申请表进行审核，核查其身份证明文件是否有效、业务申请表所填写内容与身份证明文件相关内容是否一致。前述审核行为并不表明对投资者所提供的业务申请材料作出真实性判断或者保证。

（7）中国结算及其委托的开户代理机构有权依据《证券账户管理规则》等有关规定对满足休眠条件的证券账户进行休眠处理。

（8）中国结算及其委托的开户代理机构有权依据《证券账户管理规则》等有关规定将有关证券账户认定为不合格账户，并相应采取单独管理、限制使用等措施。

（9）发生以下情形时，中国结算及其委托的开户代理机构可以对投资者相关证券账户采取限制证券买入或卖出、限制转托管或转制定、不予办理新业务等限制使用措施，由此产生的相关经济损失和法律责任由投资者本人承担：①投资者未按要求进行关联关系确认；②投资者未及时按照有关规定变更或补充证券账户信息；③因投资者身份由境内居民变更为境外居民等情况而不再符合有关开户条件；④投资者相关证券账户被认定为不合格账户；⑤法律法规、行政法规、中国证监会及中国结算规定的其他情形。

（10）投资者申请注销账户时，应当确保满足注销条件，并不得使用注销账户申报交易。对投资者违反注销规定而因此产生的相应经济损失和法律责任由投资者本人承担。证券账户注销后不可恢复使用。

（11）发生以下情况时，投资者、证券资产合法继承人或承继人等相关当事人应当按照要求及时注销证券账户，未按要求注销的，中国结算及其委托的开户代理机构可以对投资者相关证券账户予以注销，由此产生的相应经济损失和法律责任由投资者、证券资产合法继承人或承继人等相关当事人承担：①自然人投资者死亡、机构投资者主体资格丧失、产品到期或被终止的；②不合格账户无法规范为合格账户的；③因投资者身份由境内居民变更为境外居民等情况而不再符合有关开户条件；④法律法规、行政法规、中国证监会及中国结算规定的其他情形。

（12）中国结算及其委托的开户代理机构对投资者开户资料负有保密责任，不得违规对外提供。

（13）因不可抗力而引起的注册错误,中国结算及其委托的开户代理机构不承担任何责任。

（14）中国结算修订账户业务规则及本须知时,应当公告提示,无需知会申请人和证券账户持有人。申请人和证券账户持有人应当按照修订后的业务规则及须知执行。

（三）经纪业务客户账户管理

经纪业务客户账户主要包括:客户在证券公司开立的资金账户(包括普通资金账户和信用资金账户)、代理中国结算公司开立的各市场证券账户(包括普通证券账户和信用证券账户)、代理基金注册登记机构开立的开放式基金账户、经核准允许受理的其他金融产品账户等。如图 3-1-1 所示。

账户管理主要包括:账户的开立、信息变更、注销,证券账户的合并、挂失补办,不合格账户、休眠账户及风险处置休眠账户的管理,账户信息比对与报送,客户账户档案管理等。以自然人为例其账户管理程序如下:

开户申请。

验证

（1）照相。

（2）复核资料。

（3）传送开户数据。

（4）接受中国结算公司确认结果。

（5）打印证券账户卡。

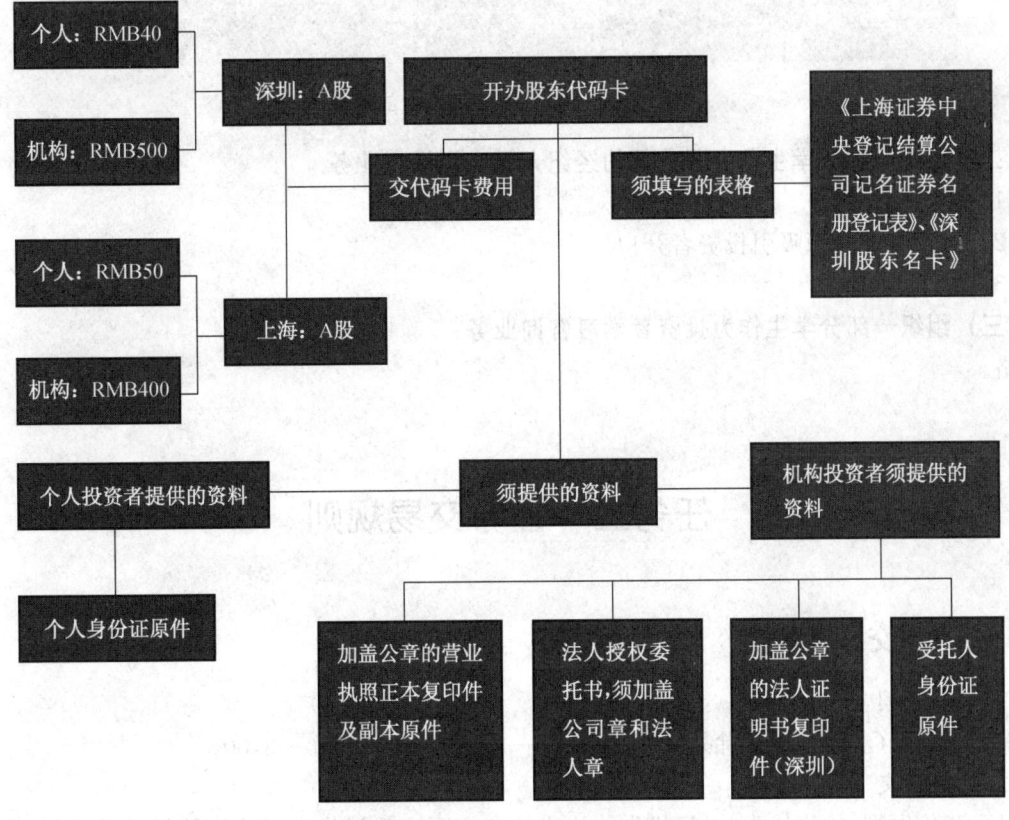

图 3-1-1　开户业务流程图

二、经纪业务实训

（一）组织一部分学生扮演证券公司营业部前台人员实训业务办理

按照证券公司关于个人开户流程办理业务。如图 3-1-2 所示。

（1）接受开户申请。

（2）审验客户资料的真实性、有效性、完整性及一致性

（3）签署有关协议。

（4）复核资料，照相。

（5）向中国结算公司传送开户数据。

接受中国结算公司确认结果。

打印客户的证券账户卡。

图 3-1-2　某证券公司营业部前台

（二）组织一部分学生作为营业部的经纪人员实训经纪业务

（1）学会接触客户。

（2）运用专业知识吸引投资者开户。

（3）客户维护。

（三）组织一部分学生作为投资者学习咨询业务

略。

任务二　证券交易规则

一、基本交易规则

1．交易时间

周一至周五（法定休假日除外）的上午 9:30—11:30；下午 1:00—3:00。

2．竞价成交

（1）竞价原则：价格优先、时间优先。价格较高的买进委托优先于价格较低买进委托，价格较低卖出委托优先于价格较高的卖出委托，同价位委托，则按时间顺序优先。

（2）竞价方式：上午 9:15—9:25 进行集合竞价（集中一次处理全部有效委托）；上午 9:30—11:30、下午 1:00—3:00 进行连续竞价（对有效委托逐笔处理）。

3. 交易单位

股票的交易单位为“股”，100 股＝1 手，委托买入数量必须为 100 股或其整数倍，也就是在交易时最低的买入量为 1 手。基金的交易单位为“份”，100 份＝1 手，委托买入数量必须为 100 份或其整数倍。国债现券和可转换债券的交易单位为“手”，1 000 元面额＝1 手，委托买入数量必须为 1 手或其整数倍。当委托数量不能全部成交或分红送股时可能出现零股（0～99 股为零数股），零股只能委托卖出，不能委托买入零股。

4. 报价单位

股票以“股”为报价单位；基金以“份”为报价单位；债券以“手”为报价单位。比如交易行情显示“浦发银行”15 元，即表示“浦发银行”股现价为 15 元/股，如图 3-2-1 所示。

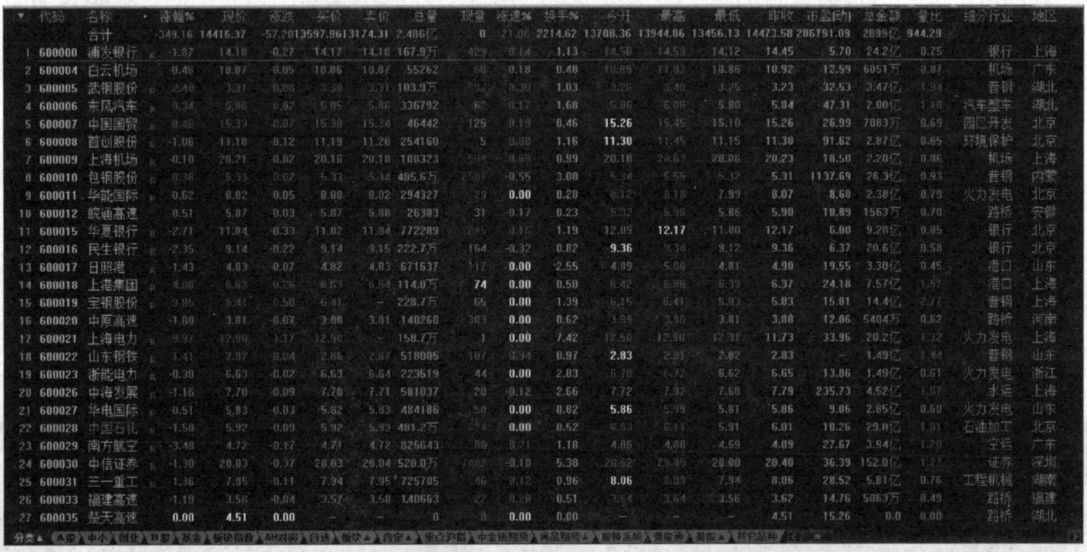

▼	代码	名称	涨幅%	现价	涨跌	买价	卖价	总量	现量	涨速%	换手%	今开	最高	最低	昨收	市盈(动)	总金额	量比	细分行业	地区
		合计	-349.16	14416.37	-57.20	13597.96	13174.31	2.486亿	0	21.06	2214.62	13708.36	13944.06	13456.13	14473.58	206191.09	2899亿	944.29		
1	600000	浦发银行	-1.87	14.18	-0.27	14.17	14.18	167.9万	429	0.14	1.13	14.50	14.59	14.12	14.45	5.70	24.2亿	0.75	银行	上海
2	600004	白云机场	-0.46	10.87	-0.05	10.86	10.87	55262	60	-0.18	0.48	10.88	11.03	10.86	10.92	12.59	6051万	0.87	机场	广东
3	600005	武钢股份	2.40	3.31	0.08	3.30	3.31	103.9万	802	0.30	1.03	3.26	3.40	3.25	3.23	32.53	3.47亿	1.94	普钢	湖北
4	600006	东风汽车	0.34	5.86	0.02	5.85	5.86	336792	62	0.17	1.68	5.86	6.06	5.80	5.84	47.31	2.00亿	1.18	汽车整车	湖北
5	600007	中国国贸	0.46	15.33	0.07	15.30	15.34	46442	125	0.19	0.46	15.26	15.45	15.10	15.26	26.99	7083万	0.69	园区开发	北京
6	600008	首创股份	-1.06	11.18	-0.12	11.19	11.20	254160	5	0.08	1.16	11.30	11.45	11.15	11.30	91.62	2.87亿	0.65	环境保护	北京
7	600009	上海机场	-0.10	20.21	-0.02	20.16	20.18	108323	504	0.89	0.99	20.18	20.63	20.06	20.23	18.50	2.20亿	0.86	机场	上海
8	600010	包钢股份	0.38	5.33	0.02	5.33	5.34	485.6万	2501	-0.55	3.08	5.34	5.55	5.32	5.31	1137.69	26.3亿	0.93	普钢	内蒙
9	600011	华能国际	-0.62	8.02	-0.05	8.00	8.02	294327	29	0.00	0.28	8.12	8.18	7.99	8.07	8.68	2.38亿	0.79	火力发电	北京
10	600012	皖通高速	-0.51	5.87	-0.03	5.87	5.88	26383	31	-0.17	0.23	5.92	5.96	5.86	5.90	10.89	1563万	0.70	路桥	安徽
11	600015	华夏银行	-2.71	11.84	-0.33	11.82	11.84	772289	2285	0.16	1.19	12.09	12.17	11.80	12.17	6.00	9.28亿	0.85	银行	北京
12	600016	民生银行	-2.35	9.14	-0.22	9.14	9.15	222.7万	164	-0.32	0.82	9.36	9.38	9.12	9.36	6.37	20.6亿	0.58	银行	北京
13	600017	日照港	-1.43	4.83	-0.07	4.82	4.83	671637	117	0.00	2.55	4.89	5.00	4.81	4.90	19.55	3.30亿	0.45	港口	山东
14	600018	上港集团	4.08	6.63	0.26	6.63	6.64	114.0万	74	0.00	0.50	6.42	6.86	6.39	6.37	24.18	7.57亿	1.52	港口	上海
15	600019	宝钢股份	9.95	6.41	0.58	6.41	–	228.7万	65	0.00	1.39	6.15	6.41	6.03	5.83	15.81	14.4亿	2.77	普钢	上海
16	600020	中原高速	-1.80	3.81	-0.07	3.80	3.81	140268	303	0.00	0.62	3.89	3.90	3.81	3.88	12.06	5404万	0.62	路桥	河南
17	600021	上海电力	9.97	12.90	1.17	12.90	–	158.7万	1	0.00	7.42	12.50	12.90	12.31	11.73	33.96	20.2亿	1.32	火力发电	上海
18	600022	山东钢铁	1.41	2.87	0.04	2.86	2.87	518005	107	0.34	0.97	2.83	2.91	2.82	2.83	–	1.49亿	1.44	普钢	山东
19	600023	浙能电力	-0.30	6.63	-0.02	6.63	6.64	223519	44	0.00	2.83	6.70	6.72	6.62	6.65	13.86	1.49亿	0.61	火力发电	浙江
20	600026	中海发展	-1.16	7.70	-0.09	7.70	7.71	581037	20	0.12	2.66	7.72	7.92	7.68	7.79	235.73	4.52亿	1.07	水运	上海
21	600027	华电国际	-0.51	5.83	-0.03	5.82	5.83	484186	50	0.00	0.82	5.86	5.95	5.81	5.86	9.06	2.85亿	0.60	火力发电	山东
22	600028	中国石化	-1.50	5.92	-0.09	5.92	5.93	481.2万	624	0.00	0.52	6.03	6.11	5.91	6.01	10.26	29.0亿	1.01	石油加工	北京
23	600029	南方航空	-3.48	4.72	-0.17	4.71	4.72	825643	89	0.21	1.18	4.85	4.86	4.69	4.89	27.67	3.94亿	1.20	空运	广东
24	600030	中信证券	-1.30	28.03	-0.37	28.03	28.04	520.0万	7402	-0.10	5.38	28.62	29.45	28.00	28.40	36.39	152.0亿	1.27	证券	深圳
25	600031	三一重工	-1.36	7.95	-0.11	7.94	7.95	725705	46	0.12	0.96	8.06	8.09	7.94	8.06	28.52	5.81亿	0.76	工程机械	湖南
26	600033	福建高速	-1.10	3.58	-0.04	3.57	3.58	140663	22	0.28	0.51	3.64	3.64	3.56	3.62	14.76	5063万	0.49	路桥	福建
27	600035	楚天高速	0.00	4.51	0.00	–	–	0	0	0.00	0.00	–	–	–	4.51	15.26	0.0	0.00	路桥	湖北

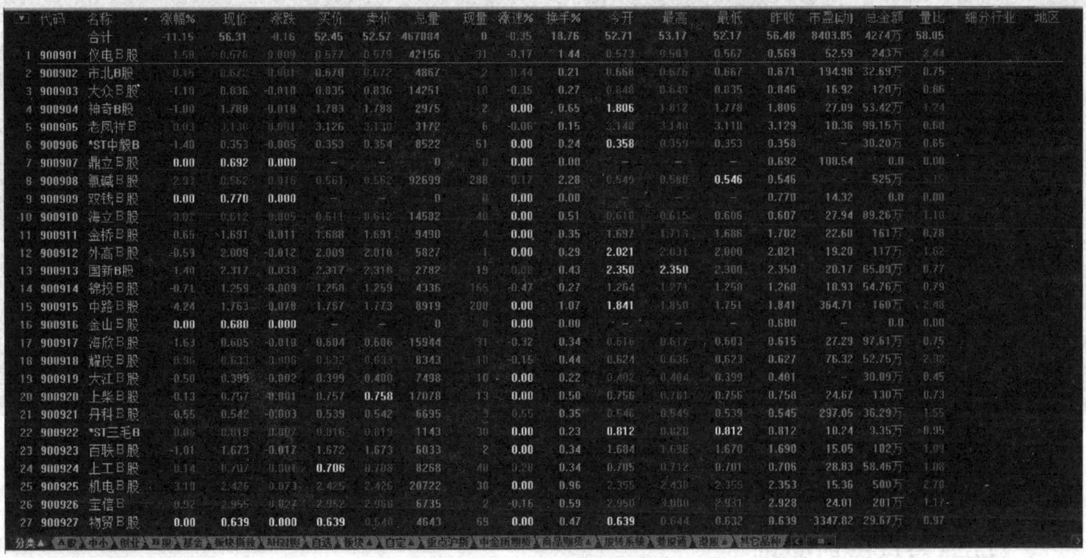

▼	代码	名称	涨幅%	现价	涨跌	买价	卖价	总量	现量	涨速%	换手%	今开	最高	最低	昨收	市盈(动)	总金额	量比	细分行业	地区
		合计	-11.15	56.31	-0.16	52.45	52.57	467084	0	-0.35	18.76	52.71	53.17	52.17	56.48	8403.85	4274万	58.05		
1	900901	仪电B股	1.58	0.578	0.009	0.577	0.579	42156	31	-0.17	1.44	0.573	0.583	0.567	0.569	52.59	243万	2.44		
2	900902	市北B股	0.15	0.672	0.001	0.670	0.672	4867	2	0.44	0.21	0.668	0.676	0.667	0.671	194.98	32.69万	0.75		
3	900903	大众B股	-1.18	0.836	-0.010	0.835	0.836	14251	10	-0.35	0.27	0.848	0.849	0.835	0.846	16.92	120万	0.86		
4	900904	神奇B股	-1.00	1.788	-0.018	1.783	1.788	2975	2	0.00	0.65	1.806	1.812	1.778	1.806	27.09	53.42万	1.24		
5	900905	老凤祥B	0.03	3.130	0.001	3.126	3.130	3172	6	-0.06	0.15	3.140	3.140	3.118	3.129	10.36	99.15万	0.60		
6	900906	*ST中毅B	-1.40	0.353	-0.005	0.353	0.354	8522	51	0.00	0.24	0.358	0.359	0.353	0.358	–	30.20万	0.65		
7	900907	鼎立B股	0.00	0.692	0.000	–	–	0	0	0.00	0.00	–	–	–	0.692	108.54	0.0	0.00		
8	900908	氯碱B股	2.93	0.562	0.016	0.561	0.562	92699	288	0.17	2.28	0.549	0.580	0.546	0.546	–	525万	5.15		
9	900909	双钱B股	0.00	0.770	0.000	–	–	0	0	0.00	0.00	–	–	–	0.770	14.32	0.0	0.00		
10	900910	海立B股	0.82	0.612	0.005	0.611	0.612	14582	40	0.00	0.51	0.610	0.615	0.606	0.607	27.94	89.26万	1.10		
11	900911	金桥B股	-0.65	1.691	-0.011	1.688	1.691	9490	4	0.00	0.35	1.697	1.713	1.686	1.702	22.60	161万	0.78		
12	900912	外高B股	-0.59	2.009	-0.012	2.009	2.010	5827	1	0.00	0.29	2.021	2.031	2.000	2.021	19.20	117万	1.62		
13	900913	国新B股	-1.40	2.317	-0.033	2.317	2.318	2782	19	0.08	0.43	2.350	2.350	2.300	2.350	20.17	65.09万	0.77		
14	900914	锦投B股	-0.71	1.259	-0.009	1.258	1.259	4336	165	-0.47	0.27	1.264	1.271	1.250	1.268	18.93	54.76万	0.79		
15	900915	中路B股	-4.24	1.763	-0.078	1.767	1.773	8919	200	0.00	1.07	1.841	1.850	1.751	1.841	364.71	160万	2.48		
16	900916	金山B股	0.00	0.680	0.000	–	–	0	0	0.00	0.00	–	–	–	0.680	–	0.0	0.00		
17	900917	海欣B股	-1.63	0.605	-0.010	0.604	0.606	15944	31	-0.32	0.34	0.616	0.617	0.603	0.615	27.29	97.61万	0.75		
18	900918	耀皮B股	0.96	0.633	0.006	0.632	0.633	8343	10	-0.15	0.44	0.624	0.635	0.623	0.627	76.32	52.75万	2.32		
19	900919	大江B股	-0.50	0.399	-0.002	0.399	0.400	7498	10	0.00	0.22	0.402	0.404	0.399	0.401	–	30.09万	0.45		
20	900920	上柴B股	-0.13	0.757	-0.001	0.757	0.758	17078	13	0.00	0.50	0.756	0.761	0.756	0.758	24.67	130万	0.73		
21	900921	丹科B股	-0.55	0.542	-0.003	0.539	0.542	6695	3	0.55	0.35	0.546	0.549	0.539	0.545	297.05	36.29万	1.55		
22	900922	*ST三毛B	0.86	0.819	0.007	0.816	0.819	1143	30	0.00	0.23	0.812	0.820	0.812	0.812	10.24	9.35万	0.95		
23	900923	百联B股	-1.01	1.673	-0.017	1.672	1.673	6033	2	0.00	0.34	1.684	1.696	1.670	1.690	15.05	102万	1.09		
24	900924	上工B股	0.14	0.707	0.001	0.706	0.708	8268	40	0.28	0.34	0.705	0.712	0.701	0.706	28.83	58.46万	1.08		
25	900925	机电B股	3.10	2.426	0.073	2.425	2.426	20722	30	0.00	0.96	2.355	2.430	2.355	2.353	15.36	500万	2.78		
26	900926	宝信B	0.92	2.955	0.027	2.952	2.960	6735	2	-0.16	0.59	2.950	3.000	2.931	2.928	24.01	201万	1.17		
27	900927	物贸B股	0.00	0.639	0.000	0.639	0.640	4643	69	0.00	0.47	0.639	0.644	0.632	0.639	3347.82	29.67万	0.97		

图 3-2-1 “浦发银行”股交易行情

交易委托价格最小变动单位：A 股、基金、债券为人民币 0.01 元；深 B 为港币 0.01 元；沪 B 为美元 0.001 元；上海债券回购为人民币 0.005 元。

5. 涨跌幅限制

在一个交易日内，除首日上市证券外，每只证券的交易价格相对上一个交易日收市价的涨跌幅度不得超过 10％，超过涨跌现价委托为无效委托。

另外股票在交易过程中出现异常波动，交易所可以采取临时停盘制度。对 ST 股票在每个交易日实行涨跌幅限制为 5％。

6. 委托撤单

在委托未成交之前，投资者可以撤销委托。但已经成交或在集合竞价期间的委托单不能撤销。

7. "T＋1"交割

我国深沪交易所目前实行的是"T＋1"的交易制度。"T"表示交易当天，"T＋1"表示交易日当天的下一个交易日。"T＋1"交易制度指投资者当天买入的证券不能在当天卖出，需要等待下一个交易日进行自动交割过户后才能卖出。在资金使用上，当天卖出股票的资金回到投资者账户上可以用来买入股票，但不能当天提取，必须到交割后才能提款。A 股为 T＋1 交易，B 股为 T＋3 交易。

二、熟悉交易规则的实训

（1）在交易日的集合竞价时间观察某一只股票的开盘价是如何形成的。

（2）在连续竞价期间观察某一只股票价格的变化，观察界面为该股票的买进五档和卖出五档的价格变化，并分析成交价的形成。如图 3-2-2 所示。

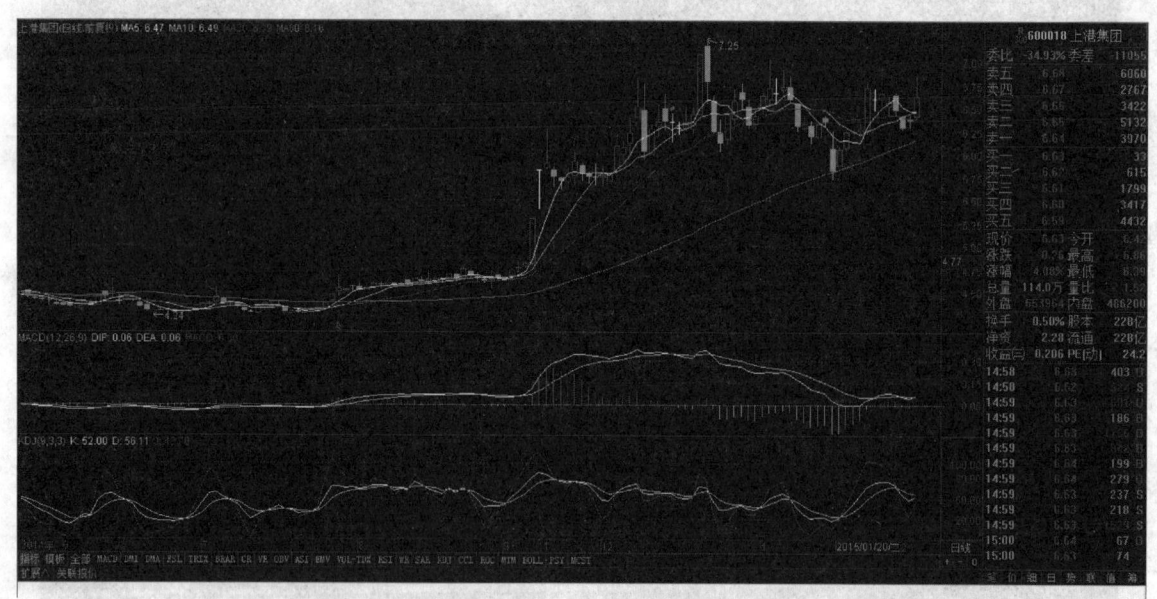

图 3-2-2　交易行情截图

三、证券交易模拟实训

登录国泰君安证券实训系统或其他证券公司的模拟交易系统进行实训。

实 验 报 告

班级名称：   课程名称：
学生姓名：   学　　号：
实验地点：   实验日期：

实验目的	
实验工具	
实验原理	
实验过程	
实验结果	
实验结论	
实验资料	
实验评语	指导老师：_____ 时　　间：
参与学生签字	

项目 四 股市分析软件应用

【实训目的】

(1) 掌握键盘功能键的作用。

(2) 了解信息窗口的使用方法。

(3) 熟悉常见的股市分析软件。

【实训要求】

(1) 对实训目的认真掌握,严格按照实训操作方法对实训内容进行操作。

(2) 认真写出实训报告,并总结存在的问题。

【实训设计】

股市分析软件是股票投资必备的工具,熟悉分析软件的使用可以提高分析的效率与能力,本项目以实际应用的分析软件为工具,以掌握分析软件的使用为目的,熟悉常用的分析软件,掌握分析的方法,熟悉功能键的使用。

【实训内容】

本项目实训以目前股市上流行的钱龙、大智慧、通达信以及各类券商网上分析软件为蓝本,详细系统地介绍股市分析软件的内容和用法,为各类股市投资者使用股市分析软件提供有益的帮助。

任务一 股市分析软件介绍

目前在股市上使用的分析软件种类繁多、版本各异。下面介绍一些常用的股市分析软件。

一、钱龙系列软件

上海乾隆高科技有限公司(以下简称乾隆公司)成立于 1994 年,为香港创业板上市公司"乾隆科技"公司的全资子公司。该公司是一家专业从事金融领域信息技术产品开发、生产、销售的高科技公司,旗下拥有著名的"钱龙"品牌,其系列产品涵盖了实时行情传输、实时行情揭示、投资分析软件和信息发布等各个领域。乾隆公司开发的股市分析软件主要包括网上分析软件和 DOS 版分析软件两大类。

1. 网上分析软件

钱龙网上分析软件主要包括钱龙旗舰版系列和钱龙金典版系列等。

(1) 钱龙旗舰版。钱龙旗舰版软件是钱龙公司提供的一款网上股市分析软件,不仅囊括了历来所有最受欢迎的经典指标,还具有智能报表、全功能条件编辑、选加分析、数据导出等功能。该软件适合不同用户需求，集成了强弱分析、区间分析、指标排行等盘后分析工具，设计了多套参数快速切换、自设坐标、指标叠加等功能。

钱龙旗舰版软件除了具有专业的看盘功能以外，另外还提供了延迟一小时的港股行情和内嵌了网上交易程序。

（2）钱龙金典版。钱龙金典版软件是该公司推出的另一款网上股市分析软件，它继承了传统 DOS 版钱龙的传统，比如行情刷新实时迅捷，界面操作家喻户晓，分析功能与时俱进，并且安装程序小巧，下载和运行速度快等。另外，该软件特别针对钱龙传统用户的使用习惯和功能需求设计，在 Windows 的平台上精心建立了传统钱龙的经典界面、经典操作方式、经典功能和经典的指标参数。

2. DOS 版分析软件

DOS 版钱龙软件是我国较早流行的证券分析软件之一，大部分券商的营业部目前都在使用钱龙的网络版，所以，该软件是股民最为熟悉的股市分析软件，后来开发的股市软件有许多都沿袭了钱龙的界面和操作习惯。

（1）天生赢家系列。天生赢家系列软件是比较经典的 DOS 版股市分析软件。它主要是个人用户通过图文卡接收行情（数据通过有线电视网络传播）的 DOS 版钱龙软件，与券商营业部的钱龙软件拥有同样的界面、功能和操作模式，因此比较容易被投资者熟悉和接受。它包括了实时行情显示（动态）及盘后技术分析（静态）两大部分，集数据转换、行情分析、收盘作业和盘后分析于一体，与券商使用的网络版具有统一的显示、操作界面及数据格式。该软件汇集了上百种优秀指标，并针对中国股市特点经过修正，客观实用，更依据应用场合进行分类，指导用户轻松使用。

天天赢家系列是钱龙公司开发的另一种股市分析软件，它也是个人用户通过图文卡接收行情的。它包括天天赢家普及版、标准版和专业版三大品种。

（2）龙卷风盘后分析系统。龙卷风盘后分析系统具有轻松管理账户、买卖记录、资金管理、费率设定、赢利统计等功能。另外，该系统各项子系统都有辅助说明功能，可供随时查阅当前画面的含义及其操作的解说，熟练运用系统的强大功能。该软件的数据来源是采用图文电视信号。

二、大智慧系列软件

上海大智慧网络技术有限公司是国内知名的从事证券软件开发和服务的公司。公司开发的大智慧 Internet 个人版是使用率比较高的软件之一。该软件是一套用来进行行情显示、行情分析，并同时进行信息即时发布、接受盘中资讯的证券咨询系统。上海大智慧公司开发的股市分析软件也包括网上分析软件和 DOS 版分析软件两大类。

1. 网上分析软件

大智慧网上分析软件主要包括"大智慧 Internet 版本"和"Level-2 行情软件"等。

（1）大智慧 Internet 版本。该软件集国内外分析软件的特长，整合了行情分析、盘口分析、竞价分析、趋势分析、盘中选股、指标选股、基本面选股、基本分析于一体，并融入公司较强的资讯实力，将盘中资讯和实时行情相结合，为证券市场投资者提供全方位的分析手段。

（2）Level-2 行情软件。Level-2 行情是上海证券交易所发布的新一代行情系统，速度快，内容丰富，能满足不同类型投资者差异化的需求。该系统运行方式为面向信息服务商的商业化运行。公司于 2006 年中期开发了 Level-2 行情软件系统。该系统运行方式为面向信息服务商的商业化运行（即需要收费）。不过，与以前股市分析软件不同的是，Level-2 行情软件具有买卖盘从各五档扩展到各十档、逐笔成交等特色数据接收功能。

2. DOS 版分析软件

大智慧 DOS 版分析软件是一套用来进行行情显示、行情分析并同时进行信息即时接收的证券信息平台。它已包括目前大部分证券投资分析工具的实用功能,整合了行情分析、盘口分析、竞价分析、趋势分析、技术分析、基本面分析、盘中选股、指标选股、基本面选股、基本分析于一体。另外,该软件融入了一些特色资讯系统,比如可标识信息地雷、警示即时行情、描述生命历程、分析盘中异动、研判大市趋向、综合名家点股等,这些功能为投资者提供了多样化的信息分析手段。

三、同花顺系列软件

杭州核新软件技术有限公司(简称杭州核新软件)成立于 1995 年,是独立软件供应商,也是主要的证券网上交易供应商。公司的产品涵盖了证券网上交易、互联网密码安全等技术领域,为证券公司的网上交易及投资者研判股市行情,提供先进的股市行情分析软件和交易软件。公司于 1997 年开始涉足证券网上交易软件研究,并于 1997 年 11 月研制出“天网网上证券交易分析系统”(简称天网)1.0 版,1998 年推出“天网 2.0 版”和“天网 3.0 版”软件。这些网上分析软件的相继推出,掀起了券商和软件公司研发网上分析软件的热潮。2002 年 5 月推出“天网 2002 网上交易系统”,2003 年 12 月又推出“同花顺证券分析系统”。杭州核新软件公司开发的股市软件主要包括天网系列软件和同花顺系列软件等。

1. 天网系列软件

杭州核新软件公司于 2002 年 9 月推出天网 2002(ActiveX 版)行情分析系统。该软件是基于 Windows 平台而设计的,具有行情传输速度快、版本自动更新、操作简单并支持各种功能、支持钱龙键盘操作模式等特点。

2. 同花顺系列软件

同花顺系列软件是在天网 3.X 版的基础上开发的新一代网上分析交易系统。它是集行情分析、实时资讯、委托交易、个性理财和社区交流等于一身的网上综合金融分析平台。

同花顺加盟券商定制版是在同花顺 2005 标准版基础上,为各加盟券商定制的版本。它兼顾了同花顺标准版的常见功能。同花顺港股版是为职业港股投资者特制的一款港股行情分析、委托交易软件,同时也融入了沪深股市、期货和外汇行情。

四、大福星系列软件

杭州恒生电子集团公司(简称杭州恒生电子)成立于 1995 年 3 月,是我国比较知名的金融、证券和基金等行业软件开发商。杭州恒生电子公司于 1995 年开始涉足证券交易系统的研究,公司开发的股市分析软件主要产品是“大福星”网上分析软件系列和“新干线”网上交易软件系列。

1. 网上行情分析软件

杭州恒生电子开发的网上行情分析软件主要是大福星行情系统(简称大福星软件)。它是一套比较安全、快捷、实用的股市分析软件,功能丰富,操作简便,能为投资者提供准确及时的证券行情信息。该套软件针对不同的客户又分为简易版(浏览器版)、专业版和 Actives 版等多种不同版本。

大福星软件以前被称为“恒生网上行情分析软件”,是我国较早应用到股票网上交易的一套股市软件,它的功能键和老牌股市软件完全一样,会使用股市软件的投资者在几分钟之内就可以上手,而且它的信息来源是依托证券公司的数据资源,投资者可以直接在任何一家配置了大福星软件的证券公司网站上直接免费下载安装。

大福星软件简易版(浏览器版)涵盖了股市技术分析的各类周期的 K 线图和 30 多种常用的技

术分析指标,股票K线图、即时走势图和基本资料等信息完整准确,行情数据由系统自动更新、无需多次下载,可以自由浏览各类公告信息和个股资料。大福星软件专业版除了具有简易版的各种功能外,还新增了移动成本分布、股市计算器、条件选股、信息地雷、区域统计等内容。

2. 网上交易软件

杭州恒生电子开发的网上交易软件是"证券新干线"网上交易系统,它主要是为投资者提供委托交易平台,而不具备行情分析功能。该交易软件有专用客户端版和浏览器版等不同版本,可提供互联网(Internet)接入、无线接入和电话接入等接入方式。该交易系统可运行于Window.NT/2000平台,也可运行于Linux/Unix平台。

五、通达信系列软件

通达信公司1995年年底在深圳成立,1999年设立武汉开发基地,是一家专门从事证券分析和远程通讯软件研发的专业公司。通达信集成版软件是通达信电子科技有限公司开发的基于Windows平台运行的新一代网上行情交易软件。该软件融合且优化了目前国内证券主流分析软件的主要功能,集行情分析、技术分析、财务分析、资讯信息、互动交流、个人理财于一体,具有功能强大、操作简便和全方位扩展性等鲜明特点。

任务二 股市分析软件的各类窗口

一、窗口主菜单

投资者打开任何一款通用的股市分析软件,都可以通过窗口主菜单栏(也被称为Windows菜单)熟悉该软件的一些重要功能。在大部分股市分析软件上,窗口主菜单主要是在系统画面的最上方,有一些是在左上方。投资者可以用鼠标左键逐一点击,从而可以得到众多的分析功能。

下面是一些常用股市分析软件的窗口主菜单。

1. 钱龙软件(金典版)的主菜单

钱龙软件(金典版)主菜单包括:系统、大盘、行情、板块、分析、功能、港股、基本资料、新闻资讯、风云榜、公司、委托、工具、下单、帮助。

2. 大智慧软件(Internet版)的主菜单

行情、指数、板块、分析、功能、股权分置、大智慧、平台、工具、外汇、委托。

3. 通达信(超强版)的主菜单

系统、功能、报价、分析、资讯、查看、帮助。

二、信息窗口

信息窗口在画面的右上方。这个窗口显示了当天该股票或大盘的各种信息,几乎所有的即时数据都要在这个地方查看。不过,大盘指数和个股画面中的信息窗口所显示的数据信息是不一样的。

1. 大盘信息窗口

大盘信息窗口是显示当天上证指数或深证指数的一些主要信息窗口,投资者可以通过对这些信息的分析和对比,对上海或深圳市场的当天交易概况有个全面、快速的认识。

下面以钱龙等软件上证指数的信息窗口为例,介绍其主要内容,如图4-2-1所示。

（1）钱龙软件的大盘信息窗口。在钱龙软件上,投资者可以查看最新指数、指数涨跌、涨跌幅度、昨日收盘、今日开盘、今日最高、今日最低、总成交量、总成交额、委比、委买卖差、上涨家数、平盘家数、下跌家数等小栏目。

（2）大智慧软件的大盘信息窗口。在大智慧软件上,投资者可以查看上证指数、上指涨跌、A股指数、上A涨跌、B股指数、上B涨跌、成交总额、成交手数、总市值、流通市值、上证换手、上指开盘、上指最高、上指最低、上涨家数、平盘家数和下跌家数等小栏目。

（3）通达信软件上的大盘信息窗口。在通达信软件上,投资者可以查看A股成交、B股成交、国债成交、基金成交、权证成交、债

图4-2-1　软件上的大盘信息窗口

券成交、其他成交、最新指数、今日开盘、昨日收盘、指数涨跌、指数涨幅、指数振幅、总成交量、总成交金额、最高指数、最低指数、上证换手、涨家数和跌家数等小栏目。

在以上这些小栏目中,有些主要小栏目的含义如下:

"委比"是表示委买手数与委卖手数的比率;"委差"是表示"委买五档手数之和～委卖手数之和",委比的变化范围为(－100％,100％)。

"今日开盘"是表示今日上证的开盘指数;"昨日收盘"是表示昨日上证的收盘指数。

"今日最高"是表示开盘到最近1分钟为止,当日的最高上证指数。

"今日最低"是表示开盘到最近1分钟为止,当日的最低上证指数。

"上涨家数"是表示在上海证券交易所市场上交易的所有股票中,当前上涨家数的总和。

"平盘家数"是表示在上海证券交易所市场上交易的所有股票中,当前平盘家数的总和。

"下跌家数"是表示在上海证券交易所市场上交易的所有股票中,当前下跌家数的总和。

"总成交量"是表示在上海证券交易所市场上交易的所有股票中,所有个股成交总量(单位为手)。

"总成交金额"是表示在上海证券交易所市场上交易的所有个股的成交总金额(单位为元)。

(注:以上这些信息都是当天的即时信息,其每分钟都是在变化的。)

2. 个股的信息窗口

在各类软件上,个股的信息窗口也被称为"股价报价栏",是在个股即时走势界面的右边部分,其所列小栏目是自上而下、依次排列,如图4-2-2所示。

（1）钱龙软件的个股信息窗口。在钱龙软件的个股信息窗口上,其显示的内容主要包括股票名称、代码、卖五～卖一、买一～买五、成交、均价、涨跌、换手、幅度、开盘、最高、总量、最低、现量、量比、委比、金额、市盈、涨停、跌停、外盘和内盘等数据。

（2）大智慧软件的个股信息窗口。在大智慧软件的个股信息窗口上,其显示的内容主要包括股票名称、代码、卖五～卖一、买一～买五、成交、均价、升跌、开盘、幅度、最高、总手、最低、现手、量比、外盘、内盘、换手、涨停或跌停、竞买、竞卖、金额、强弱、五换、市净、市盈和净资等数据。其中,五换是指五日换手率;市净是指该股的市净率;市盈是指该股的市盈率;净资是指该股的净资产。

（3）通达信软件上的个股信息窗口。在通达信软件的个股信息窗口上,其显示的内容主要包括股票代码、名称、委比、委差、卖五～卖一、买一～买五、现价、今开、涨跌、最高、涨幅、最低、总量、

量比、外盘、内盘、市盈、股本、换手、流通、净资、收益等数据。

在以上这些小栏目中，有些主要小栏目的含义如下：

"卖五～卖一"是表示该个股当前时刻、委托卖出的第五/第四/第三/第二/最低价格。

"买一～买五"是表示该个股当前时刻、委托买入的最高/次高/第三/第四/第五价格。

"换手"是阶段内成交量÷流通股份总数。

"成交"是表示该股目前最后一笔成交价格。

"市盈"，即"市盈率"，是指每股当前股价÷每股税后净利润（摊薄）。

"均价"是当前累计成交金额÷累计成交量。

"涨跌"是该股当前最新价格－昨日收盘价。

"开盘"是表示该股当日的第一笔成交价格。

"幅度"是（涨跌价格÷昨收盘价）×100%。

"最高"是表示当日到最近一笔为止，该股成交的最高价格。

"最低"是表示当日到最近一笔为止，该股成交的最低价格。

"总量"是表示当日到最近一笔为止，该股所有累计成交手数的总和。

图 4-2-2　钱龙软件上的个股信息窗口

"现量"是表示该股最近一笔成交的手数。

"量比"是评价当日累计成交量的指标。

"外盘"是表示到最近一笔为止，该股所有以委托买入价成交的手数总和。

"内盘"是表示到最近一笔为止，该股所有以委托卖出价成交的手数总和。

（注：以上这些信息也都是当天的即时信息，其每分钟都是在变化的。）

3．游标明细小窗口

游标明细小窗口是游标（也称为十字光标）所在位置的信息，它一般都在画面的左上方。在即时走势画面和 K 线分析画面上，单击鼠标左键可以显示该窗口，或按"ese"就可以隐藏该窗口。

在大盘即时走势画面上：

在大盘即时走势画面上，游标明细小窗口的作用比较有限。它主要是查阅大盘当日每一时段的一些详细成交数据。

（1）钱龙的游标明细小窗口。在钱龙软件上的游标明细小窗口，主要是显示时间、指数、涨跌、成交量和成交额等当日数据。

（2）大智慧的游标明细小窗口。在大智慧软件上的游标明细小窗口，主要是显示时间、指数、均价、涨跌、成交量和总成交等当日数据。其中，总成交是指成交手数。

（3）通达信的游标明细小窗口。在通达信软件上的游标明细小窗口，主要是显示时间、价位、均价、涨跌、涨幅和成交额等当日数据。

在大盘即时走势画面上，以上这些小栏目的含义如下：

"时间"是表示游标所在位置的时间。

"指数"是表示游标所在时间大盘指数的数值。

"涨跌"是表示游标所在时间最新指数－昨日收盘指数。

"总成交"是表示自开盘时起到游标所在时间内，市场成交总手数。

"成交量"(或成交额)是表示自开盘时起到游标所在时间内，市场成交总金额。

(注:以上这些信息也都是当天的即时信息，其每分钟都是在变化的。)

下面以钱龙软件为例，查看 2015 年 2 月 6 日上午 10 点 21 分时的大盘即时走势界面上的游标明细窗口，如图 4-2-3 所示。

在大盘 K 线分析画面上:

在大盘 K 线分析画面上，游标明细小窗口的作用比较大。投资者可以通过左右移动游标(或叫十字光标)，来查阅大盘历史走势中任何一天的主要成交数据。

(1) 钱龙的游标明细小窗口。在钱龙软件的游标明细小窗口，主要是显示时间、开盘、最高、最低、收盘、成交量、成交金额和涨跌幅度等历史数据。

(2) 大智慧的游标明细小窗口。在大智慧软件的游标明细小窗口，主要是显示时间、开盘、最高、最低、收盘、金额、涨幅、量比和当前值等历史数据。

图 4-2-3 大盘即时走势界面的游标明细窗口

(3) 通达信的游标明细小窗口。在通达信软件的游标明细小窗口，主要是显示时间、数值、开盘价、最高价、最低价、收盘价、成交量、成交额、涨幅、振幅等历史数据。

在大盘 K 线走势画面上，以上这些小栏目的含义如下:

"时间"是表示游标所在位置的具体日期。

"开盘"是表示游标所在当日的开盘指数。

"最高"是表示游标所在当日的最高指数。

"最低"是表示游标所在当日的最低指数。

"收盘"是表示游标所在当日的收盘指数。

"成交量"是表示游标所在当日的市场上所有交易股票的成交总手数。

"成交金额"是表示游标所在当日的市场上所有交易股票的成交总金额。

"涨跌幅度"是表示(游标所在位置的收盘指数－前日收盘指数)÷前日收盘指数。

4. 个股游标明细小窗口

在即时走势画面显示:

在个股即时走势画面上，游标明细小窗口的作用也比较有限。它主要是查阅个股当日每一时段的一些详细成交数据。

(1) 钱龙的游标明细小窗口。在钱龙软件上的游标明细小窗口，主要是显示时间、最新价、涨跌、成交量、成交额、均价等当日数据。

(2) 大智慧的游标明细小窗口。在大智慧软件的游标明细小窗口，主要是显示时间、现价、均价、涨跌、现手和总手等当日数据。其中，现价是指最新价。

(3) 通达信的游标明细小窗口。在通达信软件的游标明细小窗口，主要是显示时间、价位、均价、涨跌、涨幅、成交量和成交金额等当日数据，其中价位是指最新价。

在个股即时走势画面上，以上这些小栏目的含义如下:

"时间"是表示游标所在的时间。

"最新价"是表示游标所在位置的该股成交价格。

"涨跌"是目前收盘价－前日收盘价。

"成交手数"是表示游标所在位置的成交手数。

"成交金额"是表示游标所在位置的成交金额。

"均价"是表示自开盘时起到游标所在时间内,该股平均成交价。

"总手"是表示自开盘时起到游标所在时间内,该股成交总手数。

(注:以上这些信息也都是当天的即时信息,其每分钟都是在变化的。)

在个股K线分析画面显示:

在个股K线分析画面上,游标明细小窗口的作用比较大。投资者可以通过左右移动游标(或叫十字光标),来查阅某一个股的历史走势中、任何一天的主要成交数据。

(1)钱龙的游标明细小窗口。在钱龙软件上的游标明细小窗口,主要是显示时间、开盘、最高、最低、收盘、成交量、成交金额、涨跌幅度、流通股、换手率等历史数据。

(2)大智慧的游标明细小窗口。在大智慧软件的游标明细小窗口,主要是显示时间、开盘、最高、最低、收盘、成交量、成交额、涨幅、换手率和当前值等历史数据。`

(3)通达信的游标明细小窗口。在通达信软件的游标明细小窗口,主要是显示时间、数值、开盘价、最高价、最低价、收盘价、成交量、成交额、涨幅、振幅、换手率和流通股等历史数据,如图4-2-4所示。

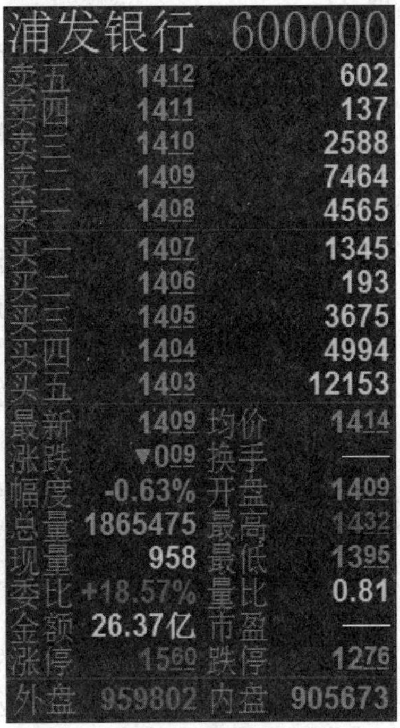

图4-2-4 个股K线界面的游标明细窗口

在个股K线分析画面上,以上这些小栏目的含义如下:

"时间"是表示游标所在位置的具体日期。

"开盘"是表示该股当日的开盘价。

"最高"是表示该股当日的最高价。

"最低"是表示该股当日的最低价。

"收盘"是表示该股当日的收盘价。

"成交量"是表示该股当日成交手数的总和。

"成交金额"是表示该股当日成交金额的总和,单位为"万元"。

"涨跌幅度"是表示游标所在位置的该股收盘价－前日该股收盘价。

"流通股"是表示当前该股上市流通的股票数量。

"换手率"是表示该股当日的日换手率,计算公式为当日成交量÷流通股数。

任务三　键盘和鼠标的使用

键盘和鼠标是电脑操作的必要环节,也是电脑最主要的输入部件。特别是对股市分析软件来说,大部分的操作命令都是通过键盘和鼠标来完成的。同时,键盘和鼠标还起着控制台的作用,大多数股市分析软件都是通过键盘和鼠标来运行的。因此,了解键盘和鼠标的功能是熟练掌握股市软件操作的第一步。下面先介绍一下键盘和鼠标的功能。

一、键盘的功能

大部分计算机的键盘通常可以分为三个大的操作区。以台式计算机为例，键盘可分为功能键区、输入控制区和数字小键盘区等。

1. 功能键区

功能键一共有 12 个，分别为 F1～F12 键。功能键的使用视不同的应用软件而略有不同。一般而言，功能键主要是能节省击键次数，许多应用程序使用它们时，仅按一个键就能执行通用功能。

2. 输入控制区

输入控制键区是计算机键盘的重要部分，它分为字母、数字等输入区和编辑控制区这两大部分。

（1）输入区。输入区主要包括英文或中文字母、阿拉伯数字、标点符号等键盘所在区域。

字母键：

字母键共有 26 个，分别为键盘上大写字母标记的 A～Z 等 26 个字母，当使用者需要输入英文或中文字母时，敲击这类字母键就可完成输入。

数字键：

数字键共有 10 个，分别为键盘上的 1～10 这 10 个阿拉伯数字。这 10 个数字键上有两行符号，下一行是数字（1～0），上一行是一些符号，所以它们又可用作一些符号的输入。

符号键：

在输入区部分也有一些符号键，它们为";""〈""〉""/""｛"和"｝"等键，这些键可以输入标点符号。

（2）控制区。控制区主要包括回车键、转换键、翻页键和光标键等一些控制软件运行的控制键。这些键有的单独使用，有的要与其他键组合使用，其作用随与其组合的键的不同而改变，并且随着软件的不同而起不同的作用。

回车键：

回车键是指表示为"Enter"的键。它是一个重要的控制键，共有两个作用，一是用来表示用户输入结束，二是起命令已经接受的作用。另外，随着应用软件的不同，回车键还有其他的一些作用。

Ctrl 键和 Alt 键：

Ctrl 键和 Alt 键通常是组合起来一起使用的键。它们与一些字母键组合使用，可以发送一些特殊的信息。

光标键：

光标键主要包括"←""→""↑"和"↓"这四个平移键。"←"键是左移光标键，是把光标向左移动到所要查看的内容上的键；"→"键是右移光标键，是把光标向右移动到所要查看的内容上的键；"↑"键是上移光标键，是把光标向上移动到所要查看的内容上的键；"↓"键是左移光标键，是把光标向下移动到所要查看的内容上的键。另外，这四组键还可以与 Ctrl 键等组合使用，会起到其他的效果。

翻页键：

翻页键包括"Page up"和"Page down"这两个键。"Page up"为上翻键，主要是向上翻页键；"Page down"为下翻键，主要是向下翻页键。

其他键：

除了上述一些常用的键盘外，在控制区里还有"Insert""End""Delete""Break"和"Lock"等键盘，但是，这些键盘在股市分析软件上的使用机会不多。

3. 数字小键盘区

数字小键盘区是需要激活 Unlock 功能键。在激活状态下，键盘右上侧的 Unlock 灯处于发亮状态，此时可以运用小键盘方便地输入数字；关闭 Unlock 功能键，小键盘就与光标控制键一样是用来控制光标运行的。

（1）鼠标的操作方法。鼠标是另一种常用的输入设备，多用于窗口式的操作系统，如 Windows、Linux。它以其操作直接、形象、简便、近乎于日常手工工作的特点受到广大用户的青睐，成为最重要的输入设备。常用的鼠标上有两个按钮，从左到右分别称为"左键"和"右键"。通常情况下，很大部分的操作都通过左键来完成。如不特别注明，鼠标操作是指用左键来操作。在用 Windows 系列编制的软件中，鼠标是非常重要和常用的，因此，一定要掌握好鼠标的操作方法。一般而言，常用的鼠标操作方法有移动、单击、双击、拖动等。

（2）移动方法。移动是指用手按住鼠标，在平板上可以随意移动它，这时屏幕上的鼠标箭头也会随之移动的操作方法。

（3）单击方法。单击的操作方法是按一次鼠标按键、然后马上放开的操作方法。根据所按的键不同，分左击和右击。左击是指用搭在鼠标左键上的食指按一下鼠标左键的操作方法。右击是指用搭在鼠标右键上的中指按一下鼠标右键的操作方法。

（4）双击方法。双击是指快速地连续按两下鼠标左键的操作方法。在许多应用软件（包括股市软件）中，很多程序都可以用鼠标双击启动。单击和双击的最大区别是单击是按一下鼠标左键，而双击则是在短时间内快速、连续按鼠标左键两下。

（5）拖动方法。先把鼠标指针移到目标上，然后按下鼠标左键，注意按住不要松开，然后移动鼠标，随着鼠标指针的移动，目标也跟着移动；注意这期间一定不要松开鼠标左键，当把目标移动到目的地之后，再松开鼠标左键。

鼠标操作是一种常用的运行方法。当鼠标在移动时，光标也在屏幕上移动。移动鼠标可使光标指向所需要的条目上，单击左键选定屏幕或菜单上的对象，双击运行程序，在绘图软件上鼠标还可以方便地画出各种图形。总之，鼠标是功能键和光标控制键的有效替代物。

二、键盘的分类及运用

尽管电脑上的按键比较多，而在使用股市分析软件时，对股市的分析主要是通过一些键盘来完成的，因此，认识电脑上的各种键在股市分析上所起的不同作用，是投资者熟练运用软件、正确分析行情的第一步。电脑上的键盘主要可以分为字母键、数字键、F 功能键、切换键、光标键和翻页键六大类。

1. 字母键

在运用股市分析软件过程中，字母键是用来输入汉语拼音或英文字母的键盘。它们包括 A～Z 这 26 个字母键。在股市分析软件操作方面，字母键主要有两个功能：一是各种股票名称的输入，二是各种技术指标名称的输入。

（1）股票名称的输入。在股市分析软件中，股票名称的输入可以靠字母键或数字键来解决。数字键输入的是阿拉伯数字，字母键输入的是汉语拼音字母。对于投资者来说，如果只知道某个股票的名称，而不知道该股票的代码，就可以用字母键来解决这一问题。在软件右下角的对话框中，输入证券名称或汉语拼音缩写，然后按一下回车键（Enter），就可以出现股票的 K 线图。在输入证券名称时，只要输入股票的简称就可以，而在输入拼音缩写时，则需输入该股票简称中每一个汉语拼音的第一个字母。例如,要了解"浦发银行"这个股票的走势情况,就可以在软件右下角的对话框中输入"浦发银行"或"PFYH",然后按一下回车键(Enter),就可以显示"浦发银行"的代码为"600000"以及该股票的K线画面。

(2) 技术指标名称的输入。在股市分析软件中,各种技术指标名称的输入,主要是靠字母键来完成。技术指标输入的字母是英文字母。在股票K线图的右下角对话框中,输入某个技术指标的英文简称,就可以看到该技术指标的图形。例如,投资者想知道随机指标—KDJ的图形,就可以在对话框中输入"KDJ"这三个字母,然后按一下回车键(Enter),就可以看到KDJ指标的图形。

2. 数字键

在股市分析软件中,数字键是用来输入阿拉伯数字的键盘,它们包括0~10这10个键。数字键在股市分析软件操作方面的功能,包括查看股票即时走势图、查询当天整个股票市场的总体情况以及个股基本面查询等。查看股票即时走势图是投资者运用股市分析软件最基础的操作。例如,在股市分析软件的任何界面右下角的对话框中,输入"600000"这几个数字,然后按一下回车键(Enter),就可以显示"600000浦发银行"这个股票的即时走势图。至于查询当天股票市场的总体情况以及个股基本面查询等方面的操作,投资者可以参阅项目四的内容。

3. F功能键

在股市分析软件中F功能键主要是用来查询当天股市各类大盘的运行情况、个股K线图和即时走势图之间的切换以及自选股选择等方面的快捷键,它们包括F1~F12这12个键。其中,F9、F11和F12这3个键在大部分股市分析软件中没什么大的用途,而其他9个键的具体用法,投资者也可以参阅项目四的内容。

4. 切换键

在股市分析软件中,键盘上的"*"和"/"这两种切换键主要是用来切换不同技术指标画面。大部分股市分析软件都为投资者提供二三十个甚至更多的技术指标。为了让投资者尽可能地方便使用这些技术指标,软件本身就为投资者提供了"*"和"/"这两个键的快速切换功能。具体的使用方法就是当股价K线图下方显示的某一个指标图形时,投资者就可以按"*"或"/"键,每按一下"*"或"/"键,软件画面就会依次显示下一个指标的图形。例如,当前K线图上显示的是KDJ指标图形,按住"*"键就会依次出现KDJ、SAR、WR、RSI等各种指标。

5. 光标键

在股市分析软件中,光标键包括"↑""↓""←"和"→"4个键,它们在软件上的主要功能是放大、缩小、平移股价K线图和上下移动点击股票名称。在运用分析软件来研判股价走势的过程中,投资者不仅要观察当前股价运行的走势,而且更应参阅和研究该股票过去的股价走势,有的股票甚至还需要查询自该股上市以来的整个历史走势。以股价的日K线图为例,目前在大部分股市分析软件上,投资者一开始所能见到的股价日K线走势的时间范围是6个月左右,而6个月以前的日K线走势,则需要投资者运用上面四个光标来调节。以日K线图上查看股价日K线为例,具体的使用方法包括以下几点:

放大或缩小K线分析界面:

(1) 在股价的日K线图上,连续按住"↓"键就会放大股价的日K线界面,从而可以观察该股自上市以来的所有日K线。

(2) 在股价的日K线图上,连续按住"↑"键就可以缩小当前的股价日K线界面。

调出股价对话框:

(1) 在股价的日K线图上,一开始按住"←"键就会在当前的日K线上出现白色的十字光标,同时在软件界面的最右边会出现一个股价显示框,框中的内容主要包括该股票当前的时间、开盘价、最高价、最低价、收盘价、涨跌幅、成交量、换手率、成交金额九项内容,投资者就可以从这九项内容中概括地了解当前股价大体走势,接着按一下"←"键,白色的十字光标就会跳到上一个交易日的K线图上,同时也会出现这一交易日的股价显示框及同样的九项内容。同理,再按一下"←"键,白色的十字光标就会再跳到再上一个交易日的K线图上。依此类推,投资者就可以查阅该股票成交史上每一个交易日的大体情况。

(2) 在股价的日K线图上,当十字光标停留在某一日的K线上时,按一下"→"键,十字光标就会向右移动到离当前日期最近的一个日K线上,并会出现同样的对话框。

平移K线图:

(1) 在股价K线图上同时按住"Ctrl"键和"←"键,就可以查看该股在历史上某一段时期的走势情况。

(2) 同时按住"Ctrl"键和"→"键的功能与同时按住"Ctrl"键和"←"键的功能差不多。它们的区别是在于同时按住"Ctrl"键和"←"键是把股价K线图向左整体平移,即向离当前日期更远的历史时期平移;而同时按住"Ctrl"键和"→"键是把股价K线向右整体平移,即向离当前日期更近的时期平移。

6. 翻页键

在股市分析软件中,翻阅键主要是轮换翻阅各种不同股票K线图以及翻阅个股基本面情况的键,它们包括Page up和Page down这两个键。

(1) 翻阅各种不同代码的股票K线图。当投资者在查阅某一个股票的K线图时,如果按一下Page up或Page down键,就可以快速地翻阅上一个或下一个股票的K线图。例如,当股市软件界面停留在"600601"(青岛啤酒)这个股票的K线图上时,按一下Page up键,股市软件的界面就会上翻到"600600"(浦发银行)的K线图上;按一下Page down键,股市软件的界面就会下翻到"600602"(云赛智联)的K线图上。这种快速查阅不同股票K线图的方法,对于喜欢用自选股查阅行情的投资者更加快捷有效。另外,在有的手提电脑上,翻阅各种不同股票K线图的组合键是同时按住"PN"和"Page up"键或者同时按住"PN"和"Page down"键。

(2) 翻阅个股的基本面情况。对于喜欢研究股票基本面情况的投资者,应用Page up或Page down键的频率会更高。目前,在大多数股市分析软件上,股票的基本面信息非常丰富,有的内容可以达到几百页,因此,投资者要完整地查阅一个股票的基本面情况时,就必须利用Page up或Page down键来阅读。

任务四　股市分析软件的其他操作方法

在使用股市分析软件时,除了鼠标和键盘这两种重要的使用方法外,还有一些常用的辅助方法,如菜单操作、工具栏操作和键盘精灵等。

一、菜单操作

1. 右键菜单

为了投资者方便地使用分析软件,有的软件还提供丰富的右键菜单,通过右键菜单,投资者可以迅速地找到在目前状态下可以使用的常见功能。

在不同页面所显示的右键菜单是有区别的,而即使在同一页面,鼠标在不同地方按右键,所弹出的菜单也可能有所不同。

2. 主菜单栏

在大部分网上股市分析软件上,只要投资者一打开软件,就可以看见在软件的最上方有个横的主菜单,上面包括系统、查看、大盘、报价、分析、财务、资讯、智能、工具、帮助小菜单,具体形态见图4-4-1。

图4-4-1 股市分析软件主菜单

另外,为了不影响其他图形的研判,投资者在查看小菜单时,可以通过拖动小菜单左边的移动柄,将小菜单移动到程序界面的其他位置。

通过菜单,投资者可以使用软件程序上几乎所有的功能。其中,在有些菜单项上,左侧有一个小图标(见图4-4-2)。熟悉这些图标后,投资者便能够通过点击工具栏上的相同图标,从而更加方便地使用这些功能。

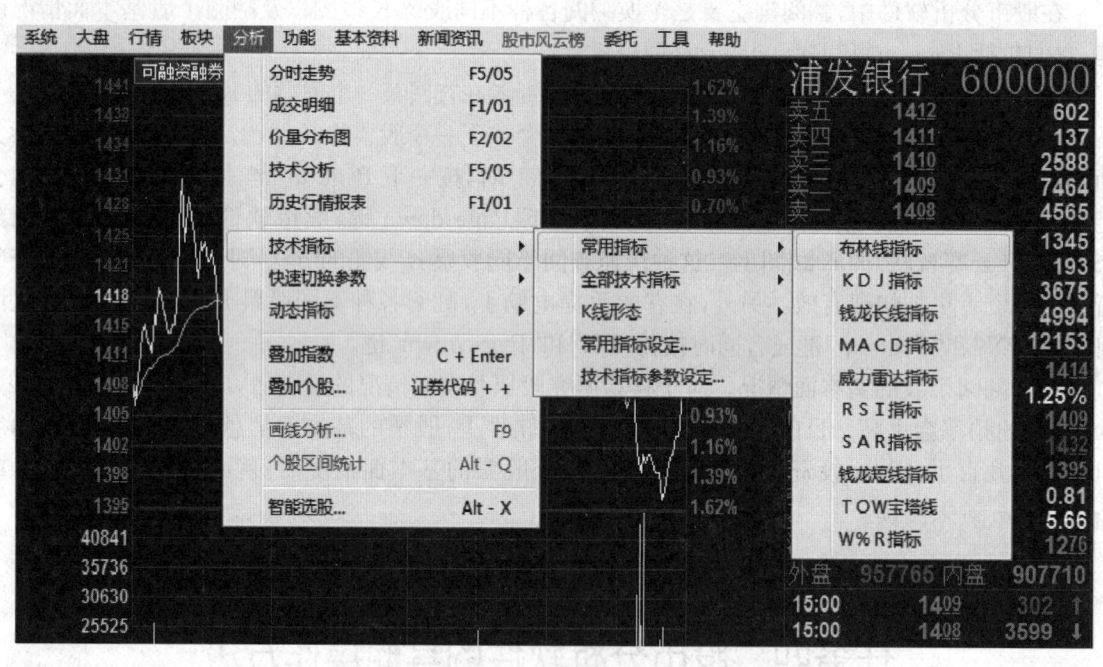

图4-4-2 股市分析软件子菜单

二、工具栏操作

工具栏中汇集了菜单上的一些常用功能,投资者可以通过简单的点击图标,来调用这些功能。投资者还可以按自己的喜好改变显示方式。比如,可以通过工具栏上的右键菜单,还可以通过“查看”菜单→“工具栏”中的命令来“显示/隐藏”工具栏等。

当多个固定工具栏显示在同一行中时,可能因为太长而只能显示出排在前面的按钮。投资者要看到未显示在固定工具栏中的按钮,就可以单击该工具栏尾部的按钮。

另外,通过拖动固定工具栏上的移动柄,或拖动浮动工具栏的标题栏,可将其移动到其他位置。如果将浮动工具栏拖动到程序窗口的边缘或其他固定工具栏的旁边,则该工具栏将成为固定工具栏(注意:移动固定工具栏不会影响同一行上其他工具栏的位置和大小)。

三、键盘精灵

为了帮助一些初学者尽快熟悉股市,有些股市分析软件还设有"键盘精灵"。只要投资者在分析软件上,按下电脑键盘上任意一个数字、字母或符号,在程序右下角都会弹出"键盘精灵"。其具体形态见图 4-4-3。投资者可以在这里面输入中英文和数字,搜索自己想要的东西。

投资者在使用"键盘精灵"时,既可以通过输入代码、名称或名称的汉语拼音首字母来搜索对应的商品(股票、基金、债券、指数等),按回车(Enter)键进入相关页面,还可以通过输入指标(如KDJ)的中英文名称,来利用键盘精灵方便地更换指标窗口里的指标。另外对于习惯"钱龙""分析家"和"通达信"等常用系统的投资者,这些软件还设有符合平时习惯的页面快捷键。例如,想查看"上证 A 股涨跌幅排名"就可以直接按"61+Enter"。具体的页面快捷键可以从"帮助"菜单的"快捷键列表"中查看。

在用拼音首字母检索商品时,键盘精灵会把所有读音符合的词都找出来。不管字母是在商品名称的什么地方。例如输入"MS"时,不仅会找到"民生银行 MSYH""模塑科技 MSKJ",还能找到"西安民生 XAMS"。这样就算不记得股票的全名,也能方便地找到所需的股票。

另外,有的股市分析软件还支持汉字输入和模糊查找。这样不仅可以用键盘精灵实现股票的输入,还可以用来做股票的快速搜索。例如,输入"河"字,就会看到所有名称中包含"河"字的股票(见图 4-4-4),然后用上下键就可以选择查看了。

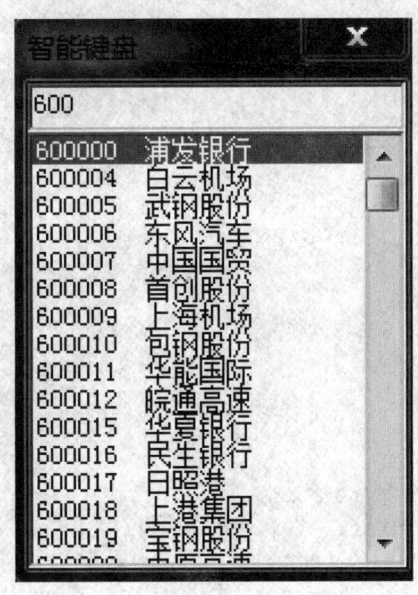

图 4-4-3　软件键盘精灵

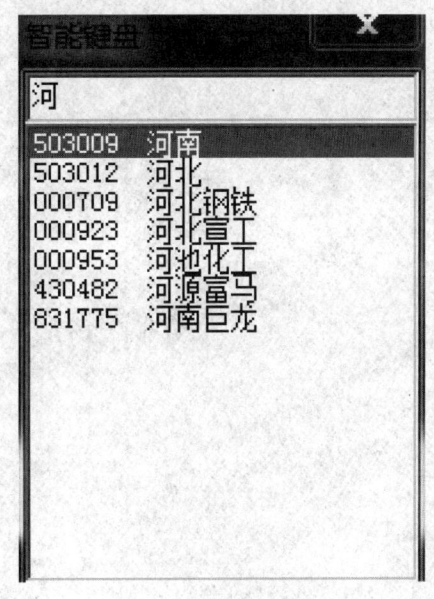

图 4-4-4　通过键盘精灵模糊搜索

任务五　主要键盘的运用

利用股市分析软件研究股市行情时，电脑键盘上的各种 F 功能键和各种组合键的运用次数比较多，下面以“钱龙”“大智慧”和“通达信”等股市软件为例，详细讲解各种 F 功能键和组合键在股市分析中的作用。

一、各种 F 功能键的作用

1. F1 键的作用

（1）查看当日股票的每笔交易记录。在任何一个股票的当日即时走势图的界面上，直接按 F1 就可以进入该股当日的分笔交易图，在该图上可以查看任何一个股票当天的每一笔成交量和成交价等情况。如图 4-5-1 所示。

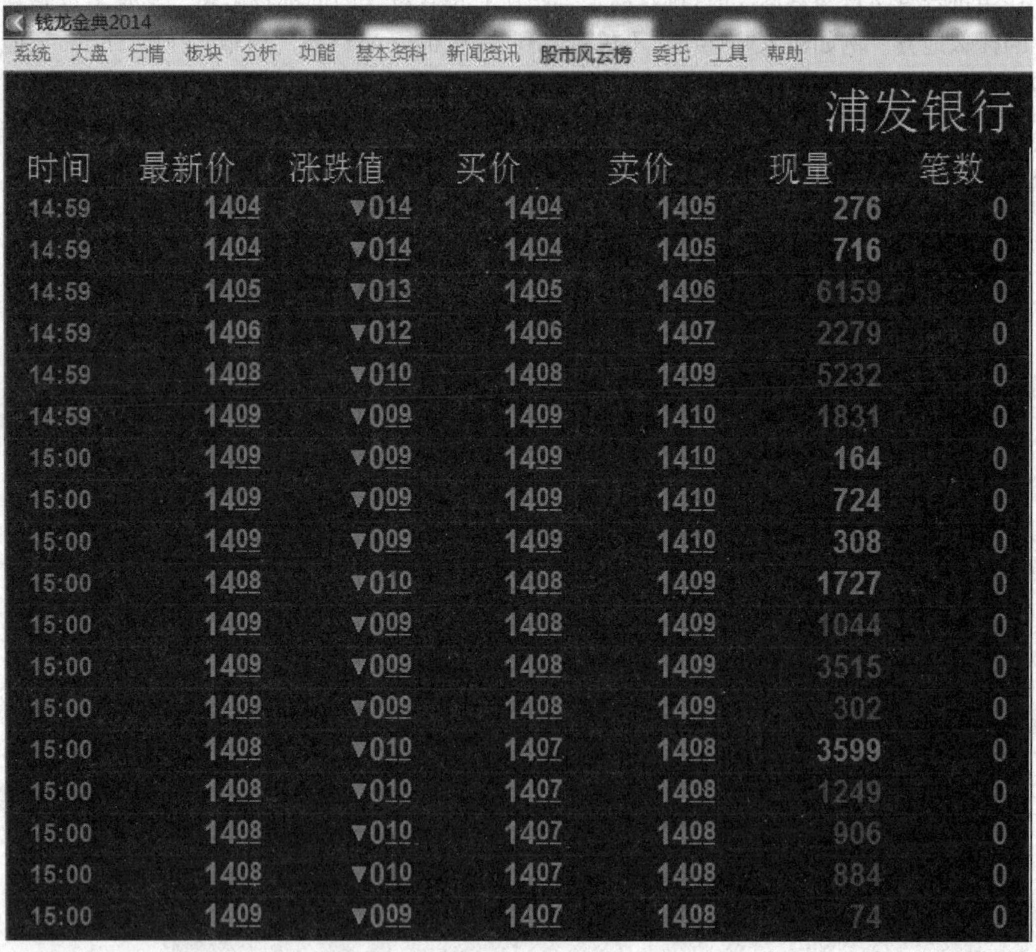

时间	最新价	涨跌值	买价	卖价	现量	笔数
14:59	1404	▼014	1404	1405	276	0
14:59	1404	▼014	1404	1405	716	0
14:59	1405	▼013	1405	1406	6159	0
14:59	1406	▼012	1406	1407	2279	0
14:59	1408	▼010	1408	1409	5232	0
14:59	1409	▼009	1409	1410	1831	0
15:00	1409	▼009	1409	1410	164	0
15:00	1409	▼009	1409	1410	724	0
15:00	1409	▼009	1409	1410	308	0
15:00	1408	▼010	1408	1409	1727	0
15:00	1409	▼009	1408	1409	1044	0
15:00	1409	▼009	1408	1409	3515	0
15:00	1409	▼009	1408	1409	302	0
15:00	1408	▼010	1407	1408	3599	0
15:00	1408	▼010	1407	1408	1249	0
15:00	1408	▼010	1407	1408	906	0
15:00	1408	▼010	1407	1408	884	0
15:00	1409	▼009	1407	1408	74	0

图 4-5-1　当日的股票每笔交易记录

（2）查看每日的股票交易概况。在任何一个股票当日日 K 线的界面上，直接按 F1 键就可以进入该股的每日交易概况图，在该图上可以查看任何一个股票每日的涨跌、开盘价、收盘价和成交总量以及 5 日的平均价、5 日的平均量等情况。

（3）查看每周的股票交易概况。在任何一个股票周 K 线的界面上，直接按 F1 键就可以进入该股的每周交易概况图，在该图上可以查看任何一个股票每周的涨跌、开盘价、收盘价和成交总量以及 5 周的平均价、5 周的平均量等情况。

（4）查看每月的股票交易概况。在任何一个股票月 K 线的界面上，直接按 F1 键就可以进入该股的每月交易概况图，在该图上可以查看任何一个股票每月的涨跌、开盘价、收盘价和成交总量以及 5 月的平均价、5 月的平均量等情况。

2．F2 键的作用

（1）查看当日的分价表。在任何一个股票的当日即时走势图的界面上，直接按 F2 键就可以进入该股当日的分价表。分价表中详细列举了该股在当天的最高价和最低价之间的每一个价位（以 0.01 元为基准）上的成交总手数。如图 4-5-2 所示。

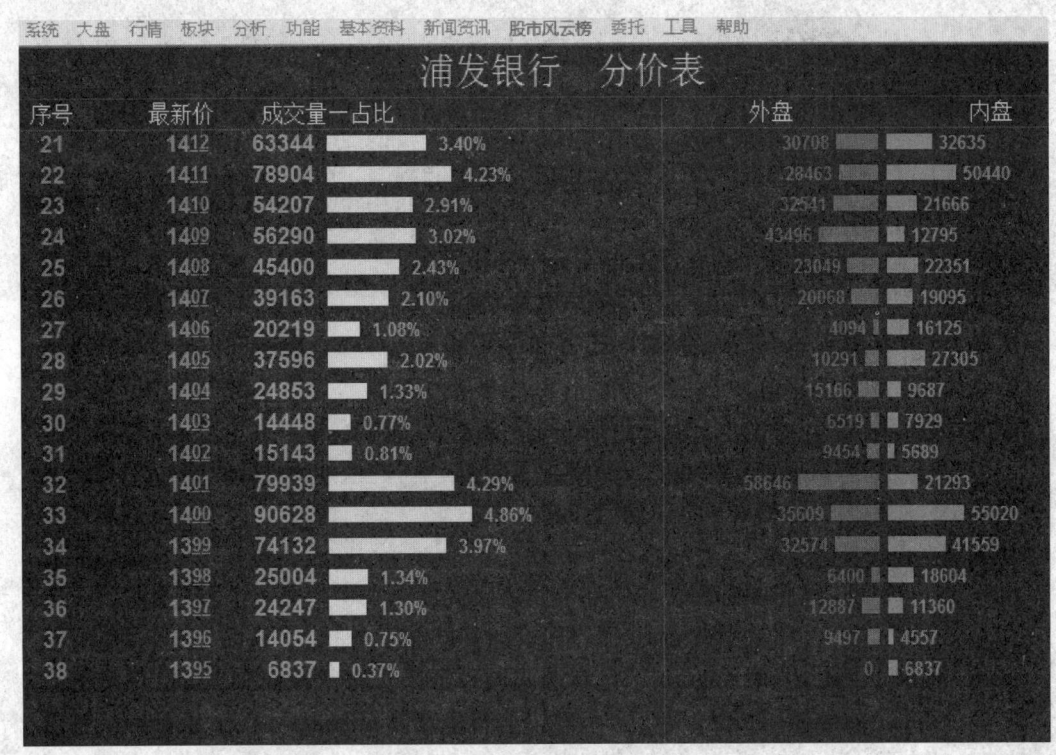

图 4-5-2　当日的分价表

（2）查看每日、周、月的交易简况。在任何一个股票当日（周、月等）的 K 线图上，直接按 F2 键的功能与直接按 F1 键的功能相同。

3．F3 键的作用

F3 键主要是查看上证综合指数即时走势图（即上证领先指标图）的功能键。

在任何一个股票的即时走势图或 K 线图的界面上，直接按 F3 键就可以进入上证综合指数的当日即时走势图。如图 4-5-3 所示。

4．F4 键的作用

F4 键主要是查看深圳成分指数即时走势图（即深证领先指标图）的功能键。

在任何一个股票的即时走势图或 K 线图的界面上，直接按 F4 键就可以进入深圳成分指数的当日即时走势图。如图 4-5-4 所示。

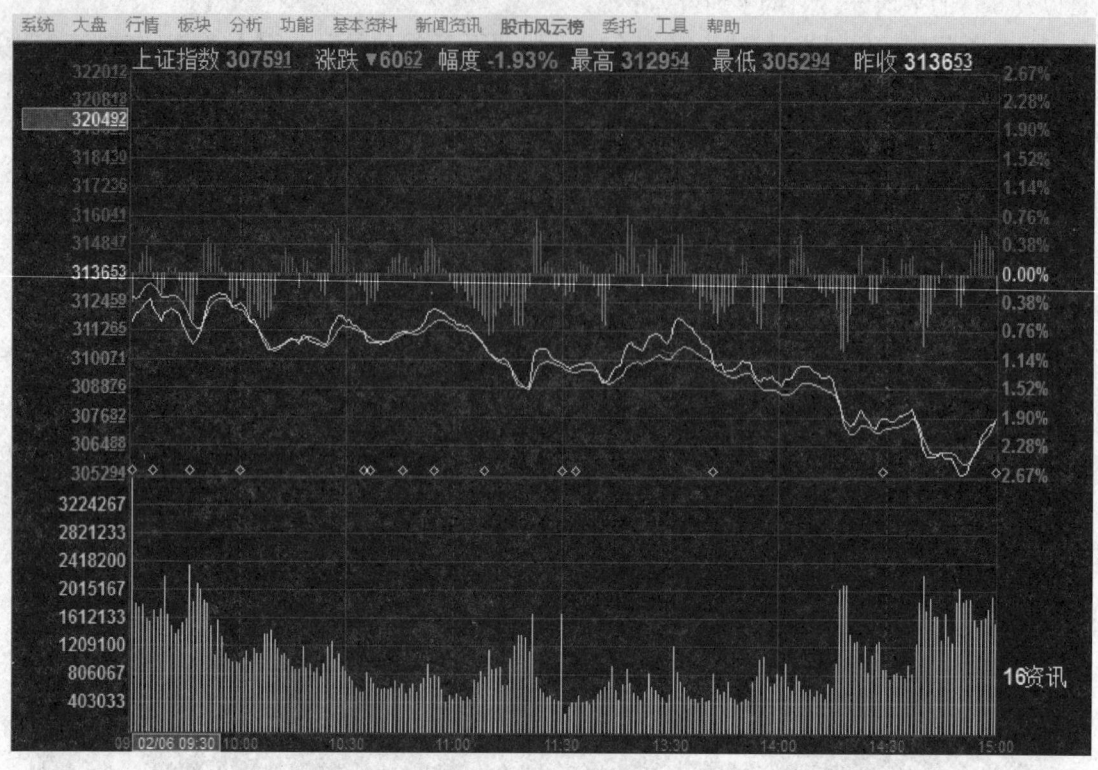

图 4-5-3　上证领先指标图

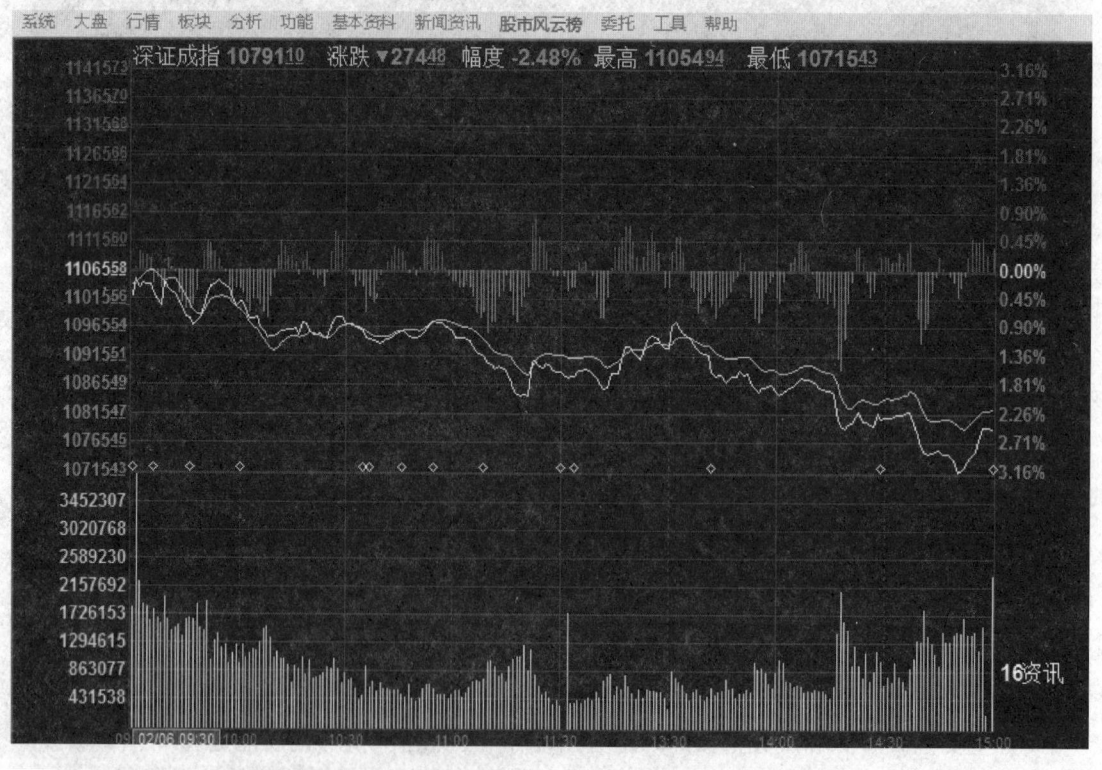

图 4-5-4　深证领先指标图

5. F5 键的作用

F5 键主要是切换股票日即时走势图和 K 线图的功能键。

在任何一个股票的即时走势图的界面上,直接按 F5 键就可以进入它的日 K 线图。同理,在任何一个股票的日 K 线(或周、月、分钟 K 线)上,直接按 F5 键就可以回到它的当日即时走势图。如图 4-5-5 所示。

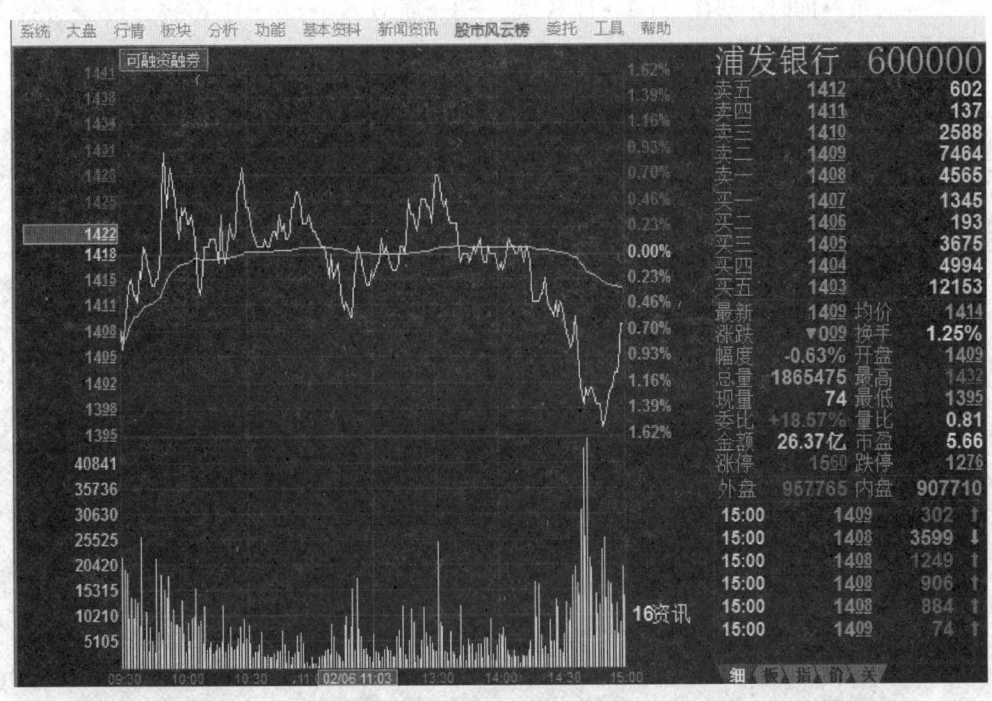

图 4-5-5　即时走势图和 K 线图

6. F6 键的作用

F6 键主要是查看自己所选的一组自选股情况的功能键。

不少投资者喜欢将自己所选中的股票编成一组,以便随时查看它们的走势情况,大部分股市软件都设置自选股这项功能。投资者可以先在股市分析软件上预设好自己的自选股,然后只要在任何股票走势的界面上,直接按 F6 键就可以进入自己所选的自选股界面。如图 4-5-6 所示。

图 4-5-6　自选股情况

7. F8 键的作用

F8 键是切换 K 线周期的功能键。

当投资者直接输入某个股票的股票代码或名称后，就会直接进入该股票的当天即时走势图。如果在该股票的即时走势图上按 F5 键，就可以进入该股票的日 K 线图。而需要查看该股的周、月或分钟 K 线图时，则只需按 F8 键进行切换。其具体步骤如下：

600000→回车→即时走势图→F5→日 K 线→F8→周 K 线→F8→月 K 线→F8→分钟 K 线→F8→日 K 线→F8 周 K 线……依次循环。如图 4-5-7 所示。

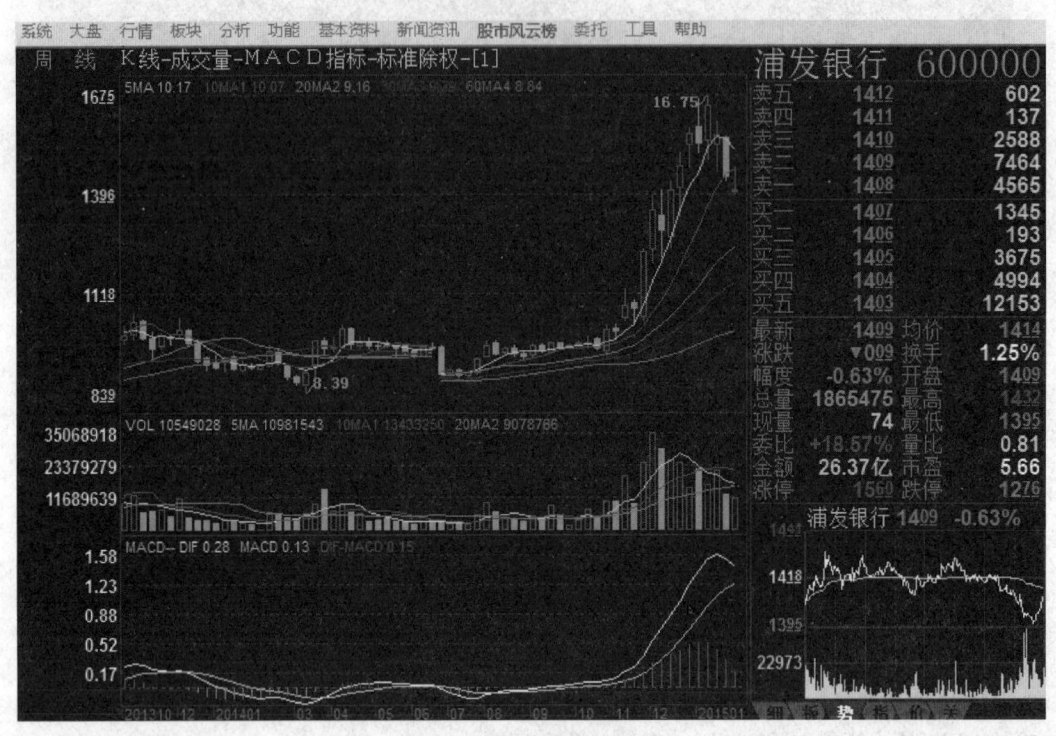

图 4-5-7　切换 K 线周期

8. F9 键的作用

F9 键是 k 线画面下的画线工具。当投资者直接输入某个股票的股票代码或名称后，就会直接进入该股票的当天即时走势图。如果在该股票的即时走势图上按 F5 键，就可以进入该股票的日 K 线图。而需要使用画线工具时，则只需按 F9 键进行切换。如图 4-5-8 所示。

9. F10 键的作用

F10 键是查看上海和深圳单个股票基本面详细资料的功能键。

在任何一个股票的当日即时走势图或 K 线图的界面上，直接按下 F10 键，就可以进入该股的基本面详细资料的界面。这些资料包括公司最新信息，公司股价最新涨跌异动情况，公司简介、简史、产品、管理层，公司历年分红扩股、财务报表、股东变化，公司参股控股、经营分析，公司相关评论、重大事项公布、公司大事记等具体内容。这些内容是投资者对上市公司进行基本分析的重要信息来源。因

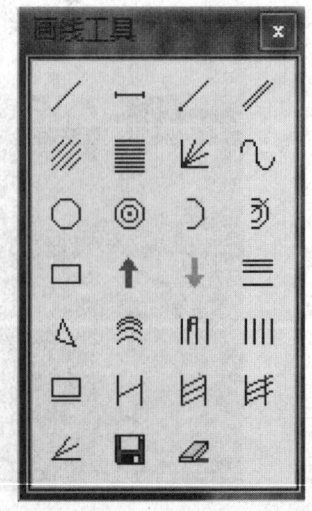

图 4-5-8　画线工具

此,这一栏目所登载的内容应引起投资者足够的重视。其具体步骤如下:

任何一个股票的即时走势图或 K 线图→按 F10→该股票基本面详细资料,如图 4-5-9 所示。

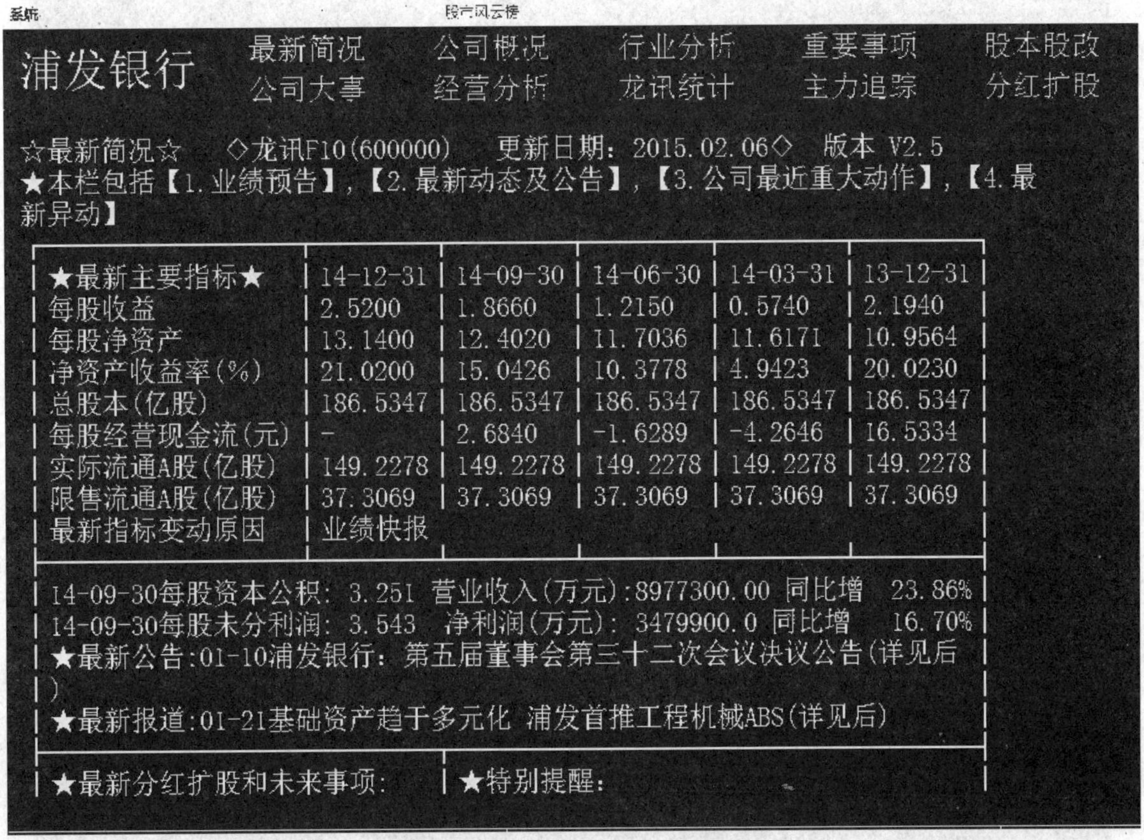

| 系统 | | 股市风云榜 | | | |

| 浦发银行 | 最新简况 | 公司概况 | 行业分析 | 重要事项 | 股本股改 |
| | 公司大事 | 经营分析 | 龙讯统计 | 主力追踪 | 分红扩股 |

☆最新简况☆　◇龙讯F10(600000)　更新日期:2015.02.06◇　版本 V2.5
★本栏包括【1.业绩预告】,【2.最新动态及公告】,【3.公司最近重大动作】,【4.最新异动】

★最新主要指标★	14-12-31	14-09-30	14-06-30	14-03-31	13-12-31
每股收益	2.5200	1.8660	1.2150	0.5740	2.1940
每股净资产	13.1400	12.4020	11.7036	11.6171	10.9564
净资产收益率(%)	21.0200	15.0426	10.3778	4.9423	20.0230
总股本(亿股)	186.5347	186.5347	186.5347	186.5347	186.5347
每股经营现金流(元)	-	2.6840	-1.6289	-4.2646	16.5334
实际流通A股(亿股)	149.2278	149.2278	149.2278	149.2278	149.2278
限售流通A股(亿股)	37.3069	37.3069	37.3069	37.3069	37.3069
最新指标变动原因	业绩快报				

14-09-30每股资本公积: 3.251 营业收入(万元):8977300.00 同比增 23.86%
14-09-30每股未分利润: 3.543 净利润(万元):3479900.0 同比增 16.70%
★最新公告:01-10浦发银行:第五届董事会第三十二次会议决议公告(详见后)
★最新报道:01-21基础资产趋于多元化 浦发首推工程机械ABS(详见后)

★最新分红扩股和未来事项: | ★特别提醒:

图 4-5-9　某股票基本面详细资料

二、各种组合键的作用

1. 1+Enter 键

1+Enter 键主要是查看上海所有 A 股报价分析的功能键。

在股市分析软件的任何一个界面上,先按 1 再按 Enter 键(回车键,下同),就可以直接进入上证 A 股报价分析界面。该界面主要是查看上海股市中所有交易 A 股按股票号码从小到大顺序排列的情况。其具体步骤如下:

股市分析软件的任何一个界面→按 1+Enter 键→上海所有 A 股报价分析,如图 4-5-10 所示。

2. 2+Enter 键

2+Enter 键主要是查看上海所有 B 股报价分析的功能键。

在股市分析软件的任何一个界面上,先按 2 再按 Enter 键,就可以直接进入上证 B 股报价分析界面。该界面主要是查看上海股市中所有交易 B 股的排列情况。其具体步骤如下:

股市分析软件的任何一个界面→按 2+Enter 键→上海所有 B 股报价分析,如图 4-5-11 所示。

系统 大盘 行情 板块 分析 功能 基本资料 新闻资讯 股市风云榜 委托 工具 帮助

上证A股	开盘	最新	涨跌	总量	现量	最高	最低	买价	卖价	幅度%	换手率
浦发银行	1409	1409	▼009	1865475	74	1432	1395	1407	1408	-0.63	1.25
白云机场	1079	1052	▼029	75466	——	1079	1043	1052	1053	-2.68	0.66
武钢股份	320	314	▼008	638041	16	323	312	314	315	-2.48	0.63
东风汽车	569	563	▼010	170829	18	574	559	563	564	-1.75	0.85
中国国贸	1529	1522	▼018	49494	——	1539	1490	1505	1506	-1.17	0.49
首创股份	1112	1085	▼023	309536	——	1112	1070	1084	1085	-2.08	1.41
上海机场	2035	1984	▼018	118550	11	2036	1971	1982	1984	-1.44	1.08
包钢股份	494	474	▼024	6149786	86	504	459	473	474	-4.82	3.91
华能国际	756	720	▼038	681632	——	756	712	719	721	-5.01	0.65
皖通高速	569	563	▼012	40687	——	580	560	564	565	-2.09	0.35
华夏银行	1172	1164	▼021	727980	——	1187	1152	1162	1163	-1.77	1.12
民生银行	906	907	▼002	2367366	——	925	894	907	908	-0.22	0.87
日照港	479	454	▼023	606866	10	480	449	453	454	-4.82	2.31
上港集团	633	629	▼009	476474	3	647	620	628	629	-1.41	0.21
宝钢股份	611	643	▲025	3441229	2	662	608	643	644	+4.05	2.10
中原高速	375	363	▼012	156560	600	377	360	363	364	-3.20	0.70
上海电力	1340	1266	▼119	1237185	10	1393	1250	1266	1267	-8.59	5.78
山东钢铁	279	268	▼013	390116	56	279	267	267	268	-4.63	0.73
浙能电力	643	622	▼022	240185	——	643	618	621	622	-3.42	3.04
中海发展	774	725	▼039	713113	49	774	717	724	725	-5.10	2.89

图 4-5-10　上海所有 A 股报价

上证B股	开盘	最新	涨跌	总量	现量	最高	最低	买价	卖价	幅度%	换手率
仪电B股	0570	0565	▼0007	14146	10	0572	0560	0564	0565	-1.22	0.48
市北B股	0568	0664	▼0002	4784	——	0673	0661	0662	0666	-0.30	0.21
大众B股	0833	0836	▼0002	8422	100	0841	0832	0835	0836	-0.24	0.16
神奇B股	1754	1746	▼0010	1634	1	1786	1743	1745	1746	-0.57	0.36
老凤祥B	3182	3142	▼0010	3040	——	3182	3135	3135	3158	-0.32	0.15
鼎立B股	0692	0692	0000	——	——	0692	0692	——	——	+0.00	0.00
氯碱B股	0557	0555	0000	22231	——	0566	0550	0552	0556	+0.00	0.55
双钱B股	0770	0770	0000	——	——	0770	0770	——	——	+0.00	0.00
海立B股	0610	0605	▼0008	8689	35	0613	0603	0605	0606	-1.31	0.31
金桥B股	1690	1639	▼0050	12705	——	1690	1633	1638	1640	-2.96	0.47
外高B股	1997	1978	▼0020	6412	——	1997	1966	1977	1980	-1.00	0.32
国新B股	2192	2207	▼0042	1129	12	2255	2192	2208	2210	-1.87	0.17
锦投B股	1251	1234	▼0018	6190	24	1257	1229	1230	1234	-1.44	0.38
中路B股	1738	1742	▲0011	3129	——	1758	1728	1738	1743	+0.64	0.37
金山B股	0680	0680	0000	——	——	0680	0680	——	——	+0.00	0.00
海欣B股	0603	0604	▼0001	10416	——	0607	0599	0601	0603	-0.17	0.22
耀皮B股	0628	0630	▼0003	2779	1	0634	0628	0629	0630	-0.47	0.15
大江B股	0398	0397	▼0001	8874	100	0401	0395	0396	0397	-0.25	0.26
上柴B股	0751	0747	▼0006	6348	1	0758	0747	0747	0749	-0.80	0.18
丹科B股	0539	0532	▼0007	4443	54	0543	0531	0532	0535	-1.30	0.23

图 4-5-11　上海所有 B 股报价分析

3. 3＋Enter 键

3＋Enter 键主要是查看深圳所有 A 股报价分析的功能键。

在股市分析软件的任何一个界面上，先按 3 再按 Enter 键，就可以直接进入深圳 A 股报价分析界面。该界面主要是查看深圳股市中所有交易 A 股、按股票号码从小到大顺序排列的情况。其具体步骤如下：

股市分析软件的任何一个界面→按 3＋Enter 键→深圳所有 A 股报价分析，如图 4-5-12 所示。

深证A股	开盘	最新	涨跌	总量	现量	最高	最低	买价	卖价	幅度%	换手率
平安银行	1369	1351	▼028	1030409	9451	1395	1340	1350	1351	-2.03	1.05
万 科A	1262	1216	▼054	3163186	17689	1262	1198	1215	1216	-4.25	3.27
国农科技	1765	1718	▼063	11871	357	1785	1716	1717	1718	-3.54	1.42
世纪星源											
深振业A	630	623	▼007	128474	999	638	616	622	623	-1.11	0.96
零七股份	1251	1247	▼138	105820	271	1295	1247	——	1247	-9.96	5.14
宝利来	2461	2509	▲028	14099	129	2517	2410	2509	2510	+1.13	0.96
中国宝安	1285	1290	▼002	307668	10007	1292	1250	1289	1290	-0.15	2.07
深华新											
深物业A	909	880	▼031	30977	55	911	868	880	882	-3.40	1.76
南 玻A	926	893	▼039	441252	3658	930	890	893	894	-4.18	3.39
沙河股份	1366	1338	▼042	15932	146	1386	1323	1337	1338	-3.04	0.79
深康佳A	750	752	▲002	174540	390	790	746	751	752	+0.27	2.91
深中华A	801	785	▼019	35507	721	810	772	784	785	-2.36	1.17
中冠A	2580	2501	▼097	12902	53	2601	2426	2500	2501	-3.73	1.29
深深宝A	851	842	▼008	21176	425	855	840	841	842	-0.94	0.84
深华发A											
深科技	845	818	▼038	356507	1767	852	810	818	819	-4.44	2.43
深赤湾A	1944	1878	▼104	36003	231	1980	1863	1878	1880	-5.25	0.77
深天地A	1800	1767	▼057	31742	830	1820	1664	1763	1767	-3.13	2.29

图 4-5-12　深圳所有 A 股报价

4. 4＋Enter 键

4＋Enter 键主要是查看深圳所有 B 股报价分析的功能键。

在股市分析软件的任何一个界面上，先按 4 再按 Enter 键，就可以直接进入深圳 B 股报价分析界面。该界面主要是查看深圳股市中所有交易 B 股、按股票号码从小到大顺序排列的情况。其具体步骤如下：

股市分析软件的任何一个界面→按 4＋Enter 键→深圳所有 B 股报价分析，如图 4-5-13 所示。

5. 5＋Enter 键

5＋Enter 键主要是查看上海和深圳市场所有交易的各种债券情况的功能键。

在股市分析软件的任何一个界面上，先按 5 再按 Enter 键，就可以直接进入上海和深圳市场所有交易的债券的分析界面。该界面主要是查看在上海和深圳市场里面交易的国债、国债回购、企业债、可转债等各类债券情况。其具体步骤如下：

股市分析软件的任何一个界面→按 5＋Enter 键→上海和深圳各类债券，如图 4-5-14 所示。

深证B股	开盘	最新	涨跌	总量	现量	最高	最低	买价	卖价	幅度%	换手率
深物业B	633	623	▼013	4146	37	634	618	623	624	-2.04	0.61
南 玻B	571	567	▼004	8858	16	573	566	566	567	-0.70	0.12
深康佳B	365	366	000	20090	96	377	363	365	366	+0.00	0.50
深中华B	377	366	▼011	8078	459	378	364	365	366	-2.92	0.33
中冠B	1080	1080	000	4621	1	1107	1068	1078	1080	+0.00	0.67
深深宝B	665	657	▼002	717	1	665	656	656	657	-0.30	0.23
深华发B	———	———									
深赤湾B	1496	1479	▼024	1380	40	1510	1470	1479	1487	-1.60	0.08
招商局B	2025	2014	▼021	11290	100	2052	2000	2006	2014	-1.03	0.53
特 力B	681	670	▼011	546	——	681	665	665	672	-1.62	0.21
飞亚达B	731	729	▼002	3050	16	739	726	729	731	-0.27	0.37
一致B	3720	3925	▲205	6514	190	4092	3720	3925	3930	+5.51	1.19
深深房B	370	370	▼002	3427	145	370	361	364	370	-0.54	0.29
富奥B	622	621	000	2488	5	625	618	619	622	+0.00	0.63
深南电B	409	408	▼001	21972	1	416	405	407	408	-0.24	0.83
深纺织B	624	614	▼011	865	30	624	607	609	614	-1.76	0.17
深基地B	———	———									
建摩B	766	758	000	261	30	770	758	758	764	+0.00	0.09
方大B	461	455	▼008	12155	3	464	452	453	455	-1.73	0.36
深国商B	814	806	▼008	1127	11	816	804	806	812	-0.98	0.09

图 4-5-13 深圳所有 B 股报价

上证债券	开盘	最新	涨跌	总量	现量	最高	最低	买价	卖价	幅度%
21国债(7)	10481	10552	▲013	39068	——	10560	10481	10551	10558	+0.12
02国债(13)	9838	9859	▲009	222	11	9859	9837	9840	9858	+0.09
03国债(3)	9946	9958	▲008	29966	10	9960	9946	9958	9959	+0.08
05国债(1)	10042	10068	▲005	135	2	10089	10042	10067	10089	+0.06
05国债(4)	10320	10379	▼009	143	20	10391	10320	10370	10379	-0.09
05国债(12)	10068	10069	▲058	2	2	10069	10068	10011	10068	+0.58
06国债(3)	9930	9977	▲001	39	16	9977	9930	9959	9977	+0.01
06国债(9)	10000	10000	000			10000	10000			+0.00
06国债(16)	10000	10000	000			10000	10000			+0.00
06国债(19)	9878	9878	000			9878	9878	9509	9999	+0.00
07国债03	10000	10000	000			10000	10000			+0.00
07国债06	10000	10000	000			10000	10000	10000		+0.00
07国债10	11410	11410	000			11410	11410			+0.00
07国债13	10000	10000	000			10000	10000			+0.00
国开1301	10319	10348	▲035	237935	125	10360	10300	10331	10345	+0.34
国开1302	10843	10851	▲001	4152	6	10851	10843	10845	10851	+0.01
国开1401	11948	11948	▲048	1	1	11948	11948	11721	11948	+0.40
10国债02	10224	10224	000			10224	10224			+0.00
10国债03	10000	10000	000			10000	10000			+0.00
10国债05	10000	10000	000			10000	10000			+0.00

图 4-5-14 上海和深圳各类债券

6. 7＋Enter 键＝71＋Enter 键

该键主要是查看上海证券交易所基金行情的功能键。

在股市分析软件的任何一个界面上，先按 7 再按 Enter 键，就可以直接进入上海证券交易所基金行情的分析界面。该界面主要是查看上海证券交易所当天公布的各种相关基金行情的内容。其具体步骤如下：

股市分析软件的任何一个界面→按 7＋Enter 键→上海证券交易所基金行情信息，如图 4-5-15 所示。

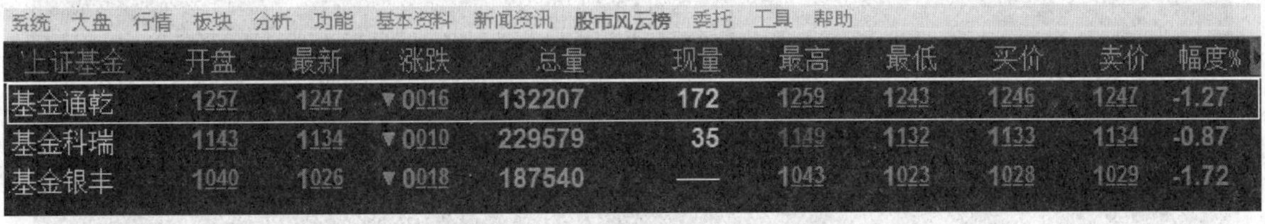

系统 大盘 行情 板块 分析 功能 基本资料 新闻资讯 股市风云榜 委托 工具 帮助

上证基金	开盘	最新	涨跌	总量	现量	最高	最低	买价	卖价	幅度%
基金通乾	1257	1247	▼0016	132207	172	1259	1243	1246	1247	-1.27
基金科瑞	1143	1134	▼0010	229579	35	1149	1132	1133	1134	-0.87
基金银丰	1040	1026	▼0018	187540	—	1043	1023	1028	1029	-1.72

图 4-5-15　上海证券交易所基金行情信息

7. 8＋Enter 键＝81＋Enter 键

该键主要是查看当日上海市场交易的全部 A 股综合排名的功能键。

在股市分析软件的任何一个界面上，直接按 8＋Enter 键或 81＋Enter 键，就可以进入上海 A 股综合排名榜的界面。该综合排名榜包括在上海市场交易的所有 A 股当日涨跌幅前 6 名、即时 5 分钟涨跌幅前 6 名、当日委比前 6 名、当日的振幅前 6 名、当日量比前 6 名和当日成交总金额前 6 名的栏目。这个栏目是投资者迅速了解上海市场 A 股当日交易概况的窗口。其具体步骤如下：

股市分析软件的任何一个界面→按 8＋Enter 键→上海 A 股综合排名榜，如图 4-5-16 所示。

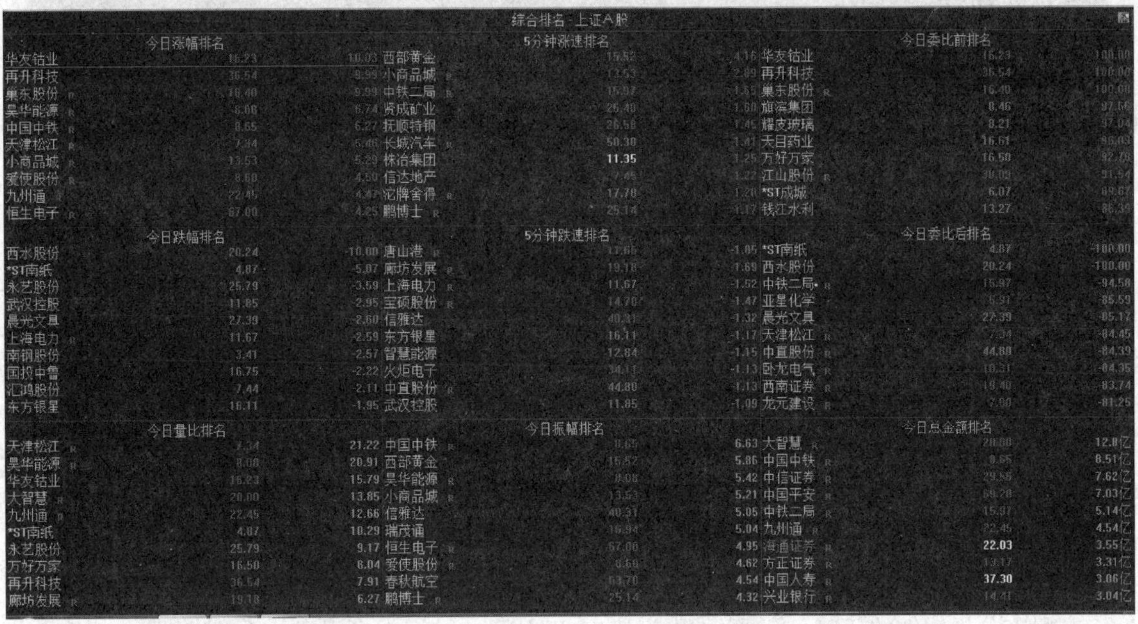

综合排名 上证A股

今日涨幅排名			5分钟涨速排名			今日委比前排名		
华友钴业	16.23	10.03	西部黄金	15.52	4.16	华友钴业	16.23	100.00
再升科技	36.54	9.99	小商品城	13.53	2.89	再升科技	36.54	100.00
巢东股份	16.40	9.99	中铁二局	15.97	1.55	巢东股份	16.40	100.00
昊华能源	8.08	6.74	贤成矿业	26.40	1.60	旗滨集团	8.46	97.56
中国中铁	8.65	6.27	抚顺特钢	26.58	1.45	耀皮玻璃	8.21	97.04
天津松江	7.34	5.46	长城汽车	50.30	1.41	天目药业	16.61	96.09
小商品城	13.53	5.29	株冶集团	11.35	1.25	万好万家	16.50	92.73
爱使股份	8.60	4.50	信达地产	7.45	1.22	江山股份	30.09	91.54
九州通	22.45	4.47	沱牌舍得	17.78	1.20	*ST成城	6.07	89.67
恒生电子	67.00	4.25	鹏博士	25.14	1.17	钱江水利	13.27	86.39
今日跌幅排名			5分钟跌速排名			今日委比后排名		
西水股份	20.24	-10.00	唐山港	17.66	-1.05	*ST南纸	4.87	-100.00
*ST南纸	4.87	-5.07	廊坊发展	19.18	-1.69	西水股份	20.24	-100.00
永艺股份	25.79	-3.59	上海电力	11.67	-1.52	中铁二局	15.97	-94.58
武汉控股	11.85	-2.95	宝硕股份	14.70	-1.47	亚星化学	5.91	-85.59
晨光文具	27.39	-2.60	信雅达	40.31	-1.32	晨光文具	27.39	-85.17
上海电力	11.67	-2.59	东方银星	16.11	-1.17	天津松江	7.34	-84.45
南钢股份	3.41	-2.57	智慧能源	12.84	-1.15	中直股份	44.80	-84.39
国投中鲁	16.75	-2.22	火炬电子	34.11	-1.13	卧龙电气	10.31	-84.35
汇鸿股份	7.44	-2.11	中直股份	44.80	-1.13	西南证券	19.40	-83.74
东方银星	16.11	-1.95	武汉控股	11.85	-1.09	龙元建设	7.80	-81.25
今日量比排名			今日振幅排名			今日总金额排名		
天津松江	7.34	21.22	中国中铁	8.65	6.63	大智慧	20.00	12.8亿
昊华能源	8.08	20.91	西部黄金	15.52	5.86	中国中铁	8.65	8.51亿
华友钴业	16.23	15.79	昊华能源	8.08	5.42	中信证券	29.58	7.62亿
大智慧	20.00	13.85	小商品城	13.53	5.21	中国平安	69.28	7.03亿
九州通	22.45	12.66	信雅达	40.31	5.05	中铁二局	15.97	5.14亿
*ST南纸	4.87	10.29	瑞茂通	16.94	5.04	九州通	22.45	4.54亿
永艺股份	25.79	9.17	恒生电子	67.00	4.95	海通证券	22.03	3.55亿
万好万家	16.50	8.04	爱使股份	8.60	4.62	方正证券	13.17	3.31亿
再升科技	36.54	7.91	春秋航空	63.70	4.54	中国人寿	37.30	3.06亿
廊坊发展	19.18	6.27	鹏博士	25.14	4.32	兴业银行	14.41	3.04亿

图 4-5-16　上海 A 股综合排名榜(2015 年 2 月 11 日)

8. 61＋Enter 键

该键主要是查看当日上海市场交易的全部 A 股涨幅排名的功能键。

在股市分析软件的任何一个界面上,直接按61＋Enter键,就可以进入上海 A 股全部涨跌幅排名榜的界面。该排名榜包括在上海市场交易的所有 A 股当日涨幅排名顺序,按涨幅为先、跌幅为后和按涨幅从大到小的两个规则,把所有交易 A 股的涨跌幅进行即时总结,最大可达上涨极限即上涨10％,最小可达下跌极限即下跌10％。其具体步骤如下:

股市分析软件的任何一个界面→按61＋Enter键→上海 A 股全部涨跌幅排名榜,如图4-5-17所示。

上证A股	开盘	最新	涨跌	总量	现量	最高	最低	买价	卖价	幅度%
爱使股份	751	831	▲076	1029186	46	831	741	831	——	+10.07
华友钴业	1219	1219	▲111	7004	5	1219	1219	1219	——	+10.02
国药股份	3431	3431	▲312	118435	10	3431	3340	3431	——	+10.00
巢东股份	1232	1232	▲112	16357	5	1232	1232	1232	——	+10.00
南京化纤	891	990	▲090	200208	5	990	891	990	——	+10.00
大智慧	1707	1797	▲155	294624	59	1707	1707	1797	——	+9.99
再升科技	3249	3249	▲295	78912	5	3249	3220	3249	——	+9.99
西部黄金	1465	1465	▲133	187952	41	1465	1465	1465	——	+9.98
火炬电子	3528	3527	▲320	320565	——	3528	3050	3527	3528	+9.98
黑牡丹	848	928	▲078	240488	17	935	848	928	929	+9.18
青岛碱业	1002	1066	▲063	220067	133	1096	976	1066	1068	+6.28
人民网	4766	5050	▲293	382907	1242	5136	4708	5080	5085	+6.16
宝光股份	1260	1279	▲073	95576	12	1327	1260	1278	1279	+6.05
西南药业	1590	1692	▲092	195026	——	1695	1584	1693	1694	+5.75
航天工程	3512	3375	▲182	521770	5	3512	2971	3374	3375	+5.70
长城汽车	4775	4835	▲242	104337	——	4950	4768	4829	4830	+5.27
东吴证券	1755	1830	▲081	1088483	20	1899	1753	1831	1832	+4.63
秋林集团	804	837	▲033	280390	——	878	802	837	838	+4.10
宝钢股份	611	643	▲025	3441229	2	662	608	643	644	+4.05
包钢股份	494	474	▼024	6149786	86	504	459	473	474	-4.82

图 4-5-17　上海 A 股全部涨跌幅排名榜

9. 62＋Enter 键

该键主要是查看当日上海市场交易的全部 B 股涨跌幅排名的功能键。

在股市分析软件的任何一个界面上,直接按62＋Enter键,就可以进入上海 B 股全部涨跌幅排名榜的界面。该排名榜包括在上海市场交易的所有 B 股当日涨幅排名顺序,按涨幅为先、跌幅为后和按涨幅从大到小的两个规则,把所有交易 B 股的涨跌幅进行即时总结,最大可达上涨极限即上涨10％,最小可达下跌极限即下跌10％。其具体步骤如下:

股市分析软件的任何一个界面→按62＋Enter 键→上海 B 股全部涨跌幅排名榜。如图4-5-18所示。

10. 63＋Enter 键

该键主要是查看当日深圳市场交易的全部 A 股涨跌幅排名的功能键。

在股市分析软件的任何一个界面上,直接按63＋Enter键,就可以进入深圳 A 股全部涨跌幅排名榜的界面。该排名榜包括在深圳市场交易的所有 A 股当日涨幅排名顺序,按涨幅为先、跌幅为后和按涨幅从大到小的两个规则,把所有交易 A 股的涨跌幅进行即时总结,最大可达上涨极限即上涨10％,最小可达下跌极限即下跌10％。其具体步骤如下:

上证B股	开盘	最新	涨跌	总量	现量	最高	最低	买价	卖价	幅度% ↓
伊泰B股	1398	1411	▲ 0013	33015	—	1434	1391	1401	1417	+0.93
中路B股	1730	1742	▲ 0011	3129		1758	1728	1738	1743	+0.64
物贸B股	0633	0636	▲ 0002	2313	10	0636	0630	0631	0635	+0.32
凌云B股	0617	0620	▲ 0001	3914	70	0624	0617	0618	0620	+0.16
金山B股	0680	0680	0000	—		0680	0680			+0.00
上工B股	0709	0704	0000	9329		0709	0695	0696	0704	+0.00
氯碱B股	0557	0555	0000	22231	—	0566	0550	0552	0556	+0.00
鼎立B股	0692	0692	0000	—		0692	0692			+0.00
双钱B股	0770	0770	0000	—		0770	0770			+0.00
阳晨B股	1152	1152	0000	—		1152	1152			+0.00
大名城B	0544	0548	0000	6903	23	0552	0544	0548	0549	+0.00
天雁B股	0412	0412	0000	4359	2	0415	0410	0411	0412	+0.00
新城B股	0507	0507	0000	—		0507	0507			+0.00
海欣B股	0603	0604	▼ 0001	10416		0607	0599	0601	0603	-0.17
大众B股	0833	0836	▼ 0002	8422	100	0841	0832	0835	0836	-0.24
大江B股	0398	0397	▼ 0001	8874	100	0401	0395	0396	0397	-0.25
市北B股	0668	0664	▼ 0002	4784	—	0673	0661	0662	0666	-0.30
老凤祥B	3182	3142	▼ 0010	3040		3135	3135	3135	3158	-0.32
东贝B股	1093	1090	▼ 0004	2745		1096	1080	1086	1089	-0.37
汇丽B	0762	0759	▼ 0003	1044		0765	0757	0757	0760	-0.39

图 4-5-18　上海 B 股全部涨跌幅排名榜

股市分析软件的任何一个界面→按 63＋Enter 键→深圳 A 股全部涨跌幅排名榜,如图4-5-19 所示。

深证A股	开盘	最新	涨跌	总量	现量	最高	最低	买价	卖价	幅度% ↓
松德股份	2259	2471	▲ 225	54501	250	2471	2257	2471	—	+10.02
威创股份	1098	1099	▲ 100	428479	1981	1099	1064	1099	—	+10.01
华鹏飞	4100	4222	▲ 384	90955	265	4222	4000	4222	—	+10.01
千山药机	4119	4574	▲ 416	95663	65	4574	4116	4574	—	+10.00
国药一致	4850	5256	▲ 478	25773	113	5256	4850	5256	—	+10.00
浩丰科技	11350	11835	▲ 1076	82713	66	11835	10002	11835	—	+10.00
三变科技	1050	1155	▲ 105	127359	3253	1155	1043	1155	—	+10.00
浪潮信息	4983	4983	▲ 453	198500	376	4983	4750	4983	—	+10.00
中文在线	3080	3080	▲ 280	41492	948	3080	3080	3080	—	+10.00
万达院线	8770	8770	▲ 797	337179	1033	8770	8500	8770	—	+10.00
汇源通信	1050	1156	▲ 105	156546	55	1156	1042	1156	—	+9.99
雷柏科技	3742	3920	▲ 356	178903	68	3920	3715	3920	—	+9.99
三维工程	1839	1839	▲ 167	128958	298	1839	1839	1839	—	+9.99
顺威股份	1962	2170	▲ 196	76862	1285	2171	1926	2170	2171	+9.93
博深工具	1732	1885	▲ 159	150776	3231	1899	1720	1885	1886	+9.21
广州浪奇	1008	1094	▲ 086	356408	4375	1100	1008	1093	1094	+8.53
永高股份	1012	1096	▲ 083	212253	1302	1114	1012	1096	1097	+8.19
罗普斯金	1215	1296	▲ 097	85204	1673	1325	1205	1296	1297	+7.20
云意电气	1853	2004	▲ 133	189727	1810	2058	1850	2003	2004	+7.11
飞利信	3490	3720	▲ 241	90696	956	3800	3480	3719	3720	+6.93

图 4-5-19　深圳 A 股全部涨跌幅排名榜

11. 64＋Enter 键

该键主要是查看当日深圳市场交易的全部 B 股涨跌幅排名的功能键。

在股市分析软件的任何一个界面上，直接按 64＋Enter 键，就可以进入深圳 B 股全部涨跌幅排名榜的界面。该排名榜包括在深圳市场交易的所有 B 股当日涨幅排名顺序，按涨幅为先、跌幅为后和按涨幅从大到小的两个规则，把所有交易 B 股的涨跌幅进行即时总结，最大可达上涨极限即上涨 10%，最小可达下跌极限即下跌 10%。其具体步骤如下：

股市分析软件的任何一个界面→按 64＋Enter 键→深圳 B 股全部涨跌幅排名榜，如图4-5-20 所示。

深证 B 股	开盘	最新	涨跌	总量	现量	最高	最低	买价	卖价	幅度
一致 B	3720	3925	▲205	6514	190	4092	3720	3925	3930	+5.51
深赛格 B	381	395	▲014	48056	548	413	383	394	395	+3.67
杭汽轮 B	817	822	▲005	5553	8	825	816	821	822	+0.61
大 冷 B	731	735	▲004	5012	49	745	731	734	735	+0.54
张 裕 B	2591	2604	▲004	6630	50	2611	2591	2600	2604	+0.15
苏威孚 B	2872	2875	▲003	3603	18	2875	2860	2873	2875	+0.10
中鲁 B	443	445	000	2051	1	445	441	444	445	+0.00
建摩 B	766	758	000	261	30	770	758	758	764	+0.00
富奥 B	622	621	000	2488	5	625	618	619	621	+0.00
中冠 B	1080	1080	000	4621	1	1107	1068	1078	1080	+0.00
深康佳 B	365	366	000	20090	96	377	363	365	366	+0.00
瓦 轴 B	464	466	000	1544	34	475	464	465	466	+0.00
长 安 B	1932	1990	000	38058	409	2015	1932	1987	1990	+0.00
深华发 B	—	—	—							
南江 B	—	—	—							
深基地 B	—	—	—							
珠江 B	475	488	▼001	980	200	488	475	481	488	-0.20
深南电 B	409	408	▼001	21972	1	416	405	407	408	-0.24
飞亚达 B	731	729	▼002	3050	16	739	726	729	731	-0.27
深深宝 B	665	657	▼002	717	1	665	656	656	657	-0.30

图 4-5-20 深圳 B 股全部涨跌幅排名榜

12. 65＋Enter 键

该键主要是查看当日上海市场交易的全部债券涨跌幅排名的功能键。

在股市分析软件的任何一个界面上，直接按 65＋Enter 键，就可以进入上海市场的全部债券涨跌幅排名榜的界面。该涨跌幅排名榜包括在上海市场交易的所有债券当日涨幅排名顺序，按涨幅为先、跌幅为后和按涨幅从大到小的两个规则，把所有交易 B 股的涨跌幅进行即时总结，最大可达上涨极限即上涨 10%，最小可达下跌极限即下跌 10%。其具体步骤如下：

股市分析软件的任何一个界面→按 65＋Enter 键→上海债市全部涨跌幅排名榜。如图4-5-21所示。

13. 71＋Enter 键

该键的功能与 7＋Enter 键的功能相同，具体用法参照 7＋Enter 键。

14. 72＋Enter 键

该键主要是查看深圳证券交易所当日公告信息内容的功能键。

| 系统 | 大盘 | 行情 | 板块 | 分析 | 功能 | 基本资料 | 新闻资讯 | 股市风云榜 | 委托 | 工具 | 帮助 |

上证债券	开盘	最新	涨跌	总量	现量	最高	最低	买价	卖价	幅度
12开滦02	11398	11398	▲958	1	1	11398	11398	10247	11398	+9.18
14临港控	10699	10699	▲666	2	2	10699	10699	10052	—	+6.64
14滨新塘	9949	9949	▲548	1	1	9949	9949	9500	9949	+5.83
14威楠科	10199	10499	▲564	26	15	10499	10199	9982	10299	+5.68
13抚城投	10600	10600	▲420	1	1	10600	10600	10001	—	+4.13
10冶色债	9900	9900	▲300	4	4	9900	9900	9900	—	+3.13
12中油01	10030	10040	▲240	192	2	10090	10030	10050	10050	+2.45
12来宾债	10710	10710	▲210	1	1	10710	10710	10460	10710	+2.00
13雅发投	10500	10500	▲200	1	1	10500	10500	—	10350	+1.94
14海晋交	10300	10307	▲187	571	—	10477	10390	10201	10599	+1.85
PR萧国资	7246	7200	▲129	42	10	7247	7072	7080	7211	+1.82
13亚盛债	10289	10289	▲184	1000	1000	10289	10289	—	10289	+1.82
12中航债	10300	10300	▲160	9	8	10300	10300	—	10300	+1.68
13太极02	10050	10050	▲150	5000	5000	10050	10050	9850	10050	+1.62
12海安债	10500	10578	▲156	200	—	10580	10500	10282	10580	+1.50
09豫投债	10200	10200	▲155	177	177	10200	10200	—	10320	+1.49
13曹妃甸	10073	10225	▲125	116	—	10225	10073	10072	10150	+1.24
07海工债	10300	10300	▲120	160	30	10300	10300	—	—	+1.18
13崇明债	10450	10450	▲120	1	1	10450	10450	10003	10450	+1.16
14国贸01	10155	10155	▲105	4000	4000	10155	10155	—	—	+1.04

图 4-5-21　上海债市全部涨跌幅排名榜

在股市分析软件的任何一个界面上，先按 72 再按 Enter 键，就可以直接进入深圳证券交易所当天公告信息的分析界面。该界面主要是查看深圳证券交易所当天公布的各种相关上市公司信息公告的内容。其具体步骤如下：

股市分析软件的任何一个界面→按 72＋Enter 键→深圳证券交易所信息，如图 4-5-22 所示。

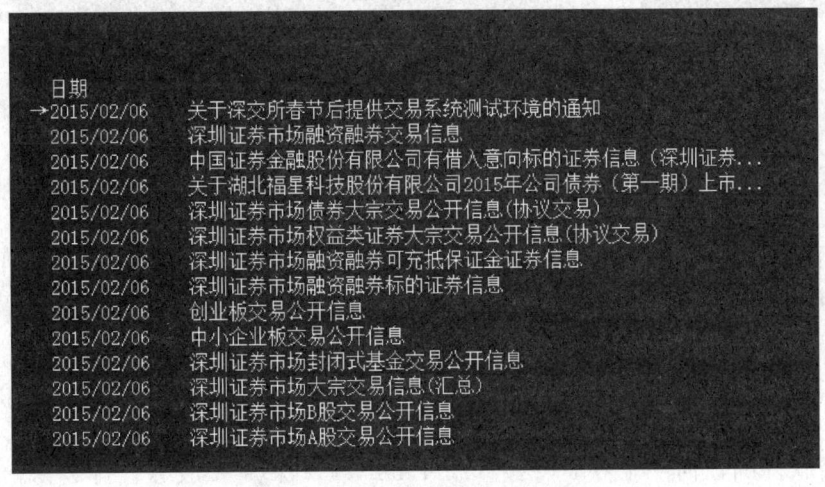

图 4-5-22　深圳证券交易所信息

15. 81＋Enter 键

该键的功能与 8＋Enter 键的功能相同，具体用法参照 8＋Enter 键。

16. 82＋Enter 键

该键主要是查看当日上海市场交易的全部 B 股综合排名的功能键。

在股市分析软件的任何一个界面上，直接按 82＋Enter 键，就可以进入上海 B 股综合排名榜的界面。该综合排名榜包括在上海市场交易的所有 B 股的当日涨跌幅前 6 名、即时 5 分钟涨跌幅前 6 名、当日委比前 6 名、当日的振幅前 6 名、当日量比前 6 名和当日成交总金额前 6 名的栏目。这个栏目是投资者迅速了解上海市场 B 股当日交易概况的窗口。其具体步骤如下：

股市分析软件的任何一个界面→按 82＋Enter 键→上海 B 股综合排名榜，如图 4-5-23 所示。

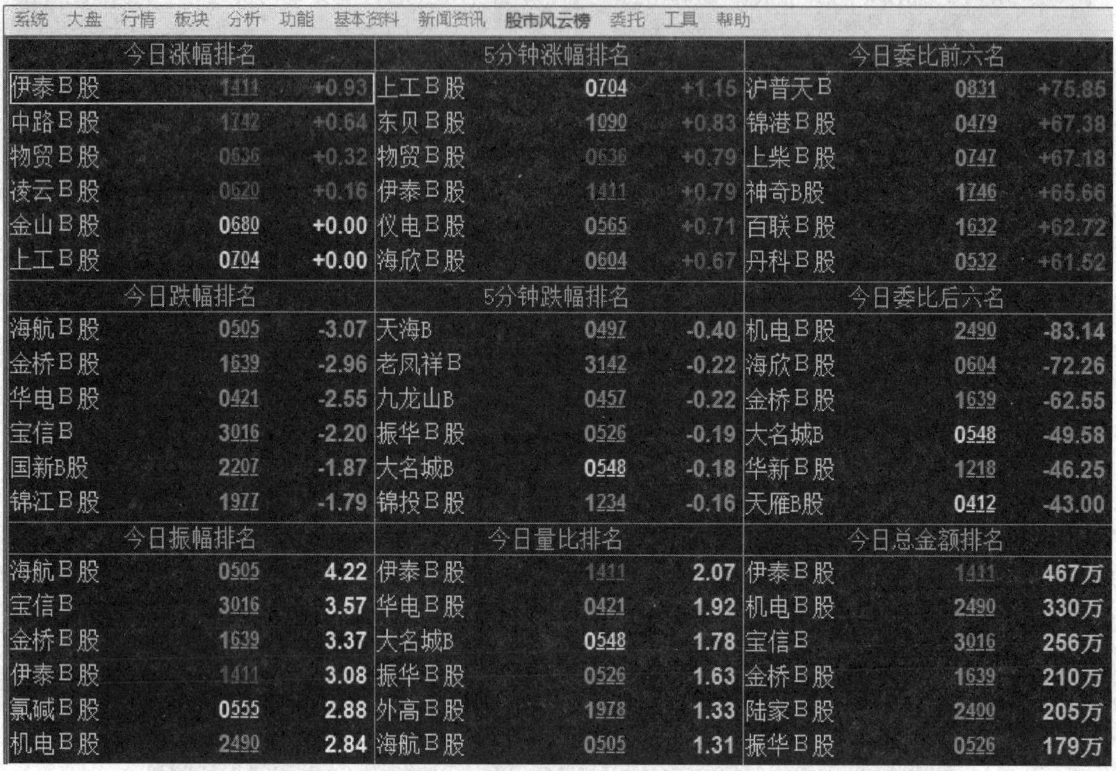

系统 大盘 行情 板块 分析 功能 基本资料 新闻资讯 股市风云榜 委托 工具 帮助

今日涨幅排名			5分钟涨幅排名			今日委比前六名		
伊泰B股	1411	+0.93	上工B股	0704	+1.15	沪普天B	0831	+75.86
中路B股	1742	+0.64	东贝B股	1090	+0.83	锦港B股	0479	+67.38
物贸B股	0636	+0.32	物贸B股	0636	+0.79	上柴B股	0747	+67.18
凌云B股	0620	+0.16	伊泰B股	1411	+0.79	神奇B股	1746	+65.66
金山B股	0680	+0.00	仪电B股	0565	+0.71	百联B股	1632	+62.72
上工B股	0704	+0.00	海欣B股	0604	+0.67	丹科B股	0532	+61.52
今日跌幅排名			5分钟跌幅排名			今日委比后六名		
海航B股	0505	-3.07	天海B	0497	-0.40	机电B股	2490	-83.14
金桥B股	1639	-2.96	老凤祥B	3142	-0.22	海欣B股	0604	-72.26
华电B股	0421	-2.55	九龙山B	0457	-0.22	金桥B股	1639	-62.55
宝信B	3016	-2.20	振华B股	0526	-0.19	大名城B	0548	-49.58
国新B股	2207	-1.87	大名城B	0548	-0.18	华新B股	1218	-46.25
锦江B股	1977	-1.79	锦投B股	1234	-0.16	天雁B股	0412	-43.00
今日振幅排名			今日量比排名			今日总金额排名		
海航B股	0505	4.22	伊泰B股	1411	2.07	伊泰B股	1411	467万
宝信B	3016	3.57	华电B股	0421	1.92	机电B股	2490	330万
金桥B股	1639	3.37	大名城B	0548	1.78	宝信B	3016	256万
伊泰B股	1411	3.08	振华B股	0526	1.63	金桥B股	1639	210万
氯碱B股	0555	2.88	外高B股	1978	1.33	陆家B股	2400	205万
机电B股	2490	2.84	海航B股	0505	1.31	振华B股	0526	179万

图 4-5-23　上海 B 股综合排名榜

17. 83＋Enter 键

该键主要是查看当日深圳市场交易全部 A 股(除中小企业板的股票之外，下同)的综合排名的功能键。

在股市分析软件的任何一个界面上，直接按 83＋Enter 键，就可以进入深圳市场全部 A 股的综合排名榜的界面。该综合排名榜包括在深圳市场交易所有 A 股的当日涨跌幅前 6 名、即时 5 分钟涨跌幅前 6 名、当日委比前 6 名、当日的振幅前 6 名、当日量比前 6 名和当日成交总金额前 6 名的栏目。这个栏目是投资者迅速了解深圳市场 A 股当日交易概况的窗口。其具体步骤如下：

股市分析软件的任何一个界面→按 83＋Enter 键→深圳 A 股综合排名榜。如图 4-5-24 所示。

18. 84＋Enter 键

该键主要是查看当日深圳市场交易全部 B 股的综合排名的功能键。

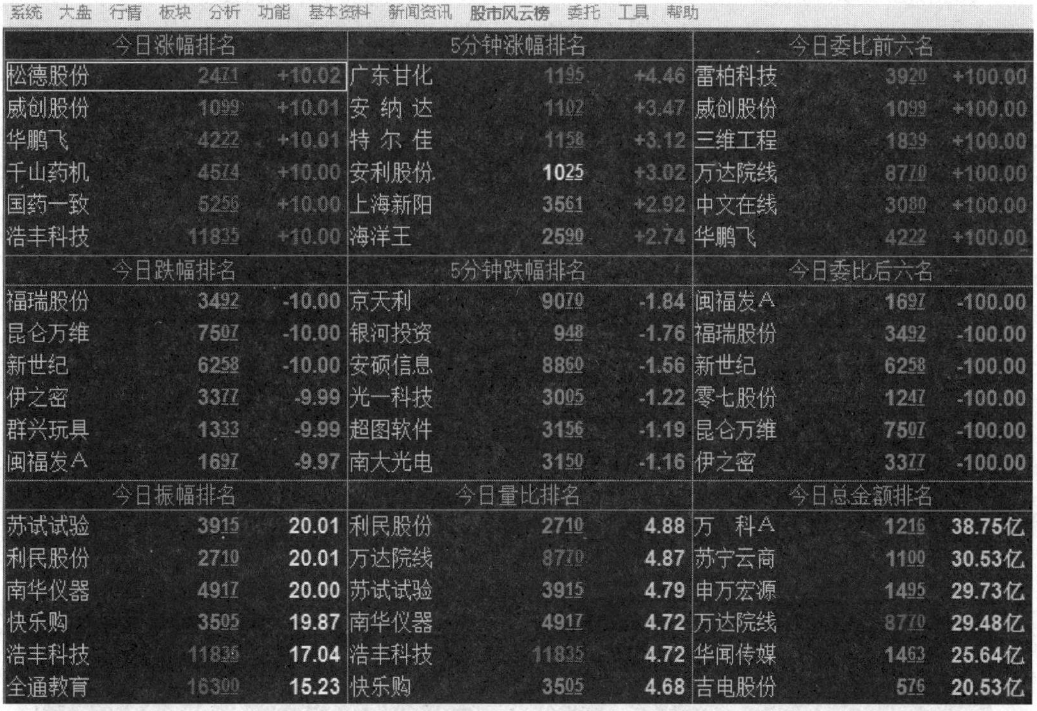

系统 大盘 行情 板块 分析 功能 基本资料 新闻资讯 股市风云榜 委托 工具 帮助

今日涨幅排名			5分钟涨幅排名			今日委比前六名		
松德股份	2471	+10.02	广东甘化	1195	+4.46	雷柏科技	3920	+100.00
威创股份	1099	+10.01	安 纳 达	1102	+3.47	威创股份	1099	+100.00
华鹏飞	4222	+10.01	特 尔 佳	1158	+3.12	三维工程	1839	+100.00
千山药机	4574	+10.00	安利股份	1025	+3.02	万达院线	8770	+100.00
国药一致	5256	+10.00	上海新阳	3561	+2.92	中文在线	3080	+100.00
浩丰科技	11835	+10.00	海洋王	2590	+2.74	华鹏飞	4222	+100.00
今日跌幅排名			5分钟跌幅排名			今日委比后六名		
福瑞股份	3492	-10.00	京天利	9070	-1.84	闽福发A	1697	-100.00
昆仑万维	7507	-10.00	银河投资	948	-1.76	福瑞股份	3492	-100.00
新世纪	6258	-10.00	安硕信息	8860	-1.56	新世纪	6258	-100.00
伊之密	3377	-9.99	光一科技	3005	-1.22	零七股份	1247	-100.00
群兴玩具	1333	-9.99	超图软件	3156	-1.19	昆仑万维	7507	-100.00
闽福发A	1697	-9.97	南大光电	3150	-1.16	伊之密	3377	-100.00
今日振幅排名			今日量比排名			今日总金额排名		
苏试试验	3915	20.01	利民股份	2710	4.88	万 科A	1216	38.75亿
利民股份	2710	20.01	万达院线	8770	4.87	苏宁云商	1100	30.53亿
南华仪器	4917	20.00	苏试试验	3915	4.79	申万宏源	1495	29.73亿
快乐购	3505	19.87	南华仪器	4917	4.72	万达院线	8770	29.48亿
浩丰科技	11835	17.04	浩丰科技	11835	4.72	华闻传媒	1463	25.64亿
全通教育	16300	15.23	快乐购	3505	4.68	吉电股份	576	20.53亿

图 4-5-24　深圳 A 股综合排名榜

在股市分析软件的任何一个界面上，直接按 84＋Enter 键，就可以进入深圳市场全部 B 股综合排名榜的界面。该综合排名榜包括在深圳市场交易所有 B 股的当日涨跌幅前 6 名、即时 5 分钟涨跌幅前 6 名、当日委比前 6 名、当日的振幅前 6 名、当日量比前 6 名和当日成交总金额前 6 名的栏目。这个栏目是投资者迅速了解深圳市场 B 股当日交易概况的窗口。其具体步骤如下：

股市分析软件的任何一个界面→按 84＋Enter 键→深圳 B 股综合排名榜，如图 4-5-25 所示。

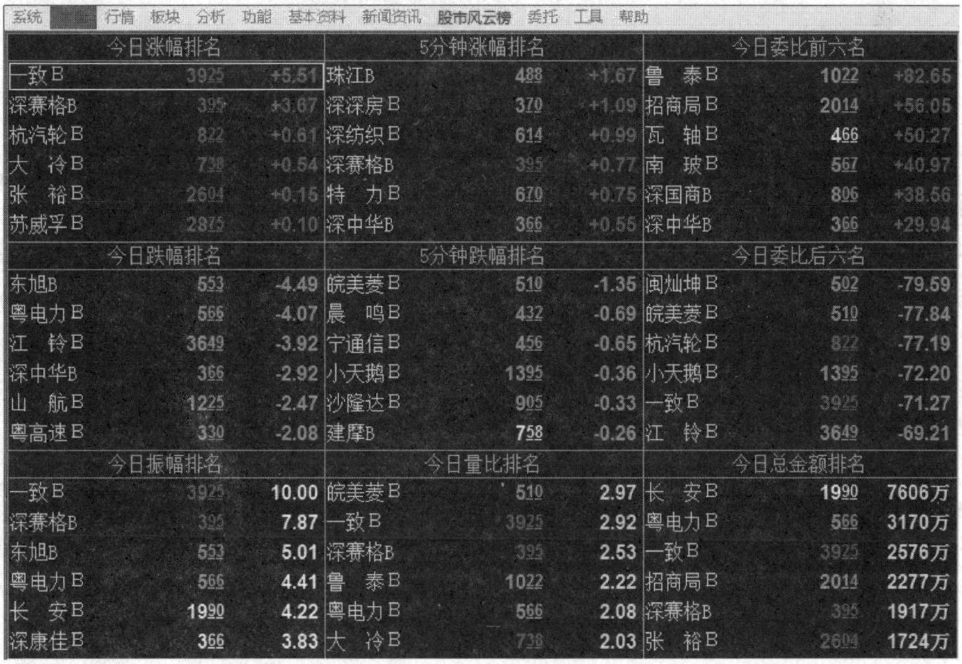

系统 行情 板块 分析 功能 基本资料 新闻资讯 股市风云榜 委托 工具 帮助

今日涨幅排名			5分钟涨幅排名			今日委比前六名		
一致B	3925	+5.51	珠江B	488	+1.67	鲁　泰B	1022	+82.65
深赛格B	395	+3.67	深深房B	370	+1.09	招商局B	2014	+56.05
杭汽轮B	822	+0.61	深纺织B	614	+0.99	瓦　轴B	466	+50.27
大　冷B	738	+0.54	深赛格B	395	+0.77	南　玻B	567	+40.97
张　裕B	2604	+0.15	特　力B	670	+0.75	深国商B	806	+38.56
苏威孚B	2875	+0.10	深中华B	366	+0.55	深中华B	366	+29.94
今日跌幅排名			5分钟跌幅排名			今日委比后六名		
东旭B	553	-4.49	皖美菱B	510	-1.35	闽灿坤B	502	-79.59
粤电力B	566	-4.07	晨　鸣B	432	-0.69	皖美菱B	510	-77.84
江　铃B	3649	-3.92	宁通信B	456	-0.65	杭汽轮B	822	-77.19
深中华B	366	-2.92	小天鹅B	1395	-0.36	小天鹅B	1395	-72.20
山　航B	1225	-2.47	沙隆达B	905	-0.33	一致B	3925	-71.27
粤高速B	330	-2.08	建摩B	758	-0.26	江　铃B	3649	-69.21
今日振幅排名			今日量比排名			今日总金额排名		
一致B	3925	10.00	皖美菱B	510	2.97	长　安B	1990	7606万
深赛格B	395	7.87	一致B	3925	2.92	粤电力B	566	3170万
东旭B	553	5.01	深赛格B	395	2.53	一致B	3925	2576万
粤电力B	566	4.41	鲁　泰B	1022	2.22	招商局B	2014	2277万
长　安B	1990	4.22	粤电力B	566	2.08	深赛格B	395	1917万
深康佳B	366	3.83	大　冷B	738	2.03	张　裕B	2604	1724万

图 4-5-25　深圳 B 股综合排名榜

19. 85＋Enter 键

该键主要是查看当日上海市场交易全部债券的综合排名的功能键。

在股市分析软件的任何一个界面上，直接按 85＋Enter 键，就可以进入上海市场全部债券综合排名榜的界面。该综合排名榜包括在上海市场交易所有债券的当日涨跌幅前 6 名、即时 5 分钟涨跌幅前 6 名、当日委比前 6 名、当日的振幅前 6 名、当日量比前 6 名和当日成交总金额前 6 名的栏目。这个栏目是投资者迅速了解上海市场债券当日交易概况的窗口。其具体步骤如下：

股市分析软件的任何一个界面→按 85＋Enter 键→上海债券综合排名榜，如图 4-5-26 所示。

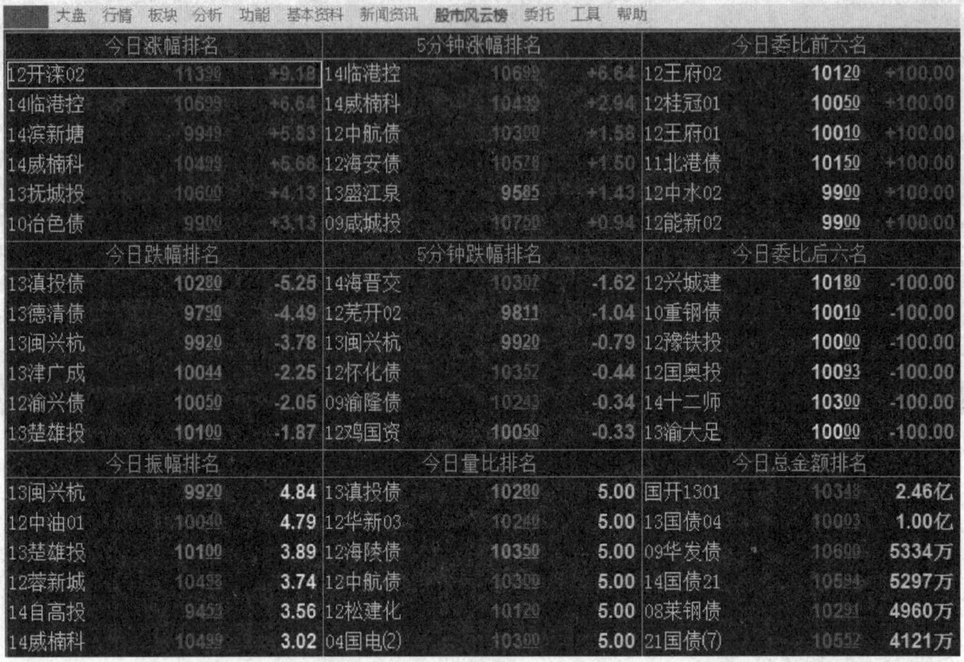

图 4-5-26　上海债券综合排名榜

20. 89＋Enter 键

该键主要是查看当日深圳市中交易的中小企业板股票（即代码以 002×××开头）综合排名的功能键。

在股市分析软件的任何一个界面上，直接按 89＋Enter 键，就可以进入深圳市场中小企业板交易的股票综合排名榜的界面。该综合排名榜包括在深圳市场交易的全部中小企业板股票的当日涨跌幅前 6 名、即时 5 分钟涨跌幅前 6 名、当日委比前 6 名、当日的振幅前 6 名、当日量比前 6 名和当日成交总金额前 6 名的栏目。这个栏目是投资者迅速了解深圳中小企业板股票当日交易概况的窗口。其具体步骤如下：

股市分析软件的任何一个界面→按 89＋Enter 键→深圳中小企业板股票综合排名榜，如图 4-5-27 所示。

21. 91＋Enter 键

该键主要是查看当日上海市场全部 A 股的成交金额（单位为元）排名榜的功能键。

在股市分析软件的任何一个界面上，直接按 91＋Enter 键，就可以进入上海 A 股当日成交金额排名榜的界面。该排名榜包括在上海市场交易的所有 A 股当日成交金额排名顺序，按股票成交金额大小，把所有交易 A 股的成交金额进行即时总结。其具体步骤如下：

系统　大盘　行情　板块　分析　功能　基本资料　新闻资讯　股市风云榜　委托　工具　帮助

今日涨幅排名			5分钟涨幅排名			今日委比前六名		
威创股份	1099	+10.01	安 纳 达	1102	+3.47	雷柏科技	3920	+100.00
三变科技	1155	+10.00	特 尔 佳	1158	+3.12	威创股份	1099	+100.00
万达院线	8770	+10.00	海洋王	2590	+2.74	三维工程	1839	+100.00
雷柏科技	3920	+9.99	京威股份	1299	+2.28	万达院线	8770	+100.00
三维工程	1839	+9.99	中航机电	2520	+2.02	三变科技	1155	+100.00
顺威股份	2170	+9.93	海得控制	2523	+1.86	海宁皮城	1670	+94.72
今日跌幅排名			5分钟跌幅排名			今日委比后六名		
新世纪	6258	-10.00	宝鹰股份	664	-0.90	新世纪	6258	-100.00
群兴玩具	1333	-9.99	隆基机械	1811	-0.77	群兴玩具	1333	-100.00
利民股份	2710	-9.64	浙江永强	1525	-0.65	丹甫股份	4198	-92.06
赛象科技	2939	-9.57	瑞康医药	4329	-0.62	跃岭股份	3486	-89.96
中矿资源	3147	-9.36	众信旅游	12820	-0.60	南国置业	658	-88.00
爱迪尔	3303	-9.08	荣盛石化	1540	-0.58	高乐股份	896	-87.58
今日振幅排名			今日量比排名			今日总金额排名		
利民股份	2710	20.01	利民股份	2710	4.88	苏宁云商	1100	30.53亿
生 意 宝	6651	13.84	万达院线	8770	4.87	万达院线	8770	29.48亿
顺威股份	2170	12.41	三变科技	1155	3.26	国信证券	2014	13.96亿
川大智胜	2949	11.85	永高股份	1096	3.25	东华软件	2678	13.08亿
海得控制	2523	11.63	川大智胜	2949	2.98	生 意 宝	6651	12.43亿
新亚制程	1683	11.02	罗普斯金	1296	2.70	怡 亚 通	2073	11.46亿

图 4-5-27　深圳中小企业板股票综合排名榜

股市分析软件的任何一个界面→按 91＋Enter 键→上海 A 股成交金额排名榜，如图 4-5-28 所示。

系统　大盘　行情　板块　分析　功能　基本资料　新闻资讯　股市风云榜　委托　工具　帮助

上证A股	开盘	最新	涨跌	总量	现量	最高	最低	买价	卖价	幅度%
爱使股份	751	831	▲076	1029186	46	831	741	831	—	+10.07
华友钴业	1219	1219	▲111	7004	5	1219	1219	1219	—	+10.02
国药股份	3431	3431	▲312	118435	10	3431	3340	3431	—	+10.00
巢东股份	1232	1232	▲112	16357	5	1232	1232	1232	—	+10.00
南京化纤	891	990	▲090	200208	5	990	891	990	—	+10.00
大智慧	1707	1707	▲155	294624	59	1707	1707	1707	—	+9.99
再升科技	3249	3249	▲295	78912	5	3249	3220	3249	—	+9.99
西部黄金	1465	1465	▲133	187952	41	1465	1465	1465	—	+9.98
火炬电子	3528	3527	▲320	320565	—	3528	3050	3527	3528	+9.98
黑牡丹	848	928	▲078	240488	17	935	848	928	929	+9.18
青岛碱业	1002	1066	▲063	220067	133	1096	976	1066	1068	+6.28
人民网	4766	5050	▲293	382907	1242	5136	4708	5080	5085	+6.16
宝光股份	1260	1279	▲073	95576	12	1327	1260	1278	1279	+6.05
西南药业	1590	1692	▲092	195026	—	1695	1584	1693	1694	+5.76
航天工程	3512	3375	▲182	521770	5	3512	2971	3374	3375	+5.70
长城汽车	4775	4835	▲242	104337	—	4950	4768	4829	4830	+5.27
东吴证券	1755	1830	▲081	1088483	20	1899	1753	1831	1832	+4.63
秋林集团	804	837	▲033	280390	—	878	802	837	838	+4.10
宝钢股份	611	643	▲025	3441229	2	662	608	643	644	+4.05
包钢股份	494	474	▼024	6149786	86	504	459	473	474	-4.82

图 4-5-28　上海 A 股成交金额排名榜

实 验 报 告

班级名称： 课程名称：
学生姓名： 学　号：
实验地点： 实验日期：

实验目的	
实验工具	
实验原理	
实验过程	
实验结果	
实验结论	
实验资料	
实验评语	指导老师： 时　间：
参与学生签字	

项目 五　股票交易操作

【实训目的】

（1）掌握股票交易的方式。

（2）了解股票交易的品种。

（3）熟悉股票交易的操作方法。

【实训要求】

（1）对实训目的认真掌握，严格按照实训操作方法对实训内容进行操作。

（2）认真写出实训报告，并总结存在的问题。

（3）针对存在的问题利用模拟系统反复进行操作，直到解决问题。

【实训设计】

以模拟账户为载体，以"实战操作"的方法进行模拟交易，掌握不同股票交易的方法。

【实训内容】

任务一　股票现货交易操作

一、股票现货交易方式及交易品种

（一）股票现货交易方式

股票的现货交易就是"一手交钱，一手交货"，实行钱货两清的原则。股票交易可以在证券交易所进行，也可以在场外交易市场进行。前者通常称上市交易，后者的常见形式是柜台交易。在股票上市交易后，如果发现不符合上市条件或其他原因，可以暂停上市交易，直至终止交易。目前，我国实行的是网络电子化交易形式，买卖双方尽管不见面，但都是通过交易所的撮合系统撮合完成的。

（二）股票交易品种

目前我国可交易的股票品种主要有：

（1）人民币普通股，即 A 股。

（2）境内上市外资股，即 B 股。

（3）境外上市外资股，即在境外上市的普通股，如 H 股。

（4）其他。

二、股票交易操作

个人投资者进行股票交易,要首先选择自己的经纪商也就是具备资质的证券公司,携带本人的身份证到证券公司去开立证券账户和资金账户,然后到银行办理第三方托管,将资金从银行账户转入证券账户,就可以登录该证券公司的行情软件系统操作股票的买卖了。

(一) 买入操作

(1) 登录某证券公司的网站,输入投资者的账号及交易密码,输入验证码,进入交易系统,如图 5-1-1 所示。

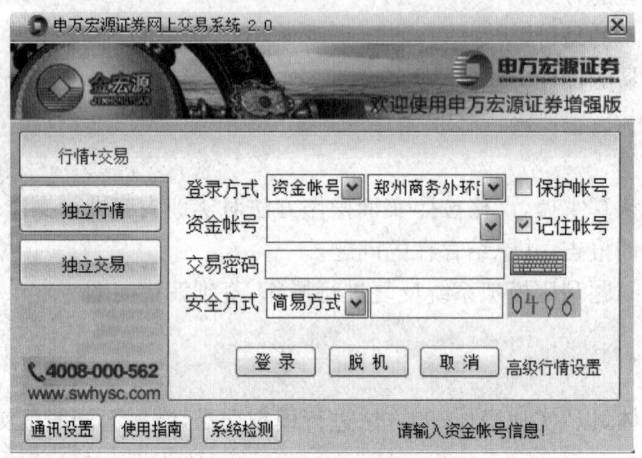

图 5-1-1　交易系统截图

(2) 点击银证转账,将银行资金转入证券资金账户,如图 5-1-2 所示。

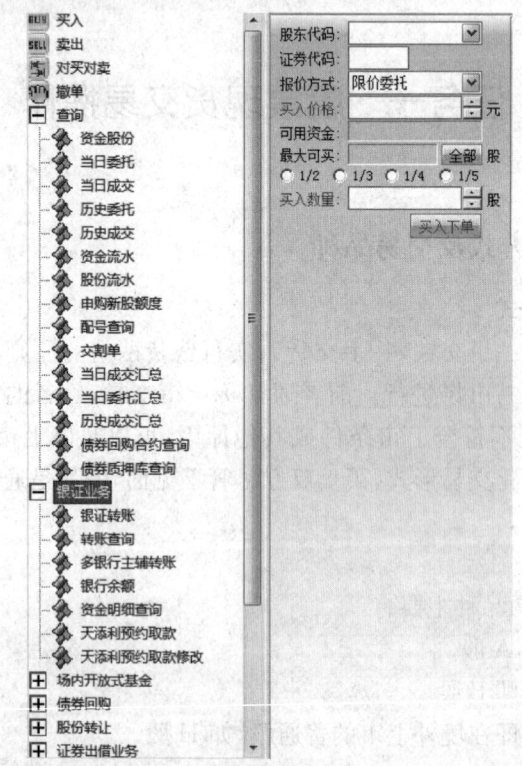

图 5-1-2　交易系统界面截图

（3）点击买入，输入股票代码进行买入交易。

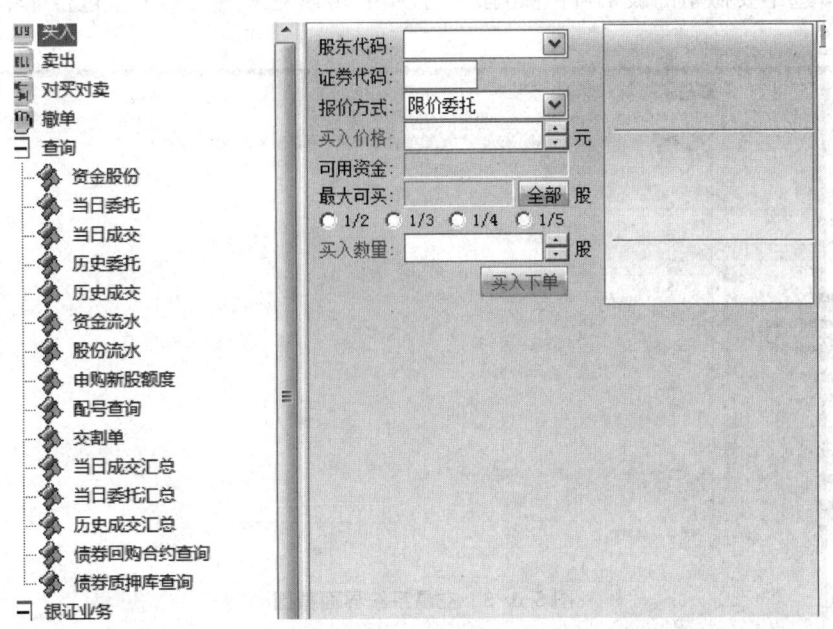

图 5-1-3　交易系统界面截图

（4）输入要买入的股票代码、数量及买入价格，点击买入下单，完成买入下单操作，如图 5-1-3 所示。

（二）卖出操作

（1）登录某证券公司的网站，输入投资者的账号及交易密码，输入验证码，进入交易系统界面。

（2）点击卖出，出现卖出交易界面，如图 5-1-4 所示。

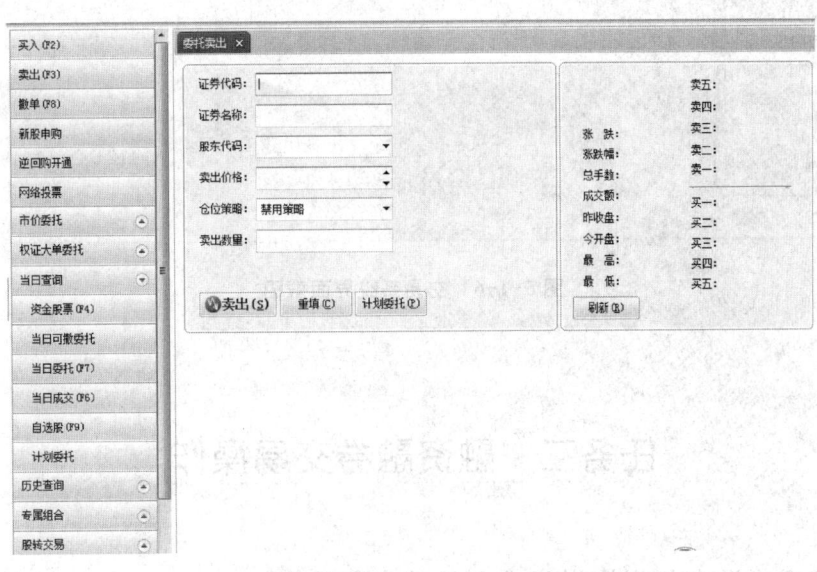

图 5-1-4　交易系统界面截图

（三）撤单

点击撤单,选中要撤单的股票,再点击撤单,投资者可以对未成交的下单进行撤单,如图 5-1-5 所示。

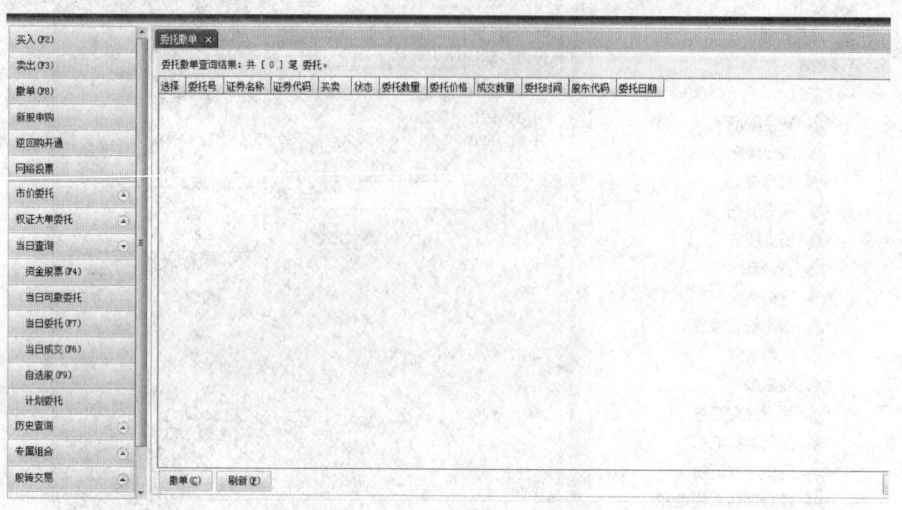

图 5-1-5　交易系统界面截图

（四）查询

点击查询,投资者可以对下单成交情况进行查询,如图 5-1-6 所示。

图 5-1-6　交易系统界面截图

任务二　融资融券交易操作

一、投资者申请参与融资融券业务的基本条件

（1）普通资金账户在证券公司开立时间满 6 个月,账户规范且状态正常,交易结算资金已纳入

第三方存管。

    （2）普通资金账户内资产在申请前一个交易日不低于10万元（证券市值按收盘价计算）。

    （3）风险承受能力类型为稳健型及以上级别。

    （4）了解熟悉相关业务规则。

    （5）具备一定的证券投资经验。

    （6）信誉良好，无重大违约记录。

    （7）未在其他证券公司开立信用证券账户。

    （8）法律、法规及公司规定的其他条件。

二、投资者需要向证券公司提交的征信材料

（一）必备资料

（1）《个人客户融资融券申请表》。

××证券股份有限公司
个人客户融资融券申请表

姓名		资金账号		身份证号			
职业	□党政机关工作人员　□文教科卫专业人员　□企事业单位职工　□个体商户　□其他						
学历	□博士　　　□硕士　　　□本科　　　□大专　　　□中专及以下						
婚姻状况	□已婚　　□未婚　　□其他			联系电话			
是否已在其他证券公司开立信用证券账户			□是		□否		
是否为本公司股东、关联人			□是		□否		
是否存在关联方	□是 □否	关联人姓名					
		关联方证券账户					
是否为上市公司董事、监事或高管		□是　公司名称：		代码：			□否
是否持有上市公司5%以上的股份		□是　公司名称：		代码：			□否
是否持限售股份 （包括解除和未 解除限售股份	□是 □否	证券名称					
		数量（股）					
申请融资融券额度（大写）							
声明与承诺							
本人符合参与融资融券交易的准入条件，已充分了解融资融券业务规则及其风险，且有能力承担相应的风险与责任。本人承诺履行约定的义务，资金、证券来源合法合规，所提供资料真实、有效、完整。 　　　　　　　　　　　　申请人签字：　　　申请日期：　　年 月 日							
营业部指定人员意见： 　　　　　　　　　　　　签字：　　　　　日期：　　　年 月 日							

附表1:

信用账户业务申请表

××证券股份有限公司＿＿＿＿＿＿营业部　　　　　年　　月　　日

<table>
<tr><td rowspan="4">客户
信息</td><td colspan="2">姓名(或名称)</td><td></td><td>信用资金台账</td><td></td></tr>
<tr><td colspan="2">身份证号(或营业执照注册号)</td><td colspan="3"></td></tr>
<tr><td rowspan="2">代理人信息
(无代理人
本栏不填写)</td><td>被授权人姓名</td><td colspan="3"></td></tr>
<tr><td>被授权人身份证号</td><td colspan="3"></td></tr>
<tr><td>客户申请
业务项目</td><td colspan="5">本人选择的业务项目是第＿＿＿＿＿＿项,共＿＿＿项内容:

A. 开立信用资金台账和信用证券账户

B. 开通创业板业务

C. 清交易密码

D. 清资金密码

E. 清通讯密码

F. 信用资金台账销户和信用证券账户销户

G. 信用账户解冻

H. 其他(如多项应注明1,2):＿＿＿＿＿＿＿＿＿＿＿＿＿＿＿</td></tr>
<tr><td>客户签名栏</td><td colspan="5"></td></tr>
<tr><td rowspan="3">营业部盖章</td><td colspan="2">操作员</td><td colspan="3"></td></tr>
<tr><td colspan="2">复核员</td><td colspan="3"></td></tr>
<tr><td colspan="2">业务专用章</td><td colspan="3"></td></tr>
</table>

股市有风险　入市需谨慎

（2）本人有效身份证及复印件。

（3）同名普通证券账户卡原件及复印件。

（4）其他公司要求提供的资料。

（二）备选资料

（1）金融资产证明。

（2）信用报告。

（3）工作证明。

（4）收入证明。

（5）非金融资产证明。

三、投资者申请融资融券业务流程图

业务流程见图 5-2-1。

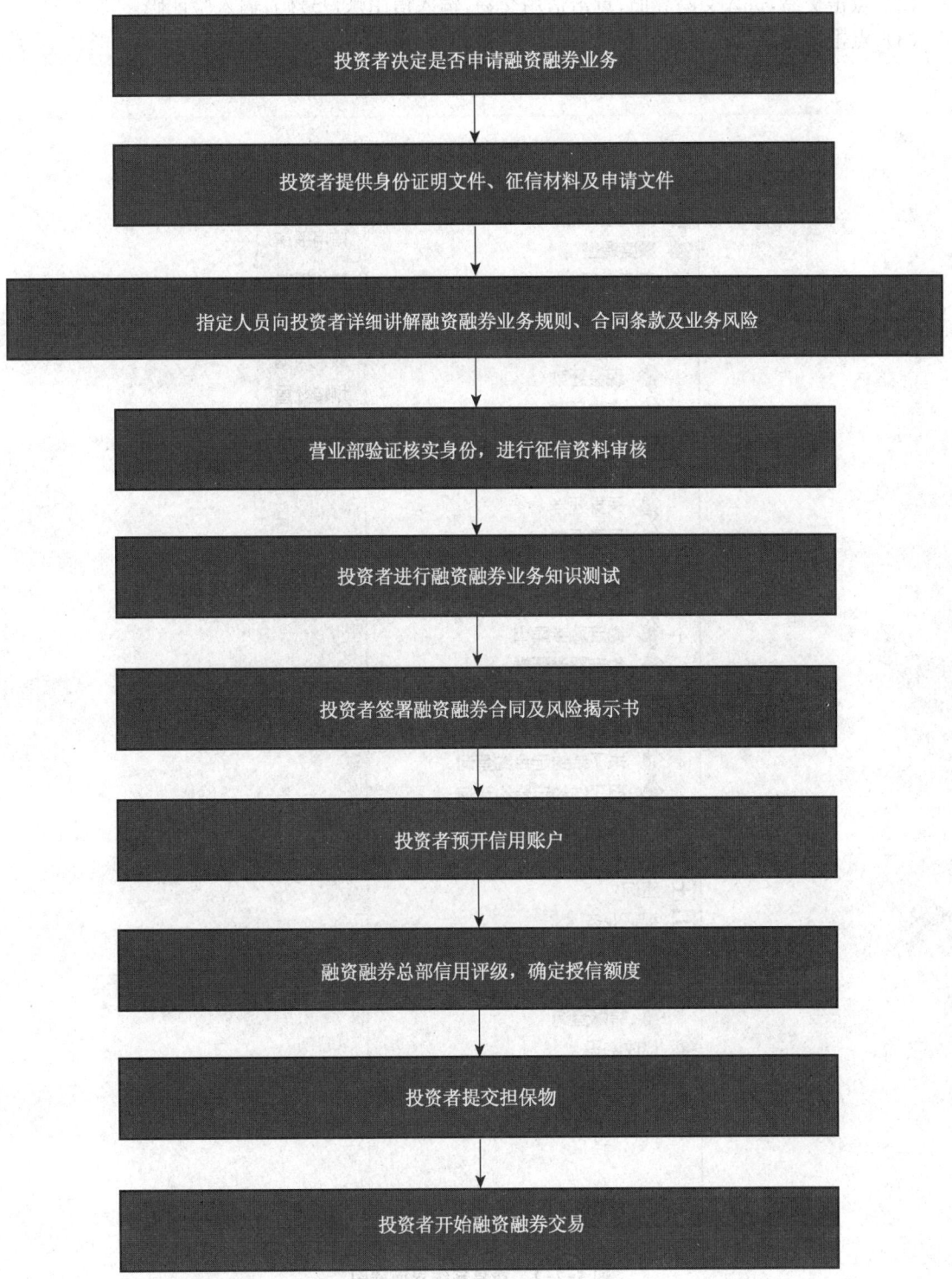

图 5-2-1 融资融券开户业务流程图

四、融资融券交易操作

（1）登录开户证券公司的网站，下载交易软件系统。

（2）点击交易，进入交易界面，点击信用交易，输入信用账户号码，输入验证码。

（3）点击担保品划转，划转担保品，如图 5-2-2 所示。

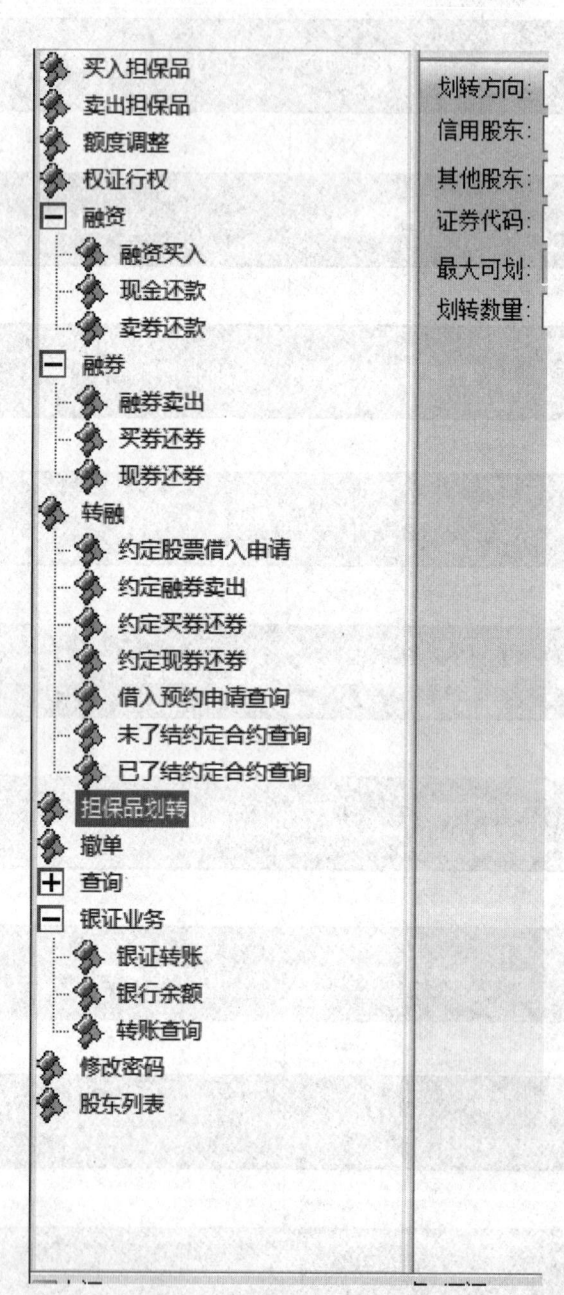

图 5-2-2　交易系统界面截图

（4）点击查询，查看标的证券，如图 5-2-3 所示。

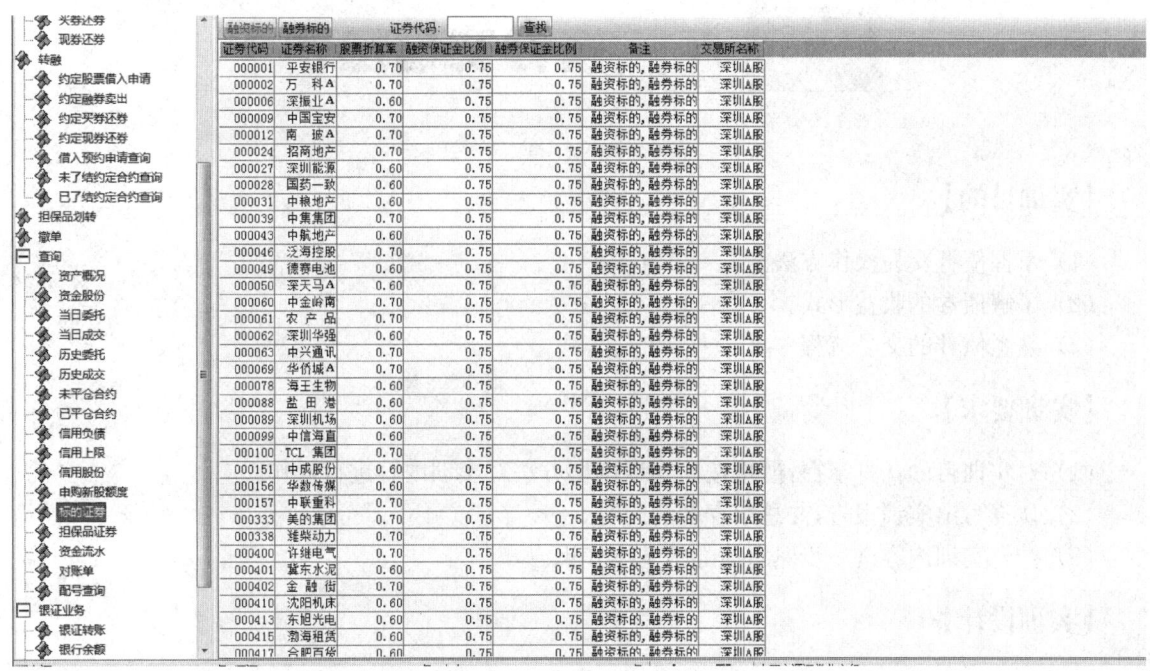

图 5-2-3　交易系统界面截图

（5）点击融资买入或融资卖出，如图 5-2-3 所示。

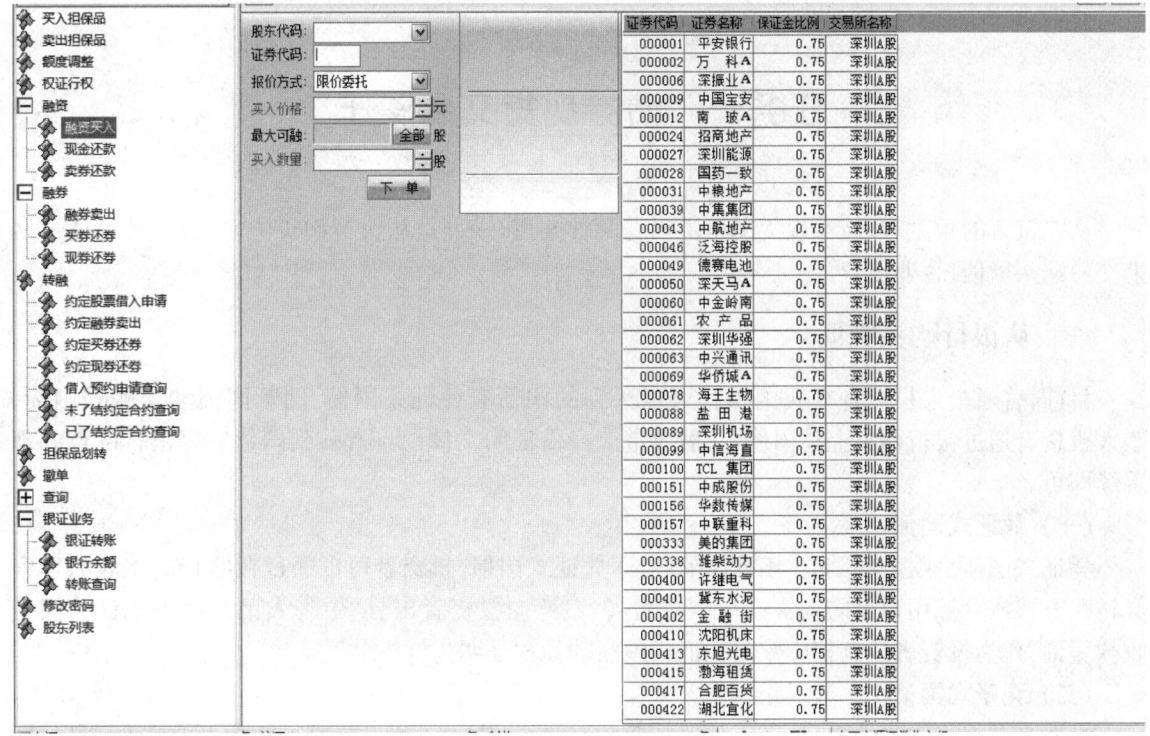

图 5-2-3　交易系统界面截图

项目 六　债券交易操作

【实训目的】

(1) 掌握债券交易操作方法。
(2) 了解债券的收益形式。
(3) 熟悉债券的交易流程。

【实训要求】

(1) 对实训目的认真掌握,严格按照实训操作方法对实训内容进行操作。
(2) 认真写出实训报告,并总结存在的问题。
(3) 结合实训内容进一步熟悉债券的基本知识。

【实训设计】

以模拟账户为手段,以"实战操作"的方法掌握债券的交易。

【实训内容】

任务一　债券现货交易操作

从投资者的角度看,债券现货交易主要有两种渠道,一种是从银行购买国债,另一种是通过网上交易购买国债、企业债券。

一、从银行购买国债

目前,普通个人投资者在我国银行可以买到的国债有凭证式国债、储蓄国债和记账式国债。个人投资者通过银行购买上述国债,只需要带上身份证明文件(身份证)到国债发售银行网点办理手续即可。

(一) 凭证式国债

凭证式国债是财政部1994年推出的,对于凭证式国债,投资者可以通过在银行的本人账户资金转账方式或直接用现金向发售银行申请购买,银行向投资者出具"中华人民共和国凭证式国债收款凭证"作为投资者持有相应数额凭证式国债的债权证明。

(二) 记账式国债

投资者在银行购买记账式国债,需要持身份证明材料(身份证)在银行柜台开立国债账户,同时在该银行开立个人资金账户或指定资金账户,即可向银行申请购买记账式国债。同时,银行开通了电话银行、网上银行,投资者可以通过电话、互联网买卖记账式国债。

（三）储蓄国债

储蓄国债（电子式）是财政部 2006 年推出的、专门针对个人投资者的新的国债品种。投资者购买该品种国债,需要持本人有效身份证件和承办银行的活期存折（或借记卡）在承办银行网点开立个人国债账户,个人国债账户不收开户费和维护费,开立后可以永久使用;已经通过承办银行开立记账式国债托管账户的投资者可以继续使用原来的账户购买储蓄国债（电子式）,不必重复开户。

二、网上买卖记账式国债、企业债券

个人投资者网上买卖记账式国债、企业债券,需要找一家证券公司首先开立证券账户,携带身份证件到证券公司营业部申请:填写相关资料,开立深圳和上海的股东账户卡,办理第三方托管协议,将资金从银行账户转入证券账户,然后就可以像买卖股票、基金一样买卖债券了,具体操作参照 A 股交易操作流程。如图 6-1-1、图 6-1-2 所示。

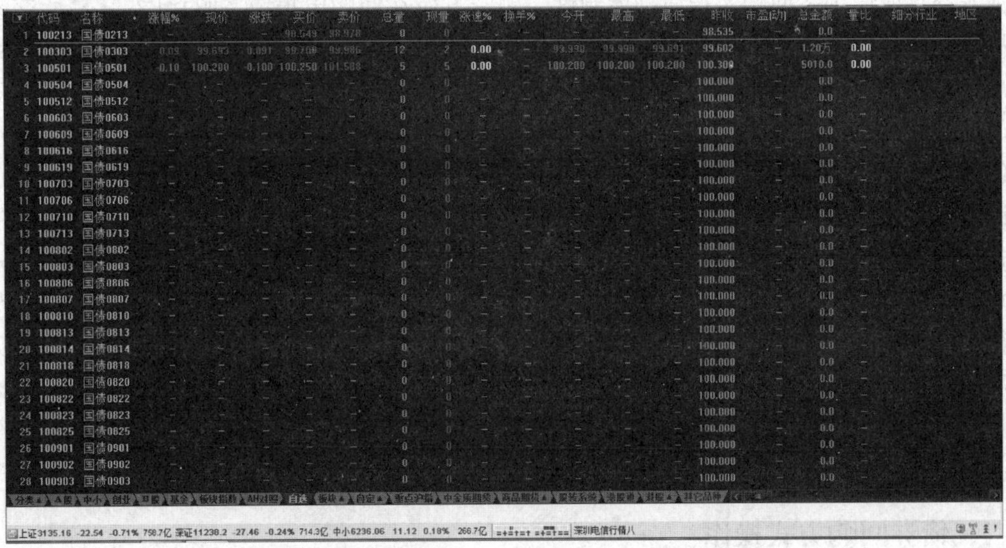

图 6-1-1　2015 年 2 月 12 日国债交易行情截图

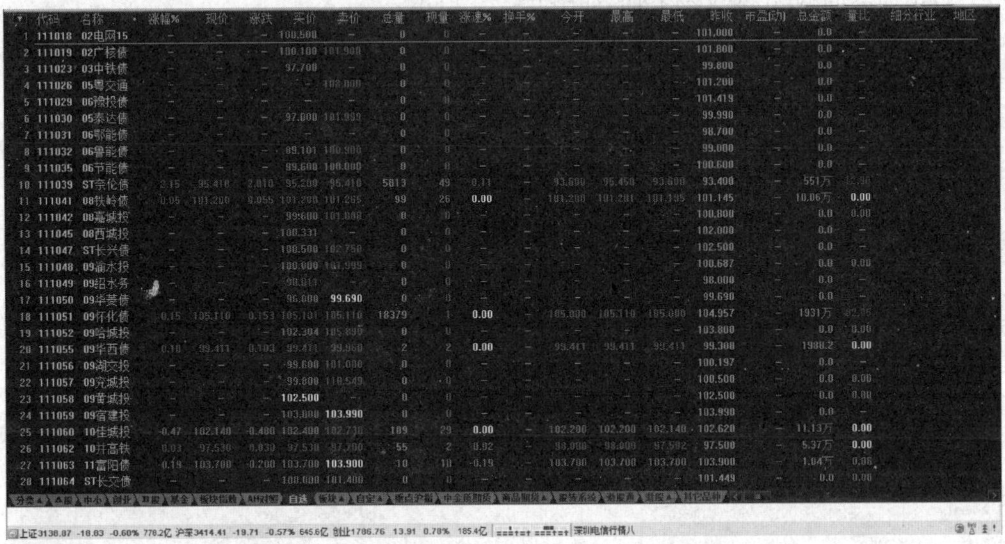

图 6-1-2　2015 年 2 月 12 日企业债券交易行情截图

任务二 债券回购交易操作

一、债券回购方式及品种

证券交易所债券回购分为债券质押式回购交易和买断式回购交易,由于债券买断式回购交易的主体仅限于在中国上海分公司以法人名义开立证券账户的机构投资者(B、D 账户),一般投资者很少接触,这里只介绍债券质押式回购交易。

(一) 证券交易所质押式回购制度

证券交易所质押式回购实行质押库制度。融资方应在回购申报前,通过证券交易所交易系统申报提交相应的债券质押。按照中国结算公司的相关规定,用于质押的债券需要转移至专用的质押账户(即进入质押库)。当日购买的债券,当日可用于质押券申报,并可以进行相应的债券回购交易。债券回购交易申报中,融资方按"买入"(B)予以申报,融券方按"卖出"(S)予以申报。

(二) 债券质押式回购品种

证券交易所债券质押式回购实行标准券制度。目前,上海证券交易所实行标准券制度的债券质押式回购分为 1 天、2 天、3 天、4 天、7 天、14 天、28 天、91 天、182 天 9 个品种,代码分别为 GC001、GC002、GC003、GC004、GC007、GC014、GC028、GC091 和 GC182。深圳证券交易所现有实行标准券制度的债券质押式回购有 1 天、2 天、3 天、4 天、7 天、14 天、28 天、63 天、91 天、182 天、273 天 11 个品种,代码分别为 R001、R002、R003、R004、R007、R014、R028、R063、R091、R182 和 R273;实行标准券制度的质押式企业债回购有 1 天、2 天 、3 天、7 天 4 个品种,代码分别为 RC-001、RC-002、RC-003 和 RC-007。

二、债券回购方式操作

(1) 登录某证券公司的网站,输入投资者的账号及交易密码,输入验证码,进入交易系统界面。

(2) 点击债券回购,出现交易界面,如图 6-2-1 所示。

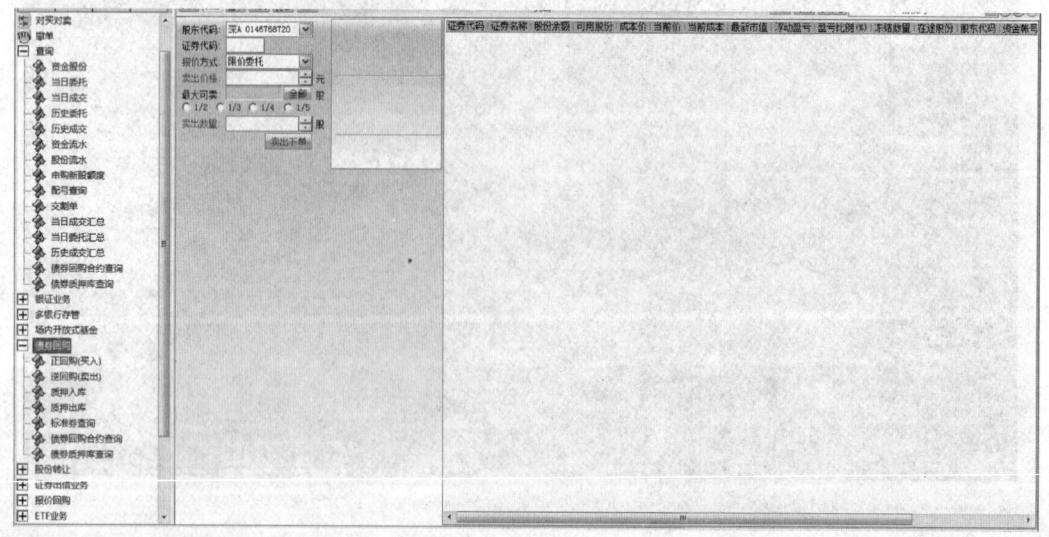

图 6-2-1 证券交易系统界面截图

（3）输入债券代码，输入利率，点击"融券"下单，完成债券回购操作，如图6-2-2所示。

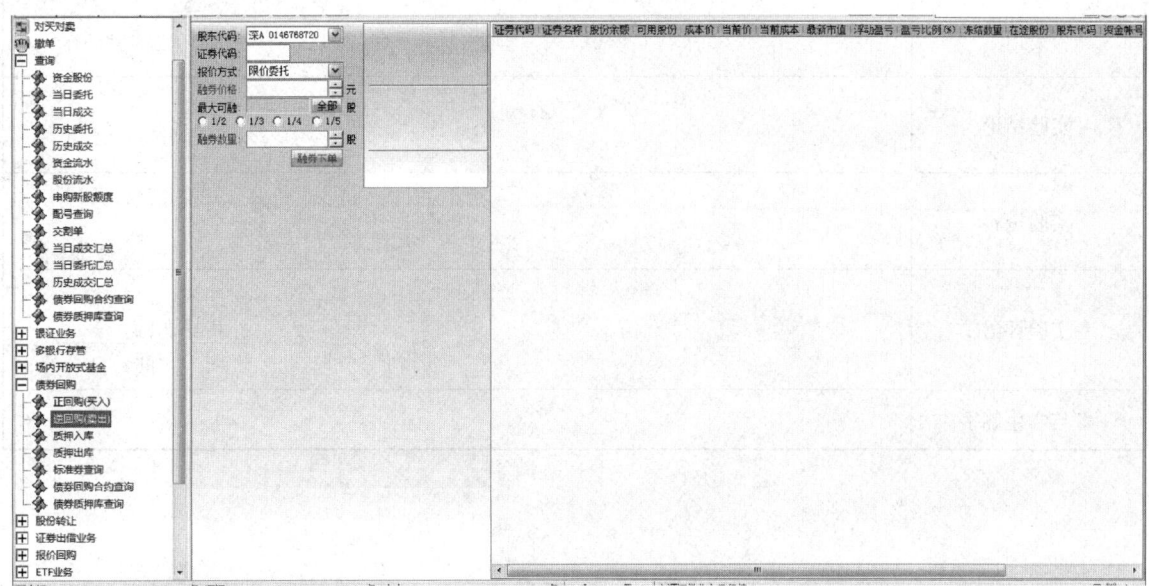

图6-2-2 证券交易系统界面截图

实 验 报 告

班级名称：　　　　　　　　课程名称：

学生姓名：　　　　　　　　学　　号：

实验地点：　　　　　　　　实验日期：

实验目的	
实验工具	
实验原理	
实验过程	

实验结果	
实验结论	
实验资料	
实验评语	指导老师：_____ 时　间：
参与学生签字	

项目 七 基金交易操作

【实训目的】

(1) 掌握基金交易操作的基本方法。

(2) 了解基金交易的基本规则。

(3) 熟悉基金交易的基本流程。

【实训要求】

(1) 对实训目的认真掌握，严格按照实训操作方法对实训内容进行操作。

(2) 认真写出实训报告，并总结存在的问题。

(3) 结合实训操作进一步熟悉有关基金的基本知识。

【实训设计】

以熟悉基金的基本知识、交易流程、交易方法为目的，以开立模拟账户为手段，以实战操作的方法掌握基金交易。

【实训内容】

任务一 封闭式基金交易操作

一、封闭式基金交易规则

1. 开立账户

投资者买卖封闭式基金必须开立深、沪证券账户或深、沪基金账户及资金账户。基金账户只能用于基金、国债及其他债券的认购及交易。

2. 交易时间

封闭式基金的交易时间是每周一至周五(法定公众节假日除外)9：30—11：30、13：00—15：00。

3. 报价

封闭式基金的交易遵从"价格优先、时间优先"的原则。

封闭式基金的报价单位为每份基金价格。基金的申报价格最小变动单位为 0.001 元，买入封闭式基金份额申报数量应当为 100 份或其整数倍，单笔最大数量应不低于 100 万份。

4. 涨跌幅限制

沪、深证券交易所对封闭式基金交易实行与 A 股交易同样的 10% 的涨跌幅限制。

5. 交割

封闭式基金与A股一样实行T+1交割、交收，即达成交易后，相应的基金交割与资金交收在交易日的下一个营业日(T+1)完成。

二、封闭式基金的认知实训

操作步骤一：打开“大智慧”交易行情系统，点击“报价”，点击“沪深分类”，点击“沪深基金”，出现沪深交易所的基金分类，如图7-1-1所示。

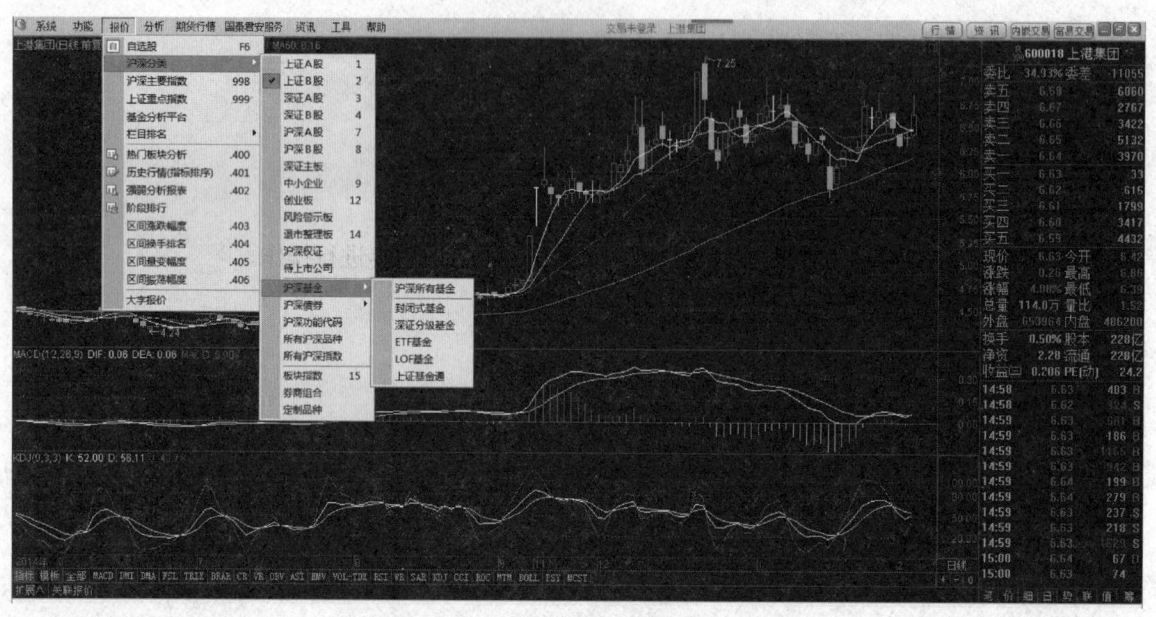

图7-1-1　2015年2月5日交易行情

步骤二：打开封闭式基金，目前封闭式基金只有6只在交易，如图7-1-2所示。

	代码	名称	涨幅%	现价	涨跌	买价	卖价	总量	现量	涨速%	换手%	今开	最高	最低	昨收	市盈(动)	总金额	量比	细分行业	地区
		合计	-6.15	6.38	-0.07	6.38	6.38	909919	0	0.17	3.78	6.47	6.48	6.37	6.45	0.00	9930万	4.98		
1	184721	基金丰和	-1.18	1.090	-0.013	1.089	1.090	102417	518	0.09	0.34	1.105	1.108	1.088	1.103	—	1129万	0.67		
2	184722	基金久嘉	-0.76	0.913	-0.007	0.912	0.913	79431	208	0.10	0.40	0.922	0.922	0.912	0.920	—	729万	0.78		
3	184728	基金鸿阳	-0.42	0.956	-0.004	0.954	0.956	156095	1100	0.00	0.78	0.962	0.963	0.953	0.960	—	1498万	0.63		
4	500038	基金通乾	-1.73	1.252	-0.022	1.252	1.253	184469	312	0.15	0.93	1.284	1.287	1.249	1.274	—	2347万	0.90		
5	500056	基金科瑞	-1.30	1.138	-0.015	1.137	1.138	176073	500	-0.08	0.63	1.154	1.154	1.138	1.153	—	2023万	0.92		
6	500058	基金银丰	-0.77	1.034	-0.008	1.033	1.034	211434	350	-0.09	0.70	1.042	1.050	1.033	1.042	—	2205万	1.08		

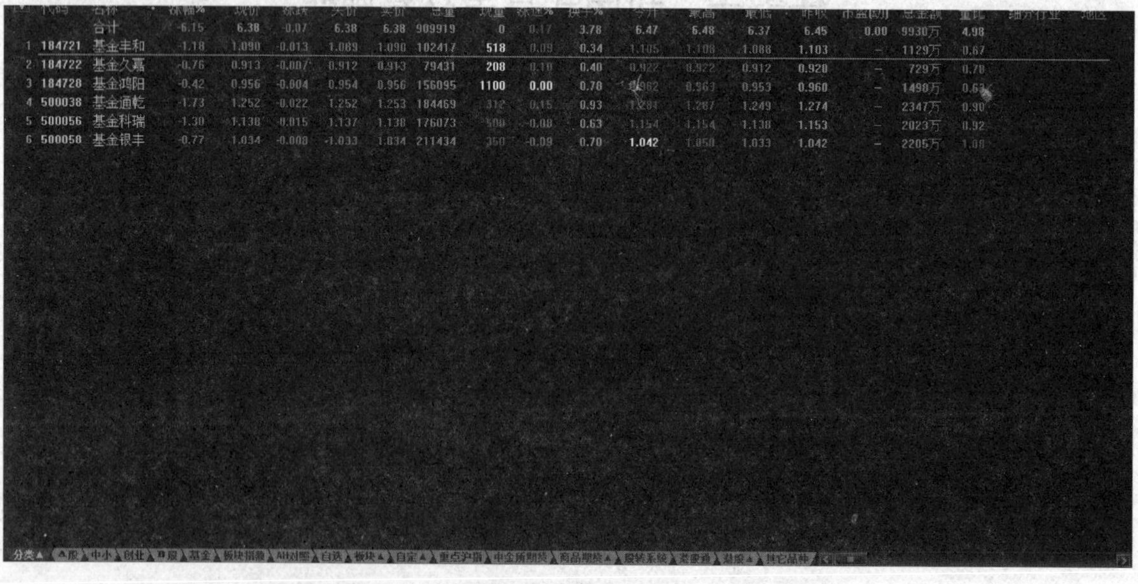

图7-1-2　2015年2月5日封闭式基金交易行情

三、封闭式基金的交易操作实训

操作步骤一：登录沪深证券账户。

操作步骤二：进入下单系统，如图 7-1-3 所示。

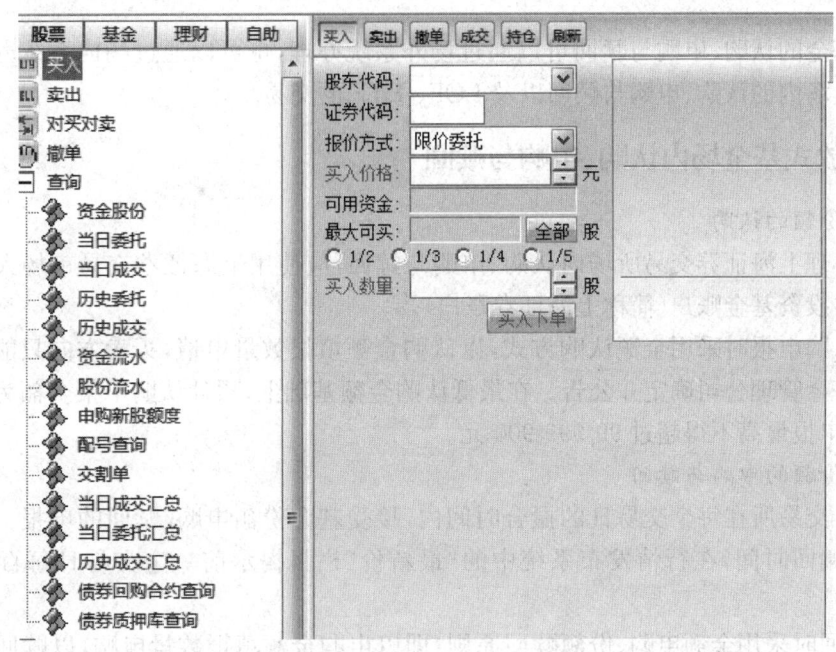

图 7-1-3　证券交易下单系统

操作步骤三：点击买入（或卖出），输入基金代码，比如 50058（基金银丰），可以按市价成交，也可以限价委托，如图 7-1-4 所示。

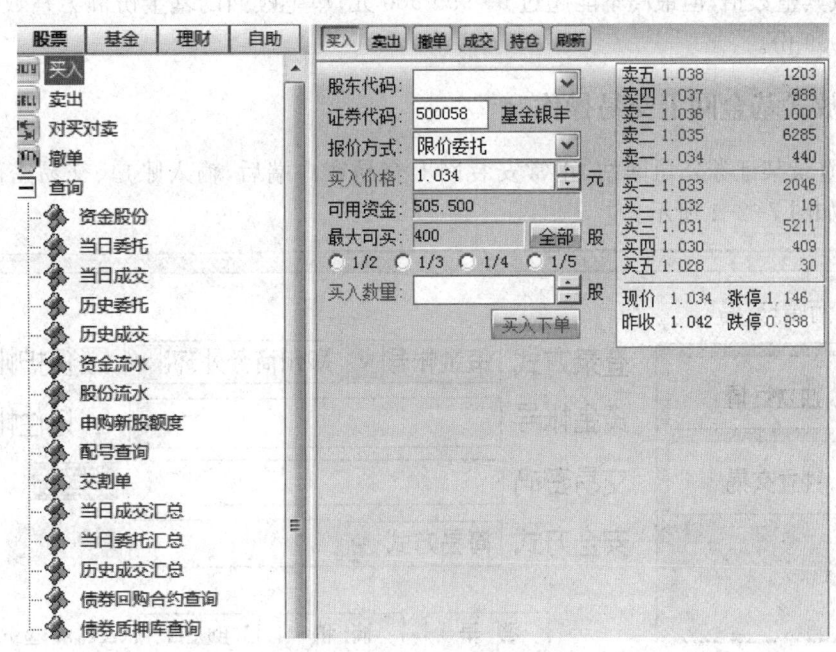

图 7-1-4　证券交易下单系统

任务二　开放式基金交易操作

开放式基金的认购、申购与赎回可以通过场外系统办理,也可以通过场内系统办理。本节介绍开放式基金场内的认购、申购与赎回以及 LOF、ETF 的交易。

一、开放式基金场内认购、申购与赎回

1. 基金份额的认购

投资者办理上海证券交易所场内认购、申购与赎回,应使用上海证券交易市场人民币普通股票账户或证券投资基金账户(简称上海证券账户)。

投资者认购申报时采用金额认购方式,以认购金额填报数量申请,买卖方向只能为买。最低认购金额由基金管理公司确定并公告。在最低认购金额基础上,累计认购申报金额为 100 元或其整数倍,单笔申报最高不得超过 99 999 900 元。

2. 基金份额的申购与赎回

上海证券交易所在每个交易日的撮合时间内,接受基金份额申购、赎回的申报。上海证券交易所在申购、赎回时间,在行情发布系统中的"最新价"栏目揭示前一个交易日每百份基金份额净值。

申购、赎回时采用金额申购、份额赎回原则,即以申购金额填报数量申购,以赎回份额填报数量申请。"申购"对应"买入","赎回"对应"卖出"。申购、赎回的成交价格按当日基金份额净值确定。由于申报价格栏不能空白,故约定始终填写为"1 元"。

最低申购金额及赎回份额由基金管理人确定并公告。在最低申购金额的基础上,累加申购金额为 100 元或其整数倍,但最高不能超过 99 999 900 元;单笔赎回的基金份额为整数份,但最高不超过 99 999 999 份。

二、开放式基金网上交易操作

步骤一:登录某证券公司网站,正常安装网上交易客户端后,输入账户、交易密码、通讯密码(动态口令),如图 7-2-1 所示。

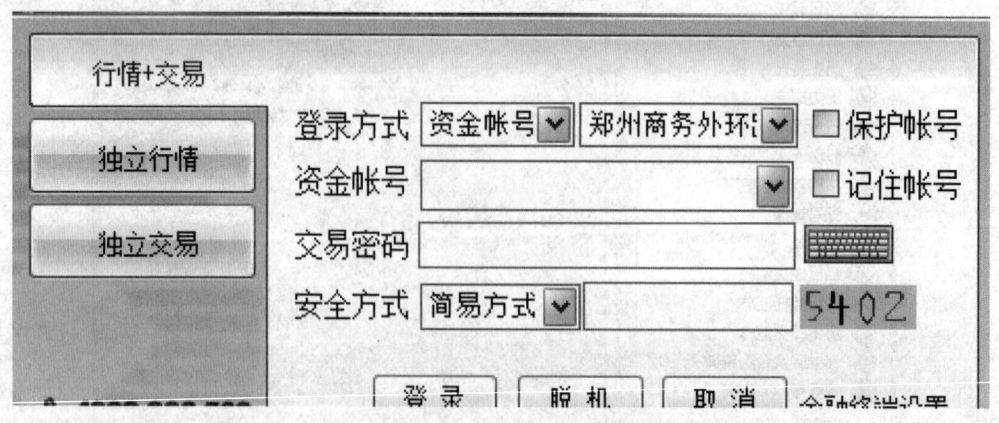

图 7-2-1　证券交易系统界面截图

步骤二：点击"开放基金"，如图7-2-2所示。

步骤三：点击左边框"基金开户"，开通相应基金公司的账户，如图7-2-3所示。

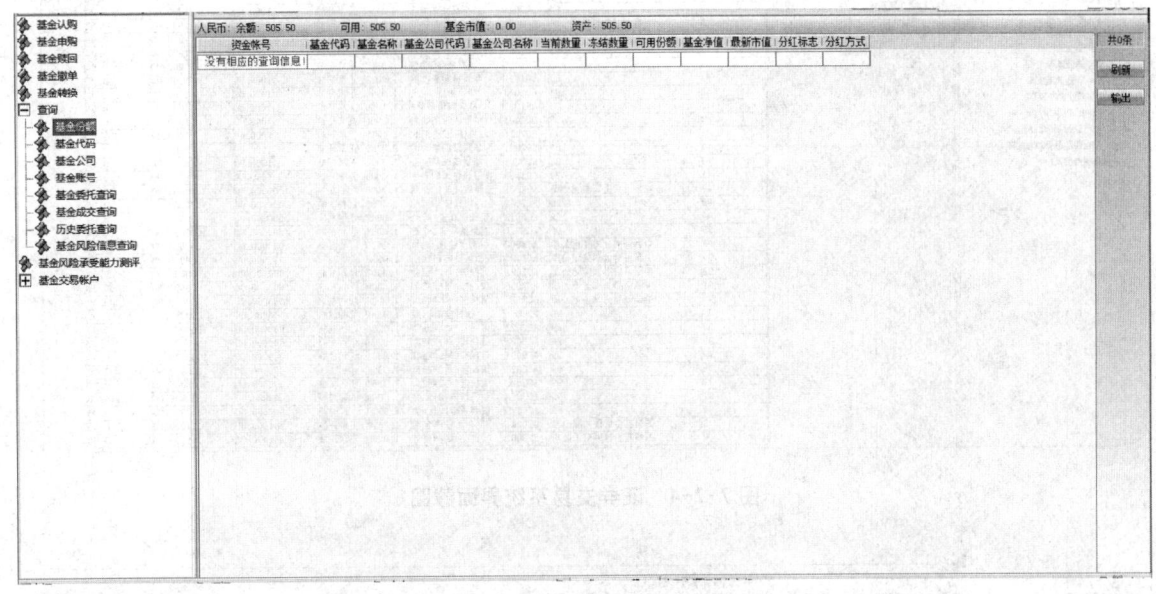

图 7-2-2　证券交易系统界面截图

步骤四：点击左边框"基金认购"或"基金申购"，输入基金代码、认购或申购资金，如图7-2-4所示。

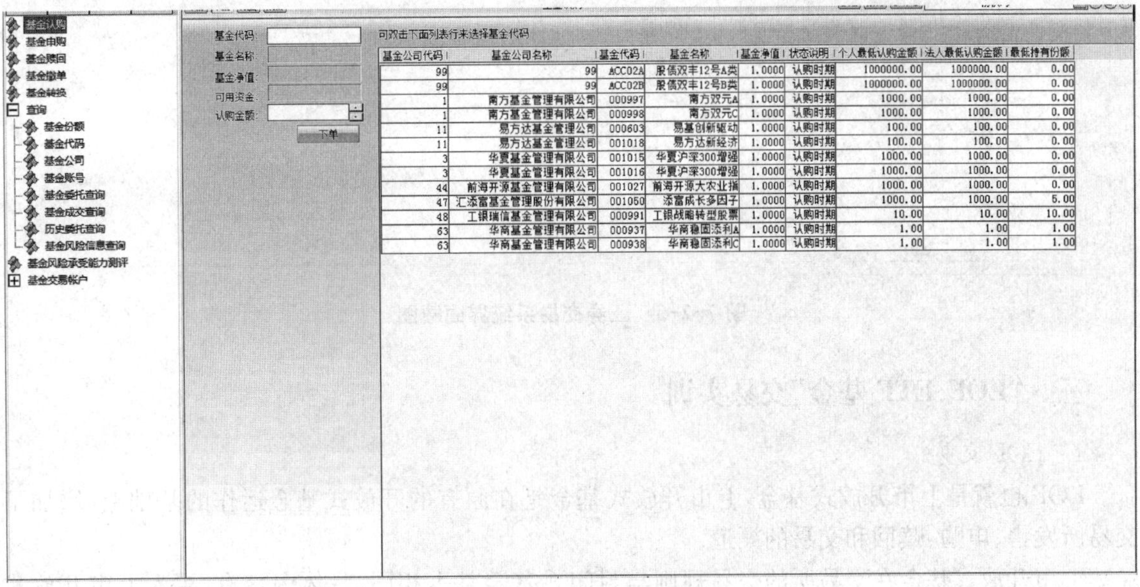

图 7-2-3　证券交易系统界面截图

步骤五：赎回时点击左边框"赎回"，输入基金代码、赎回份额即可，如图7-2-5所示。

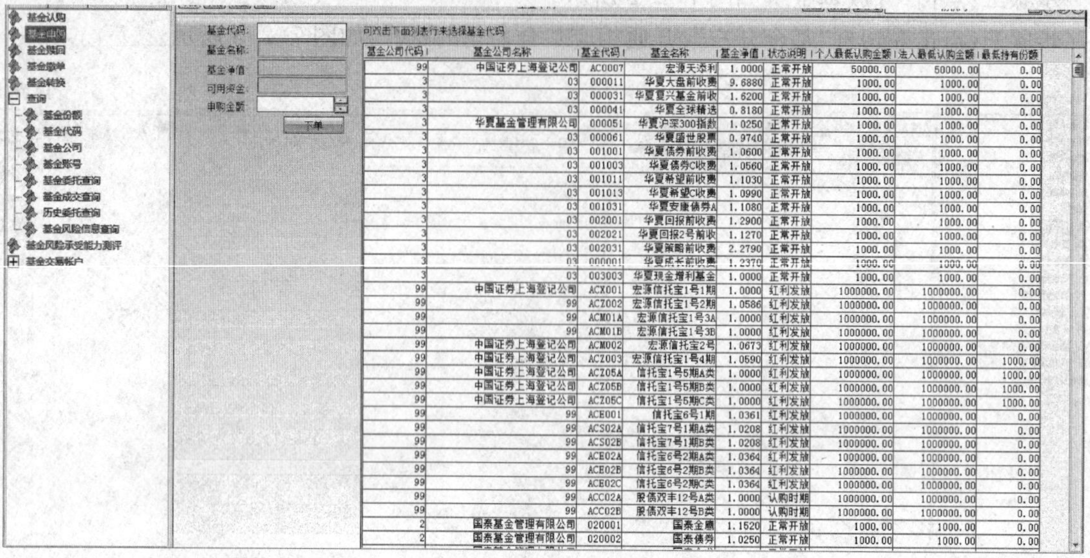

图 7-2-4　证券交易系统界面截图

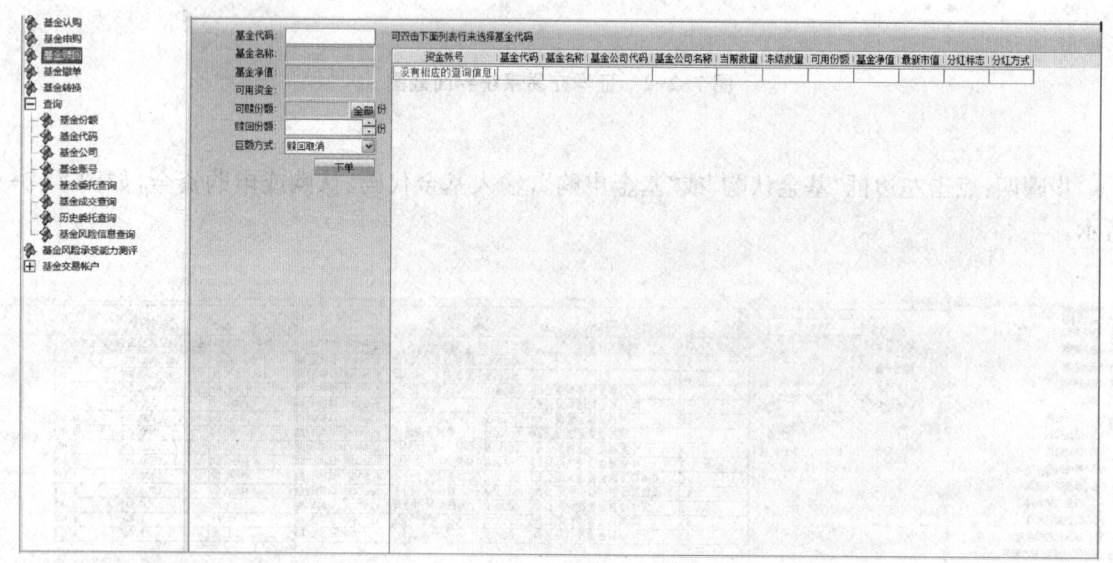

图 7-2-5　证券交易系统界面截图

三、"LOF、ETF 基金"交易实训

1. LOF 交易

LOF 也就是上市开放式基金,上市开放式基金是在原有的开放式基金运作的基础上,增加了交易所发售、申购、赎回和交易的渠道。

上市开放式基金在交易所的交易规则与封闭式基金基本相同,具体内容有:买入上市开放式基金申报数量应当为 100 份或其整数倍,申报价格最小变动单位为 0.001 元人民币。深圳证券交易所对上市开放式基金交易实行价格涨跌幅限制,涨跌幅比例为 10%,自上市首日起执行。

在日常交易中,上市开放式基金与封闭式基金、A 股、债券等上市证券合并办理资金清算与交收。

T 日买入基金份额自 T＋1 日开始可在深圳证券交易所卖出或赎回，如图 7-2-6 所示。

图 7-2-6　深圳证券交易所 2015 年 2 月 5 日部分 LOF 的交易行情截图

2. ETF 交易

ETF 也就是交易型开放式指数基金。投资者有两种方式参与证券交易所 ETF 的投资：一是进行申购和赎回，二是直接从事买卖交易。按现行有关制度规定，买卖证券交易所 ETF 的投资者需要具有证券交易所 A 股账户或基金账户，也就是说开了 A 股的账户也就可以像买卖股票一样买卖 ETF，如图 7-2-7 所示。

投资者从事 ETF 份额的买卖交易，适用证券交易所有关基金买卖申报、竞价、成交、涨跌幅等规定。应遵循的一般交易规则有：买卖申报数量为 100 份或其整数倍，申报价格最小变动单位为 0.001 元，实行 10％的涨跌幅限制。

图 7-2-7　2015 年 2 月 5 日上海证券交易所部分 ETF 交易行情截图

实 验 报 告

班级名称：　　　　　　　课程名称：
学生姓名：　　　　　　　学　　号：
实验地点：　　　　　　　实验日期：

实验目的	
实验工具	
实验原理	
实验过程	
实验结果	
实验结论	
实验资料	
实验评语	指导老师： 时　　间：
参与学生签字	

项目 八　股票集中撮合定价

【实训目的】

（1）熟悉使用虚企交易所平台进行股票的委买委卖操作。

（2）熟悉虚拟交易所图表展示功能。

（3）掌握股票集合竞价撮合机制。

【实训要求】

（1）对实训目的认真掌握，严格按照实训操作方法对实训内容进行操作。

（2）认真写出实训报告，并总结存在的问题。

【实训设计】

以《证券投资理论与实务》教材内容为理论体系，以虚拟交易为技术手段；以集中撮合竞价三条原则为依据，以集合竞价价格确定为目的对某上市公司进行模拟集合竞价交易，最终具有将理论应用于现实交易过程的能力。

【实训内容】

一、熟悉集合竞价成交三原则

所谓集合竞价，是指在交易所规定的时间内（股票 09:15～09:25），所有投资者的买单或卖单都输入电脑进入报价系统，但交易所并不撮合成交；接下来交易所在撮合成交时间（股票 09:25～09:30）按照一定的规则确定撮合成交价和成交量；最后每个股票合约会以交易所撮合的成交价作为开盘价，同时以该价格最大限度撮合可以成交的委托单。

目前，集合竞价的成交原则为：第一，成交量最大优先，第二，价格优先，第三，时间优先。连续竞价的成交原则为：第一，价格优先，第二，时间优先。

简单来说，集合竞价是"先报价、后撮合、再成交"，而连续竞价则是"边报价、边撮合、边成交"。

买一就是现在这一时刻委托买入的单子中，价格最高的那些笔的集合笔数与价格。卖一就是现在这一时刻委托卖出单子中，最低价格的那些笔的集合笔数与价格。

买一、买二、买三、买四、买五是委托买入价格，价格是由高到低。

卖一、卖二、卖三、卖四、卖五是委托卖出价格，价格是由低到高。

注意只是委托，一般实际交易都是根据当时的买一和卖一来撮合成交的。

二、选股

确定交易对象，选取盐田港股票作为实验股票，股票交易代码 000088。

三、分配学生交易账号

进入前台管理端,具体操作前面介绍。教师以前台管理员身份为学生创建交易员账号,如图8-1-1所示。实验当中共有 20 名学生,创建完成的账号为 jinr41—60,将这 20 个账号分配给学生。

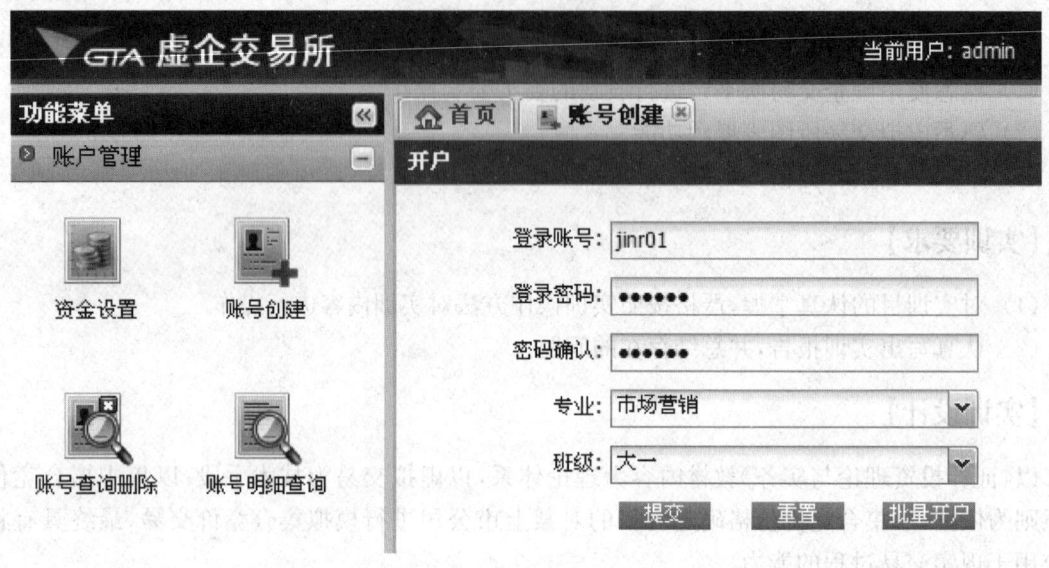

图 8-1-1　虚企交易所前台管理端账号创建页面

四、分配学生资金

进入前台管理端,以前台管理员身份为学生分配资金。分配资金的操作如下,点击账户管理下的"资金设置"功能菜单,出现如图 8-1-2 页面。

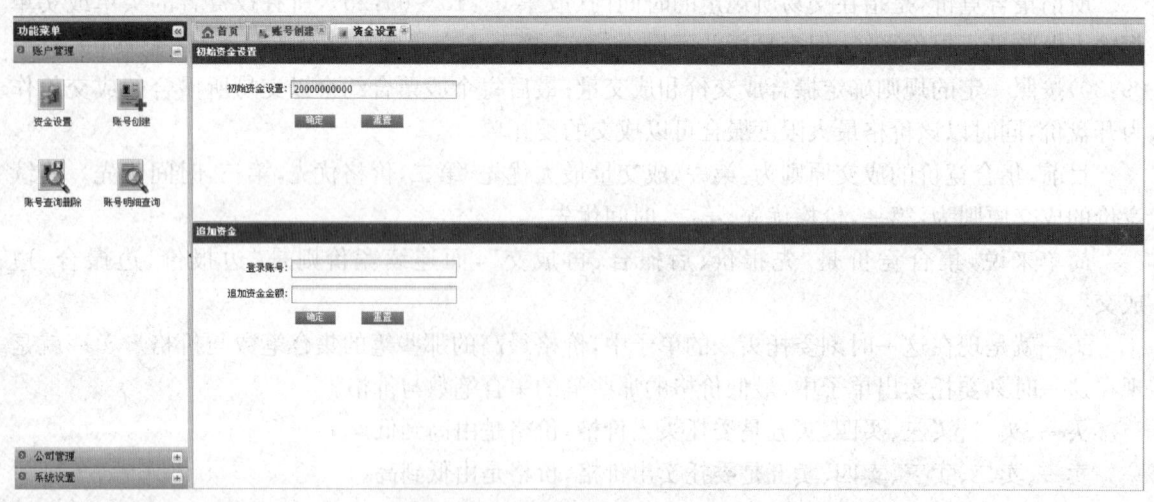

图 8-1-2　前台管理端资金设置页面

初始资金设置为 200 亿,页面下方追加资金栏目能够为所创建的账户追加资金,如图 8-1-3 所示,点击确定为 jinr41 账户追加 10 万元资金。

追加资金

登录账号：jinr41

追加资金金额：100 000

确定　　　重置

图 8-1-3　前台管理端追加资金窗口

在前台管理端为学生分配资金后,学生进入前台竞赛端并不能立即进行交易。例如,进入前台竞赛端页面,点击页面上方的"交易"按钮,弹出下单对话框,如图 8-1-4 所示。

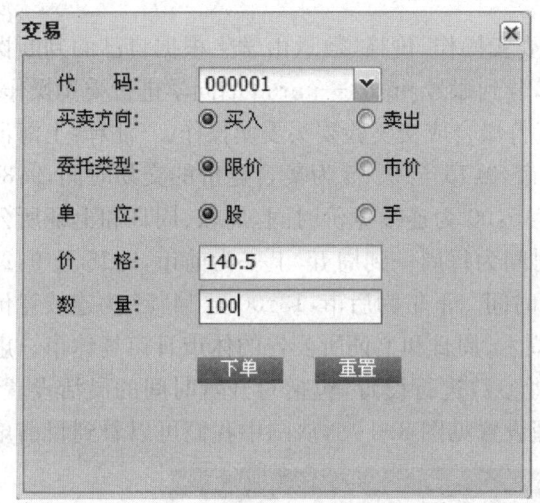

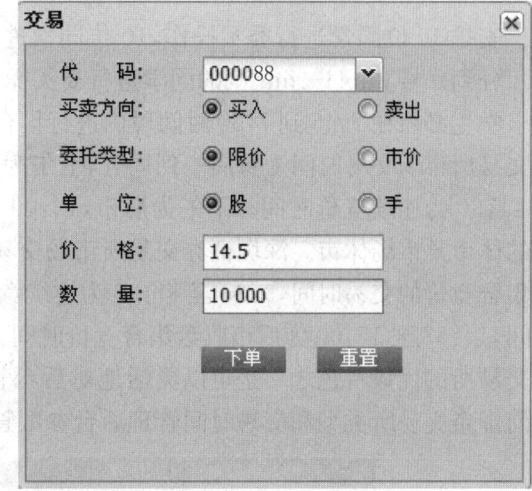

图 8-1-4　交易下单窗口　　　　　　　　图 8-1-5　交易下单窗口

"代码"选择 000088,"买卖方向"选择买入,委托类型选择"限价",单位选择"股",价格填写 14.5 元,数量为 10 000 股,填好后点击"下单"按钮,如图 8-1-5 所示,系统会出现如图 8-1-6 提示窗口,提示账户没有足够的资金。

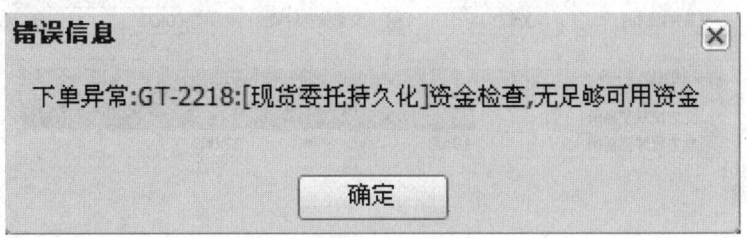

图 8-1-6　错误信息提示窗口

已经在前台管理端为交易员分配将近 200 亿元的资金,为什么还显示账户的资金不足?这是因为学生还没有完成转账操作。点击"转账"功能菜单,将银行账户资金转入证券账户中。这里我们转入 2 000 万元资金进入证券账户用于交易,如图 8-1-7 所示,点击确定按钮,则转账操作成功。

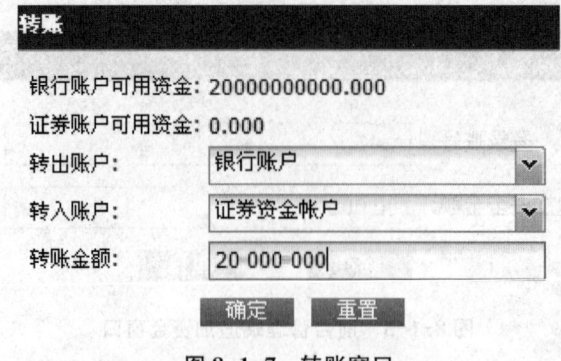

图 8-1-7 转账窗口

五、学生进行委买委卖操作(以两位学生操作为例)

安排 10 位同学进行委买操作,10 位同学进行委卖操作,价格、数量由学生根据自己的判断操作。分到账号 jinr41—jinr50 的同学进行委买操作,分到账号 jinr51—jinr60 的同学进行委卖操作。要求学生必须在 7:45 到 7:50 时间段内进行集合竞价撮合成交实验委买委卖操作。(注释:上海证券交易所市场交易时间为每周一到周五,上午为前市,9:15 至 9:25 为集合竞价的交易时间,9:30 至 11:30 为连续竞价时间。下午为后市,13:00 至 15:00 为连续竞价时间,周六、周日和上证所公告的休市日市场休市。深圳证券交易所市场交易时间为每周一到周五,上午为前市,9:15 至 9:25 为集合竞价的交易时间,9:30 至 11:30 为连续竞价时间。下午为后市,13:00 至 14:57 为连续竞价时间,14:57 至 15:00 为后市收盘集合竞价时间。周六、周日和上证所公告的休市日市场休市。虚企交易所的优势特色之一是可以灵活地对后台管理参数进行设置,包括对开盘时间的灵活设置,目前虚企交易所类型和交易时间管理后台参数管理设置见图 8-1-8,从图中我们可以看到目前虚

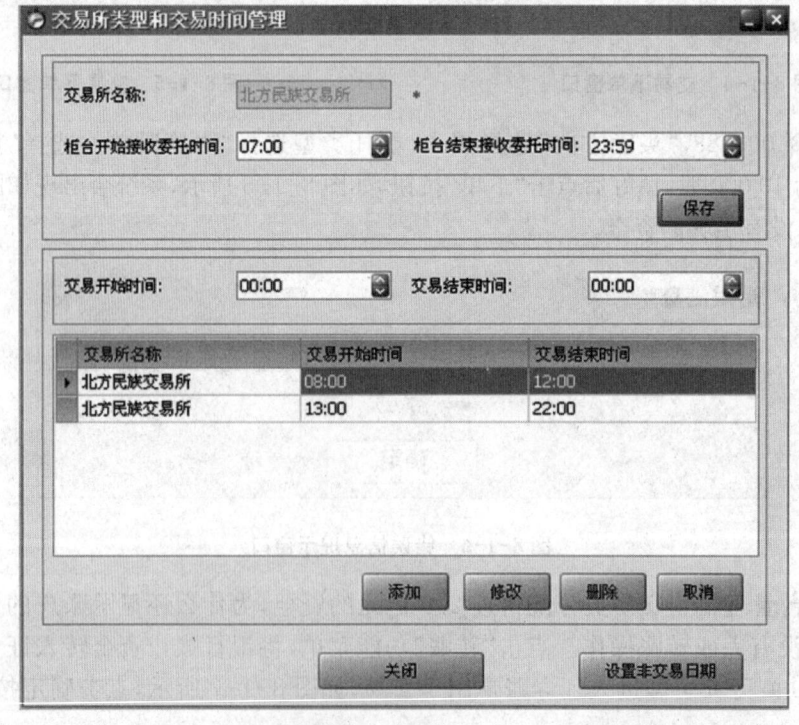

图 8-1-8 后台管理系统内交易所类型和交易时间管理页面

企交易所前市交易开始时间设置为早上8:00,前市交易结束时间设置为早上12:00,下午的后市交易开始时间设置为13:00,结束时间设置为22:00。目前,虚企交易所的集合竞价时间为7:45至7:55。7:45至7:50的交易时间段内接受买卖委托,接受撤单申报,不对买卖申报进行处理;7:50至7:55的交易时间段内接受买卖委托,不接受撤单申报,对买卖申报进行撮合处理;7:55对买卖申报全部撮合处理完成,显示集合竞价的开盘价;7:55至8:00只接受买卖申报,不对买卖申报和撤单申报进行处理,显示集合竞价的开盘价。)

(一)学生甲进行委买操作

学生甲按照分配到的交易员账号、密码,在7点45分至7点50分这段时间里进入虚企交易所前台竞赛端系统,点击"交易"按钮,进入下单页面。例如:学生甲选择代码000088,选择买入方向,选择限价委托类型,选择股为单位,价格填写19.6元,数量填写为1 000股,如图8-1-9所示。

点击"下单",系统弹出下单成功提示窗口,如图8-1-10所示。

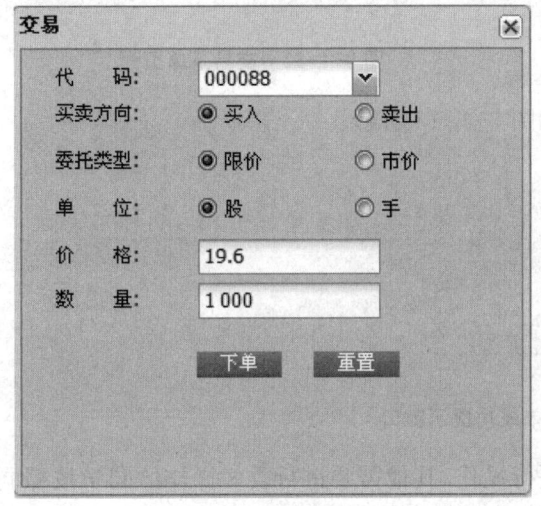

图8-1-9　交易下单页面

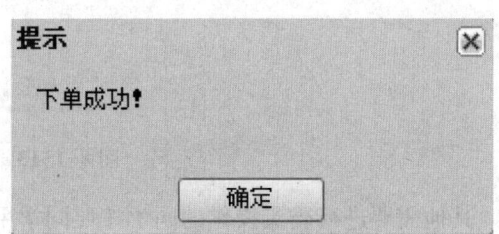

图8-1-10　下单成功提示窗口

(二)学生乙进行委卖操作

在学生乙进行委卖操作也就是在实验开始前,教师必须首先进入jinr51~60的账号,在各个账号里面进行委买操作,教师将按照20元的现价为jinr51~60账号买入50 000股盐田港股票,如图8-1-11所示。(提示:教师之所以需要在实验前一天进入学生前台竞赛端账号购买股票,是因为现实市场中股票实行T+1交割制度,需要在买入股票后的一天才可以进行股票的卖出操作。当然,虚企交易所后台管理系统可以灵活设置股票交割制度,教师可以申请后台管理员将股票交割设置为T+0,但是为了让学生更好地了解现实中的股票交易情况,所以教师将在实验前至少一天的时间为需要进行委卖操作的学生买入实验中需要卖出的股票,方便实验中学生进行委卖操作。当然,教师要事先告知这些学生已经在他们账号内买进多少数量的交易股票,并且实验前,教师会带领学生熟悉使用虚企交易所平台进行股票的委买委卖操作。)

学生乙按照分配到的交易员账号、密码在教师设置好前台竞赛端实验环境以后第二天进入虚企交易所前台竞赛端系统,点击"交易"按钮,进入下单页面。学生乙选择代码000088,选择卖出方向,选择限价委托类型,选择股为单位,价格填写18.6元,数量填写为3 000股,如图8-1-12所示。

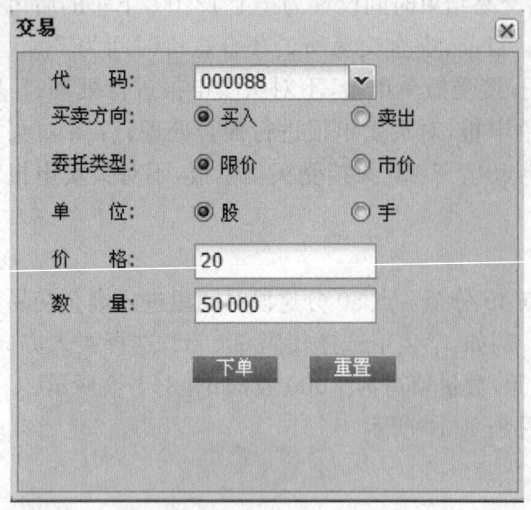
图 8-1-11　交易下单页面

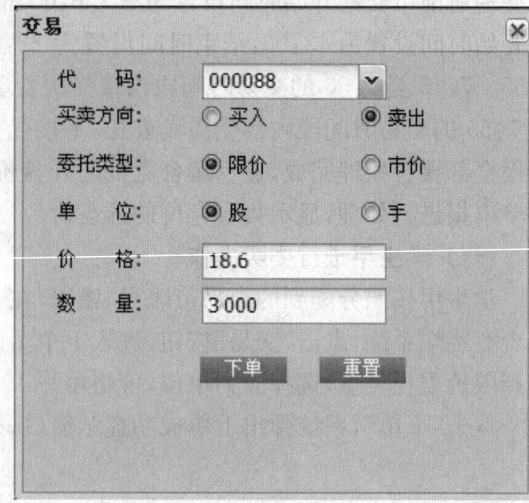
图 8-1-12　交易下单页面

点击"下单",系统弹出下单成功提示窗口,如图 8-1-13 所示。

图 8-1-13　下单成功提示窗口

其他需要进行委买操作的同学按照同学甲进行操作,其他需要进行委卖操作的同学按照同学乙进行操作,注意操作必须在 7:45 至 7:50 的时间段内进行。

(三) 学生进行的其他操作,以学生乙为例

学生乙在 7:45 至 7:50 的交易时间段内尝试撤单操作,系统显示在这段时间内接受撤单申报。

学生乙在 7:50 至 7:55 的时间段内进行撤单操作,学生乙点击"账户查询"功能菜单下的"当日委托",点击任一委托中的撤单操作,系统出现如图 8-1-14 页面,显示这段时间内将不接受撤单申报。

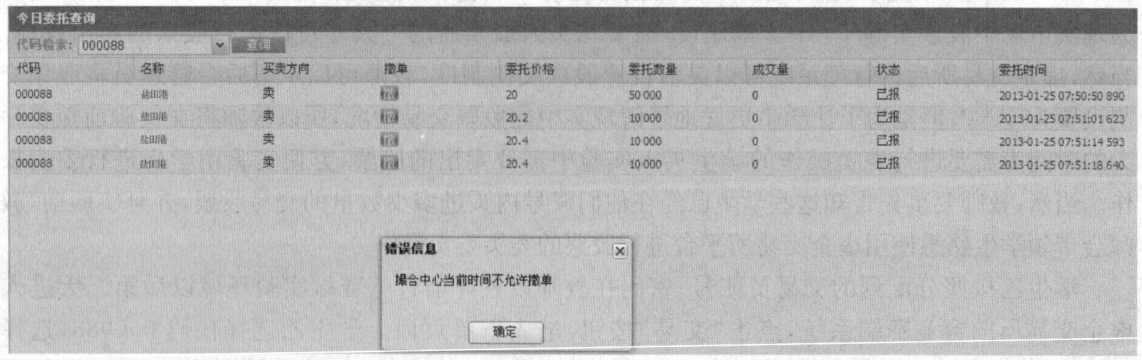

图 8-1-14　不接受撤单操作提示窗口

学生乙在 7：55 到 8：00 时间段内进行委买委卖操作，系统接受委买委卖操作，但不对委买委卖操作进行处理。学生乙点击"账户查询"功能菜单下"当日委托"，在代码检索框内选择代码000088，点击查询，可以查询到如图 8-1-15 信息。图中信息记录了该交易者在 2013 年 1 月 24 日7 点 57 分 15 秒、7 点 57 分 29 秒和 7 点 57 分 43 秒三个时点分别以 19.4 元买进 2 000 股，以 20.4元卖出 10 000 股，以 20.2 元卖出 20 000 股；另一方面，学生乙点击"账户查询"功能菜单下的"当日成交"查询这段时间内的成交情况，结果发现并没有这段时间的成交记录。为什么呢？原因是这段时间系统接受委买委卖操作，但是并没有对委买委卖操作进行处理。另外，此时学生乙点击"行情资讯"功能菜单下的"图表展示"，如图 8-1-16 所示。（提示：如果此时实验结束，大家都不进行委买委卖操作，那么图表展示将一直如图 8-1-16 并且持续到 8：00。8：00 过后，系统将进行连续竞价交易。）

000088	盐田港	买	撤	19.4	2 000	0	已报	2013-01-24 07:57:15 000
000088	盐田港	卖	撤	20.4	10 000	0	已报	2013-01-24 07:57:29 983
000088	盐田港	卖	撤	20.2	20 000	0	已报	2013-01-24 07:57:43 093

图 8-1-15　当日委托查询页面

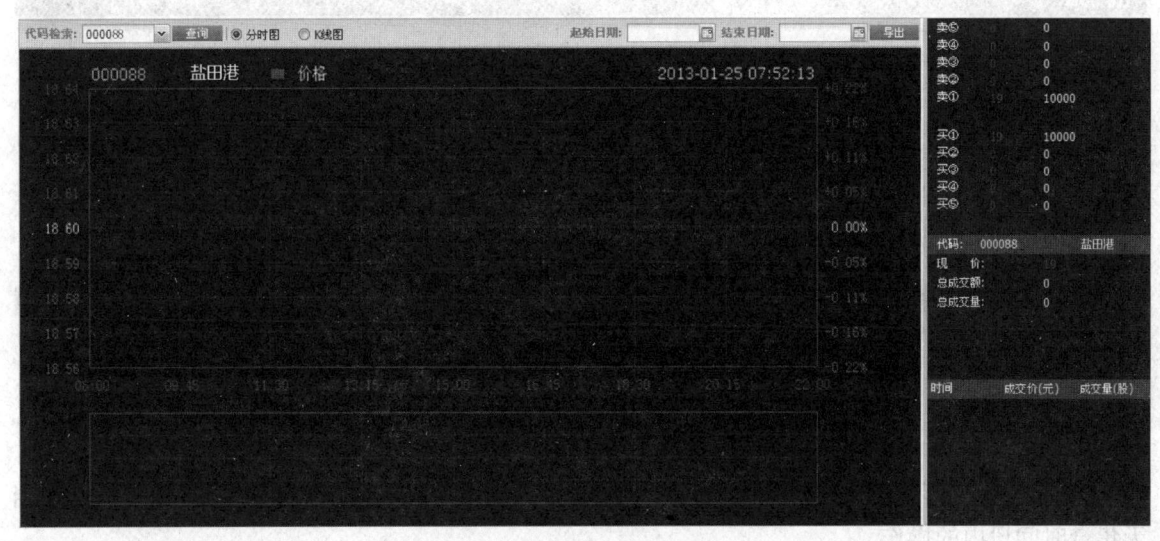

图 8-1-16　盐田港公司图表展示页面

　　学生乙在 7：55 至 8：00 的时间段内进行撤单操作：点击"账户查询"功能菜单下的"当日委托"，在代码检索框里面选择 000088，点击查询，在出现的页面里将在 2013 年 1 月 24 日 7 点 56 分 48 秒以 19.6 元价格买进的 1 000 股和 7 点 58 分 5 秒以 20 元价格卖出的 30 000 股进行撤销，系统出现如图 8-1-17 到图 8-1-18 所示"已报待撤"，表示这段时间内将不对撤单申请进行处理。等到 8 点正式开盘时间以后才对撤单申报进行处理，如图 8-1-19 到图 8-1-20 所示。

| 000088 | 盐田港 | 买 | 撤 | 19.6 | 1 000 | 0 | 已报待撤 | 2013-01-24 07:56:48 797 |

图 8-1-17　学生乙对委买操作进行撤单处理

| 000088 | 盐田港 | 卖 | 撤 | 20 | 30 000 | 0 | 已报待撤 | 2013-01-24 07:58:05 907 |

图 8-1-18　学生乙对委卖操作进行撤单处理

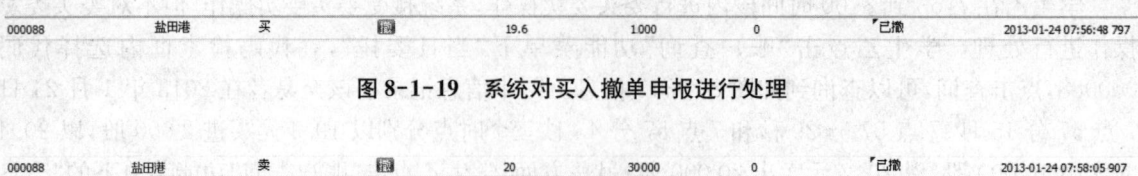

000088	盐田港	买	撤	19.6	1000	0	已撤	2013-01-24 07:56:48 797

图 8-1-19　系统对买入撤单申报进行处理

000088	盐田港	卖	撤	20	30000	0	已撤	2013-01-24 07:58:05 907

图 8-1-20　系统对卖出撤单进行处理

六、统计学生的交易记录

学生分别查看自己在 7:45～7:50 这段时间的交易记录，教师对所有的交易记录进行统计整理。

学生可以通过以下操作查看自己的交易记录，具体操作如下：

点击“账户查询”功能菜单下的“当日委托”，出现今日委托查询页面，代码检索框内默认全部，点击查询出现图 8-1-21。

今日委托查询

代码检索：-全部-　查询

代码	名称	买卖方向	撤单	委托价格	委托数量	成交量	状态	委托时间
000088	盐田港	买	撤	19.6	1000	1000	已成	2013-01-22 07:47:18 873

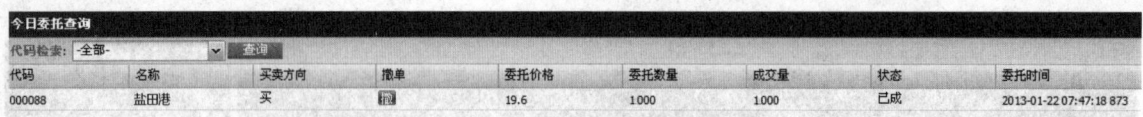

图 8-1-21　今日委托查询页面

点击“账户查询”功能菜单下的“当日成交”，出现当日成交查询页面，代码检索框内默认全部，点击查询按钮，出现图 8-1-22。

当日成交查询

代码检索：-全部-　查询

代码	名称	买卖	成交量	成交价	成交金额	交易费	成交类型	成交时间
000088	盐田港	买	1000	19.1	19 100.000	57.300	成交	2013-01-22 07:55:03 373

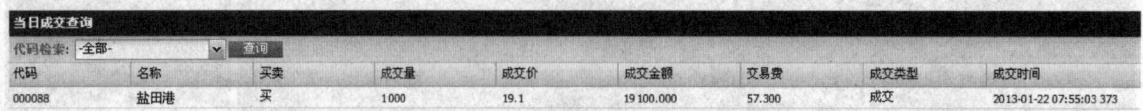

图 8-1-22　当日成交查询页面

当然，学生也可以通过点击“账户查询”功能菜单下的“历史委托”及“历史成交”查看自己在当天集合时间段内的操作。

最终，教师将同学们的交易记录整理如表 8-1-1 和表 8-1-2 所示。

表 8-1-1　集合竞价实验委买操作记录

集合竞价委买操作模拟						
学生	委买价格	股数	委托时间	成交价	成交量	成交时间
学生甲	19.6	1 000				
学生 1	19.4	2 000				
学生 2	19.2	3 000				
学生 3	19	4 000				
学生 4	18.8	5 000				
学生 5	18.6	4 000				
学生 6	18.4	5 000				

集合竞价委买操作模拟						
学生	委买价格	股数	委托时间	成交价	成交量	成交时间
学生 7	18.2	10 000				
学生 8	18	20 000				
学生 9	17.8	20 000				

表 8-1-2 集合竞价委卖操作记录

集合竞价委卖操作模拟						
学生	委卖价格	股数	委托时间	成交价	成交量	成交时间
学生乙	18.6	3 000				
学生 11	18.8	4 000				
学生 12	19	6 000				
学生 13	19.2	8 000				
学生 14	19.4	10 000				
学生 15	19.6	10 000				
学生 16	19.8	20 000				
学生 17	20	30 000				
学生 18	20.2	20 000				
学生 19	20.4	10 000				

七、集中竞价下单结果观察

以下是对实验中申买申卖价格与股数的统计,教师将带领同学研究分析集合竞价操作机制原理。

根据成交价格的确定原则,19 元将成为该股当日的开盘价,即集合竞价后所撮合的最终成交价。

从表 8-1-3 中我们看到,19.6 元、19.4 元、19.2 元、19 元、18.8 元和 18.6 元这六个价格是买单和卖单共同覆盖的价格,那么为什么最终撮合价是 19 元,而不是 18.6 元、18.8 元或 19.2 元呢?

因为撮合的成交价格要满足三个条件,即 a:可实现最大成交量的价格;b:高于该价格的买入申报与低于该价格的卖出申报全部成交的价格;c:与该价格相同的买方或卖方至少有一方全部成交的价格。

19 元的成交价格,可使买单中高于 19 元的 6 000 股全部成交,卖单中低于 19 元的 7 000 股全部成交,19 元的 4 000 股买单全部成交,19 元的 6 000 股卖单成交 3 000 股,总成交量为 10 000 股。(低于 19 元的买单和高于 19 元的卖单,以及未成交的 3 000 股 19 元卖单将自动进入开盘后的连续竞价)

如果成交价格为 18.8 元,则买单中高于 18.8 元的 10 000 股就无法全部成交;如果成交价格为 19.2 元,则卖单中低于 19.2 元的 13 000 股就无法全部成交。

表 8-1-3 盐田港公司集合竞价申买申卖记录

模拟盐田港公司集合竞价申买申卖			
申 买 单		申 卖 单	
申买价格	申买股数	申卖价格	申卖股数
		20.4	10 000
		20.2	2 0000
		20	30 000
		19.8	20 000
19.6	1 000	19.6	10 000
19.4	2 000	19.4	10 000
19.2	3 000	19.2	8 000
19	4 000	19	6 000
18.8	5 000	18.8	4 000
18.6	4 000	18.6	3 000
18.4	5 000		
18.2	10 000		
18	20 000		
17.8	20 000		

实验报告

（1）集合竞价交易学生操作统计，如表 8-1-4 所示。

表 8-1-4 集合竞价学生操作记录

学生	买卖方向	买卖数量	买卖价格	委托时间	成交价	成交量	成交时间
学生甲							
学生1							
学生2							
学生3							

学生	买卖方向	买卖数量	买卖价格	委托时间	成交价	成交量	成交时间
学生 4							
学生 5							
学生 6							
学生 7							
学生 8							
学生 9							
学生乙							
学生 11							
学生 12							
学生 13							
学生 14							
学生 15							
学生 16							
学生 17							
学生 18							
学生 19							

（2）撰写集合竞价研究分析报告。

【实训目的】

（1）熟悉使用虚企交易所平台进行股票的委买委卖操作。
（2）熟悉虚拟交易所图表展示功能。
（3）掌握股票连续竞价撮合机制。

【实训要求】

（1）对实训目的认真掌握，严格按照实训操作方法对实训内容进行操作。
（2）认真写出实训报告，并总结存在的问题。

【实训设计】

以《证券投资理论与实务》教材内容为理论体系，以虚拟交易为技术手段；以连续竞价三条原则为依据，以连续竞价价格确定为目的对某上市公司进行模拟连续竞价交易，最终具有将理论应用于现实交易过程的能力。

【实训内容】

一、熟悉连续竞价三原则

连续竞价的成交方式与集合竞价有很大的区别，先以"价格优先、时间优先"来排列买卖有效委托，它是在买入的最高价（买一）与卖出的最低价（卖一）的委托中，以"不高于买价，不低于卖价"的原则成交，一对一对地成交，其成交价为：

（1）最高买入申报价格与最低卖出申报价格相同，以该价格为成交价格。

（2）买入申报价格高于即时揭示的最低卖出申报价格的，以即时揭示的最低卖出申报价格为成交价格（在体现了"不高于买价，不低于卖价"的同时也体现了"时间优先"原则）。

（3）卖出申报价格低于即时揭示的最高买入申报价格的，以即时揭示的最高买入申报价格为成交价格（在体现了"不高于买价，不低于卖价"的同时也体现了"时间优先"原则）。

二、挂出三档卖单（卖一、卖二、卖三）

教师进入前台管理端系统，如图 9-1-1 所示。

点击"系统设置"功能菜单里面"登录控股账户"，进入如图 9-1-2 页面。

点击"行情资讯"功能菜单里面的"图表展示"，在出现的页面代码检索框里输入代码 000088，点击查询，出现图 9-1-3。

图 9-1-1　前台管理端系统首页

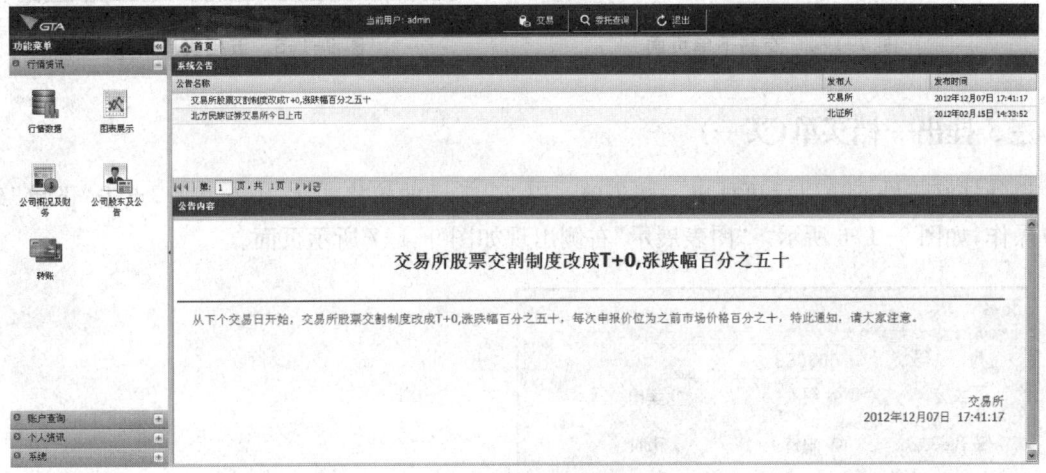

图 9-1-2　前台管理端登录控股账户页面

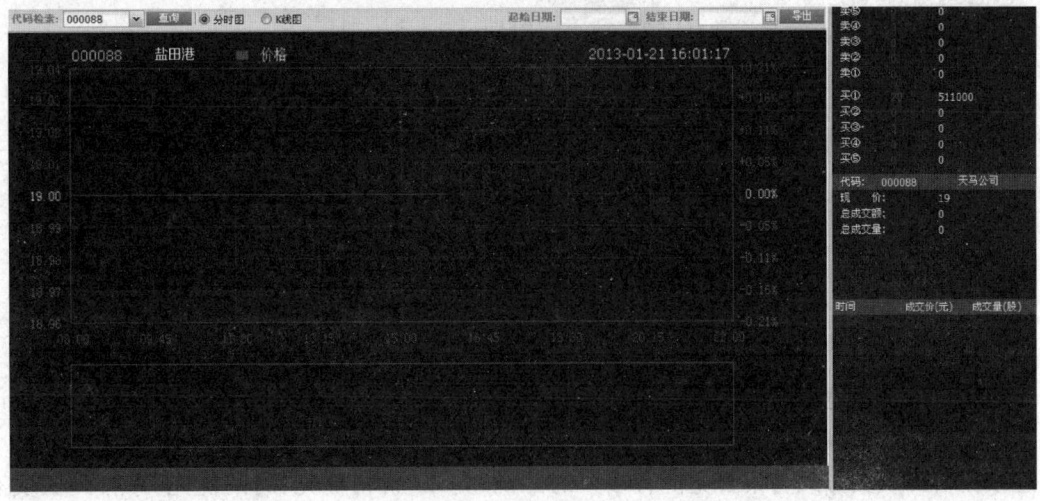

图 9-1-3　000088 图表展示页面

点击页面上方"交易"按钮,分别进行如下操作,卖出20.2元10 000股,如图9-1-4,卖出20.3元20 000股,卖出20.4元30 000股,"图表展示"右侧出现如图9-1-5。

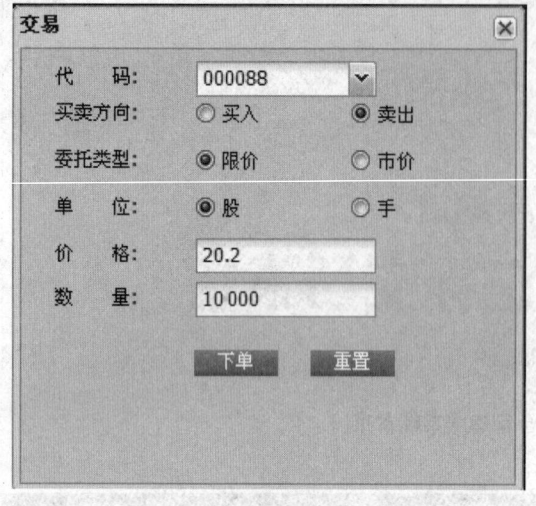

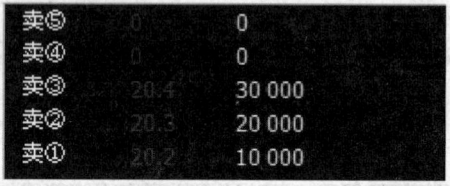

图9-1-4　交易下单页面　　　　　　　　　　图9-1-5　五档卖单价格

三、挂出一档买单(买一)

教师挂好三档卖单以后再挂出一档买单。以20.1元的价格买入40 000股,点击"下单"确定下单操作,如图9-1-6所示。"图表展示"右侧出现如图9-1-7所示页面。

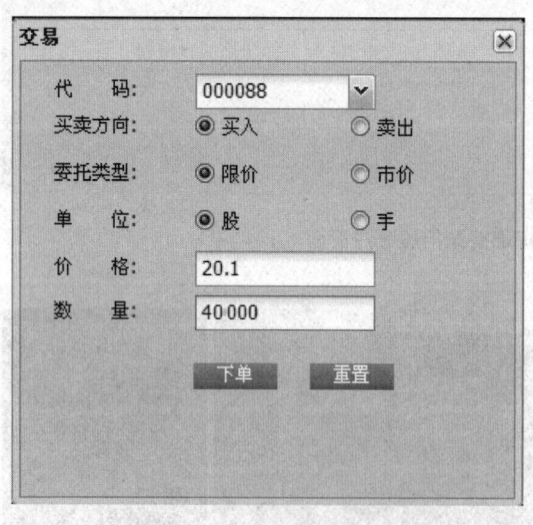

图9-1-6　交易下单页面　　　　　　　　　　图9-1-7　一档买单价格

四、学生甲操作

学生甲进入前台竞赛端系统,按照20.13元买入40 000股。根据价格优先原则,学生甲应立刻"插队"到买1前面成交,如图9-1-8所示。

连续竞价的成交方式与集合竞价有很大的区别,先以"价格优先、时间优先"来排列买卖有效委托。其中,"价格优先"如图9-1-8所示。

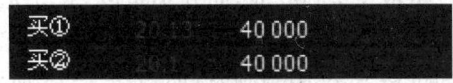

图 9-1-8　两档买单价格

（一）学生甲操作一

学生甲以 20.2 元买入 5 000 股，如图 9-1-9 所示，"图表展示"右侧显示如图 9-1-10 所示。图中显示学生甲以 20.2 元买入的 5 000 股已经成交，成交价为 20.2 元。

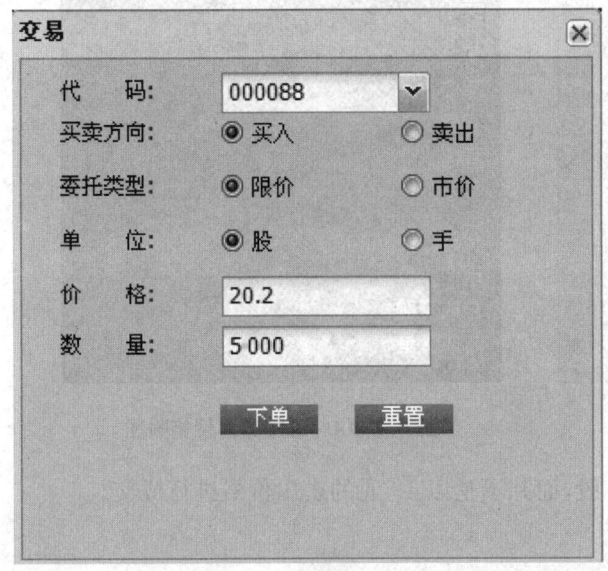

图 9-1-9　交易下单页面

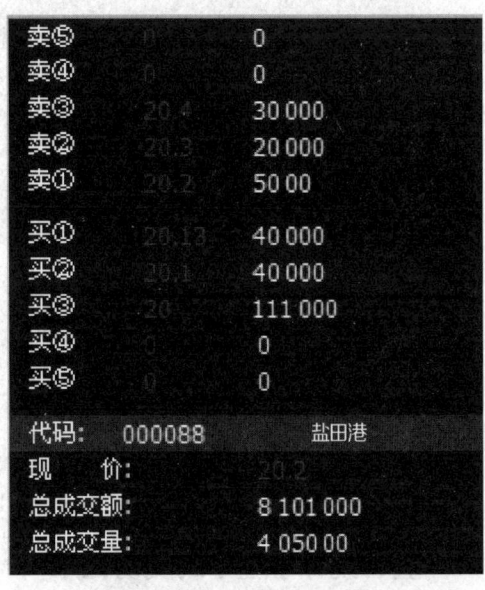

图 9-1-10　五档买卖价格截图

（二）学生甲操作二

学生甲突然以 20.5 元的价格买入 5 000 股该股票，如图 9-1-11 所示。

点击下单，下单成功。"图表展示"右侧显示如图 9-1-12 所示。

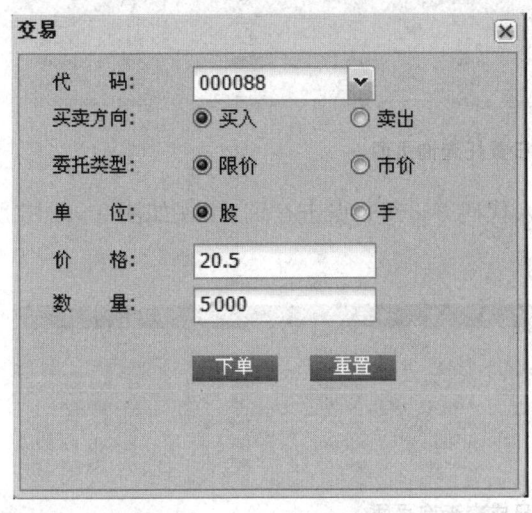

图 9-1-11　交易下单页面

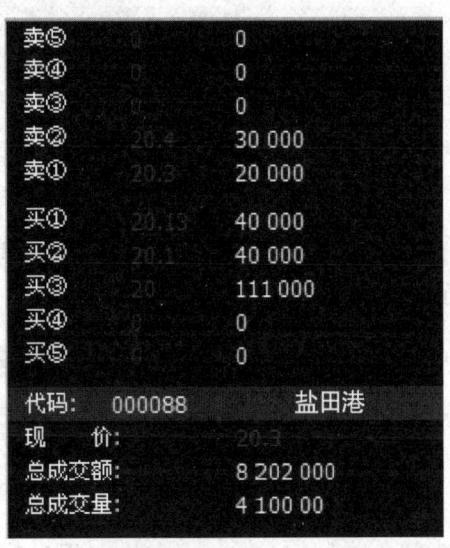

图 9-1-12　五档买卖价格截图

系统显示是以 20.2 元的价格成交 5 000 股,而并不是以 20.5 元的买入价格进行成交。

(三)学生甲操作三

学生甲转而突然以 19 元的价格卖出 10 000 股,如图 9-1-13 所示。

点击下单,下单成功。"图表展示"右侧显示如图 9-1-14 所示。

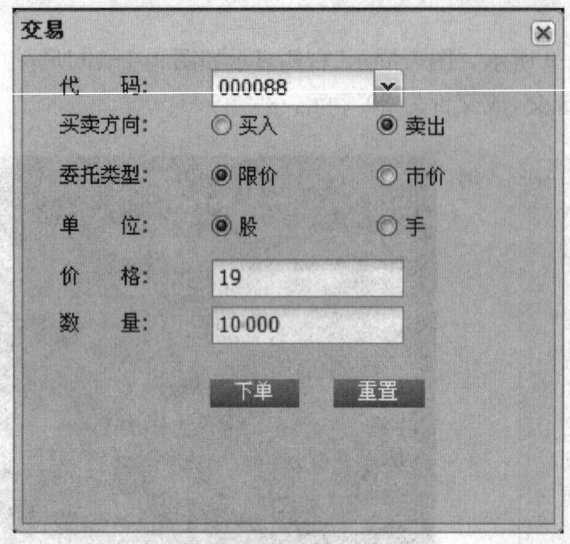

图 9-1-13 交易下单页面	图 9-1-14 五档买卖价格截图

系统显示是以 20.13 元的价格成交 10 000 股,而并不是以 19 元的卖出价格进行成交。

五、统计学生甲的交易记录

学生甲退出自己的交易账号,教师登录进入学生甲的交易账号,调出学生的交易记录。具体操作如下:

点击"账户查询"功能菜单下的"当日委托",代码检索选择"000088"可以查询学生甲当日的委托操作,具体见如图 9-1-15 所示。

代码检索: 000088   查询

代码	名称	买卖方向	撤单	委托价格	委托数量	成交量	状态	委托时间
000088	盐田港	买		20.13	40 000	10 000	部成	2013-01-21 16:38:13 513
000088	盐田港	买		20.2	5 000	5 000	已成	2013-01-21 16:55:34 467
000088	盐田港	买		20.5	5 000	5 000	已成	2013-01-21 17:18:42 983
000088	盐田港	买		19	10 000	0	已撤	2013-01-21 17:28:35 123
000088	盐田港	卖		19	10 000	10 000	已成	2013-01-21 17:30:26 233

图 9-1-15 当日委托查询页面

点击"当日成交",教师在代码检索框里面输入代码 000088,点击查询,出现如图 9-1-16 所示页面。

当日成交查询

代码检索: 000088   查询

代码	名称	买卖	成交量	成交价	成交金额	交易费	成交类型	成交时间
000088	盐田港	买	5 000	20.2	101000.000	303 000	成交	2013-01-21 16:55:39 093
000088	盐田港	买	5 000	20.2	101000.000	303 000	成交	2013-01-21 17:18:49 217
000088	盐田港	买	10 000	0	0.000	0.000	撤单(外部)	2013-01-21 17:29:19 920
000088	盐田港	买	10 000	20.13	201 300.000	603 900	成交	2013-01-21 17:30:29 217
000088	盐田港	卖	10 000	20.13	201300.000	805 200	成交	2013-01-21 17:30:29 233

图 9-1-16 当日成交查询页面

学生甲操作一、操作二、操作三统计如表 9-1-1 所示。

表 9-1-1　学生甲操作记录

具体操作	买卖方向	买卖价格	数量	卖一	卖二	卖三	买一	买二	买三
操作一	买入	20.2	5 000	20.2	20.3	20.4			
操作二	买入	20.5	5 000	20.2	20.3	20.4	20.13	20.1	20
操作三	卖出	19	10 000	20.3	20.4		20.13	20.1	20

学生甲操作成交价具体统计如表 9-1-2 所示。

表 9-1-2　学生甲成交记录

具体操作	买卖方向	买卖价格	成交价格	成交量
操作一	买入	20.2	20.2	5 000
操作二	买入	20.5	20.2	5 000
操作三	卖出	19	20.13	10 000

操作一中,学生甲以 20.2 元买入 5 000 股,成交价为 20.2 元。

六、连续竞价下单结果观察

研究分析:根据连续竞价成交价确定原则一:最高买入申报价格与最低卖出申报价格相同,以该价格为成交价格。

操作二中,学生甲突然以 20.5 元的价格买入 5 000 股该股票,系统显示是以 20.2 元的价格成交 5 000 股,而并不是以 20.5 元的买入价格进行成交。

研究分析二:买入申报价格高于即时揭示的最低卖出申报价格的,以即时揭示的最低卖出申报价格为成交价格(在体现了"不高于买价,不低于卖价"的同时也体现了"时间优先"原则)

操作三中,学生甲转而突然以 19 元的价格卖出 10 000 股,系统显示是以 20.13 元的价格成交 10 000 股,而并不是以 19 元的卖出价格进行成交。

研究分析三:卖出申报价格低于即时揭示的最高买入申报价格的,以即时揭示的最高买入申报价格为成交价格(在体现了"不高于买价,不低于卖价"的同时也体现了"时间优先"原则)。

实验报告

(一)连续竞价交易学生操作统计

表 9-1-3　连续竞价学生操作记录

具体操作	买卖方向	买卖价格	数量	卖一	卖二	卖三	买一	买二	买三
操作一									
操作二									
操作三									

表 9-1-4　连续竞价学生成交记录

具体操作	买卖方向	买卖价格	成交价格	成交量
操作一				
操作二				
操作三				

（二）撰写连续竞价研究分析报告。

实 验 报 告

班级名称：　　　　　　　课程名称：

学生姓名：　　　　　　　学　　号：

实验地点：　　　　　　　实验日期：

实验目的	
实验工具	
实验原理	
实验过程	
实验结果	
实验结论	
实验资料	
实验评语	指导老师： 时　　间：
参与学生签字	

项目 十 股票交易量实验

【实训目的】

了解并掌握股票常见成交量类型及股票的量价关系规律。

【实训要求】

(1) 对实训目的认真掌握,严格按照实训操作方法对实训内容进行操作。

(2) 认真写出实训报告,并总结存在的问题。

【实训设计】

以《证券投资理论与实务》教材内容为理论体系,以虚拟交易为技术手段;以掌握股票交易量价关系规律为目的,最终具有将理论应用于现实交易过程的能力。

【实训内容】

一、熟悉股票成交量类型及量价关系规律

市场就是各方力量相互作用的结果。虽然说成交量比较容易做假,控盘主力常常利用广大散户对技术分析的一知半解而在各种指标上作文章,但是成交量仍是最客观的要素之一。市场分歧促成成交。所谓成交,当然是有买有卖才会达成,光有买或光有卖绝对达不成成交。成交必然是一部分人看空后市,另外一部分人看多后市,造成巨大的分歧,又各取所需,才会成交。

(一) 常见的成交类型

(1) 缩量。缩量是指市场成交极为清淡,大部分人对市场后期走势认同,意见一致,这里面又分两种情况:一是市场人士都看淡后市,造成只有人卖,却没有人买,所以急剧缩量;二是,市场人士都对后市看好,只有人买,却没有人卖,所以又急剧缩量。缩量一般发生在趋势的中期,大家都对后市走势认同,下跌缩量,碰到这种情况,就应该坚决出局,等量缩到一定程度。

(2) 放量。放量一般发生在市场趋势发生转折的转折点处,市场各方力量对后市分歧逐渐加大,在一部分人坚决看空后市时,另一部分人却对后市坚决看好,一些人纷纷把股票甩出,另一部分人却在大手笔吸纳。放量相对于缩量来说,有很大的虚假成分,控盘主力利用手中的筹码大手笔对敲放出天量,是非常简单的事。只要分析透了主力的用意,也就可以将计就计。

(3) 堆量。当主力意欲拉升时,常把成交量做得非常漂亮,几日或几周以来,成交量缓慢放大,股价慢慢推高,成交量在近期的K线图上,形成了一个状似土堆的形态,堆得越漂亮,就越可能产生大行情。相反,在高位的堆量表明主力已不想玩了,在大举出货。

(4) 量不规则性放大缩小。这种情况一般是没有突发利好或大盘基本稳定的前提下,妖庄所为,风平浪静时突然放出历史巨量,随后又没了后音,一般是实力不强的庄家在吸引市场关注,以便出货。

（二）市场成交量与价格的关系

（1）确认当前价格运行趋势。市场上行或下探,其趋势可以用较大的成交量或日益增加的成交量进行确认。逆趋势而行可以用成交量日益缩减或清淡成交量进行确认。

（2）趋势呈现弱势的警告。如果市场成交量一直保持锐减,则警告目前趋势正开始弱化。尤其是市场在清淡成交量情况下创新高或创新低,以上判断的准确性更高。在清淡成交量情况下创新高或新低应该值得怀疑。

（3）区间突破的确认方法。市场失去运行趋势时即处于区间波动,创新高或新低即实现对区间的突破将伴随成交量的急剧增加。价格得到突破但缺乏成交量的配合预示市场尚未真正改变当前运行区间,所以应多加谨慎。

（4）可以从成交量变化分析某股票对市场的吸引程度。成交量越大,说明越有吸引力,以后的价格波动幅度可能会越大。可以从成交量变化分析某股票的价格压力和支撑区域。在一个价格区域,如果成交量很大,说明该区域有很大的压力或支撑,趋势将在这里产生停顿或反转。可以观察价格走出成交密集区域的方向。当价格走出成交密集区,说明多空分歧得到了暂时的统一,如果是向上走,那价格倾向于上升;若向下走,则价格倾向于下跌。可以观察成交量在不同价格区域的相对值大小,来判断趋势的健康性或持续性。随着某股票价格的上升,成交量应呈现阶梯性减弱,一般来说,股票相应的价格越高,感兴趣或敢于参与的人就相应越少。

二、分配账号及设置规则

实验由 1 位教师和 40 名学生参与,分配给 40 名学生前台竞赛端账号,分别为 jinr01～jinr40,老师暗中安排使用账号 jinr01 的学生为主力,任务就是对盐田港股票大量买入或者卖出(买卖方向由使用该交易账号的学生自己决定),对山东石油股票部分的买入或者卖出(买卖方向由使用该交易账号的学生自己决定),对能源公司的股票小部分买入或者卖出(买卖方向由使用该交易账号的学生自己决定),其他分配到散户的同学自己随意交易。40 位同学的操作是相互独立的,亦就是40 位同学在操作过程中彼此之间是不进行交流的。

教师以前台管理员的身份对 jinr01 账号进行设置,首先教师为 jinr01 账号追加 30 亿元资金,如图 10-1-1 所示。同时,从银行账户转入 30 亿元现金进入证券账户。

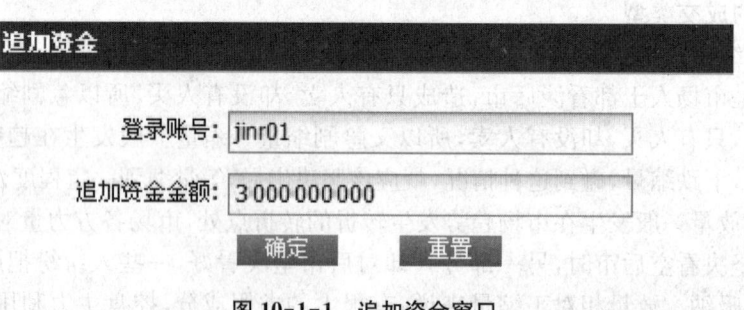

图 10-1-1　追加资金窗口

在组织学生进行实验前,教师登录进入 jinr01 交易账号,以 18.8 元买入 10 000 000 股盐田港股票,如图 10-1-2 所示;以 14.8 元买入 100 000 股山东石油股票,如图 10-1-3 所示;以 20.5 元买入 10 000 股能源公司股票,如图 10-1-4 所示。

在实验开始前一天,教师对 jinr02～jinr40 前台竞赛端账号进行设置,从银行账户转入 500 万元资金进入证券账户,以 18.8 元买入 10 万股盐田港股票,如图 10-1-5 所示;以 14.8 元买入 10 万股山东石油股票,如图 10-1-6 所示;以 20.5 元买入 10 万股能源公司股票,如图 10-1-7 所示。

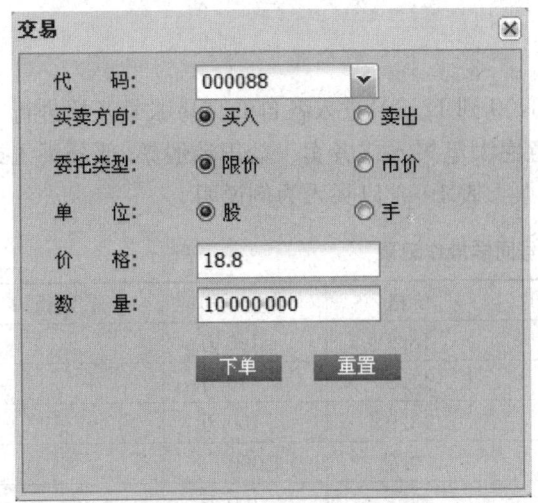

图 10-1-2　交易下单窗口

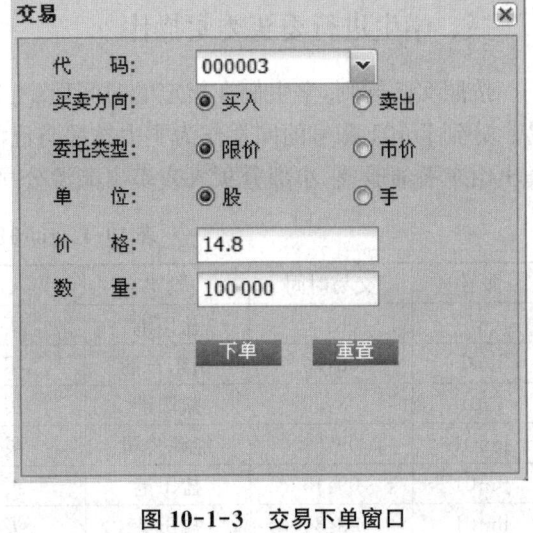

图 10-1-3　交易下单窗口

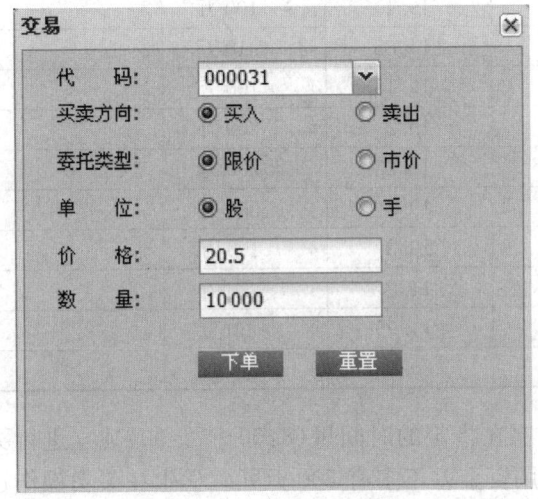

图 10-1-4　交易下单窗口

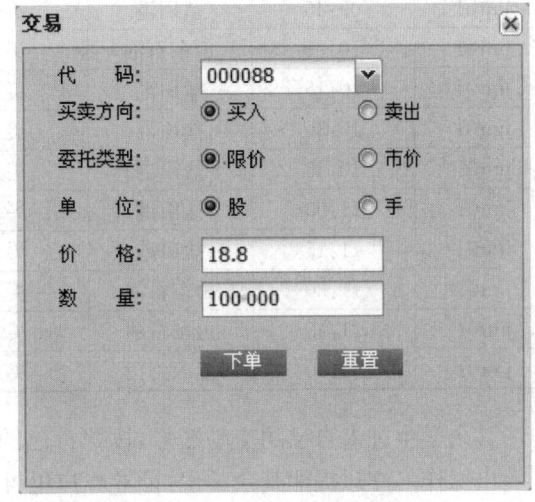

图 10-1-5　交易下单窗口

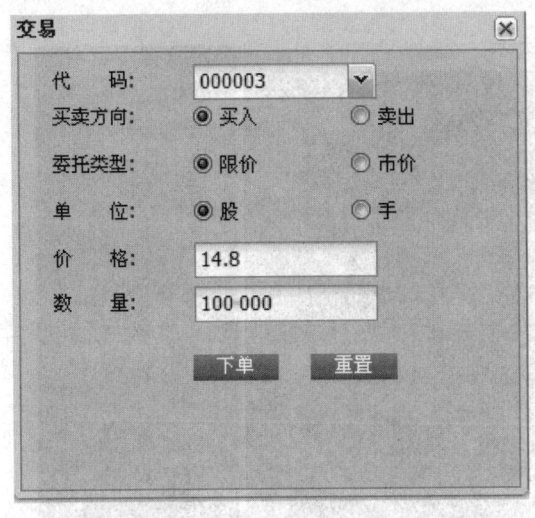

图 10-1-6　交易下单窗口

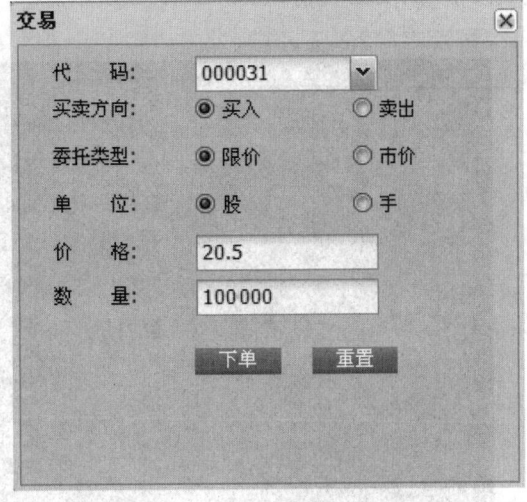

图 10-1-7　交易下单窗口

三、学生进行委买委卖操作

按照实验规则,学生们在指定的时间里(上午 8:00 到 12:00)进入各自的交易账号开始进行交易。分到 jinr01 账号的同学作为主力按照自己的意愿大笔买入或者卖出盐田港股票,部分买入或卖出山东石油股票,小部分买入或卖出能源公司股票。表 10-1 以买入为例说明。

表 10-1　jinr01 账号同学操作记录

账号	交易时间	股票	买入/卖出	价格	数量(股)	成交量
jinr01	08:00	盐田港	买入	18.9	100 万	
jir01	08:15	山东石油	买入	14.8	10 万	
jir01	08:30	盐田港	买入	18.9	100 万	
jinr01	09:00	能源公司	买入	20.6	1 000	
jinr01	09:15	盐田港	买入	19	100 万	
jinr01	09:30	盐田港	买入	19.05	100 万	
jinr01	09:45	盐田港	买入	19.1	100 万	
jinr01	10:00	山东石油	买入	14.85	10 万	
jinr01	10:15	盐田港	买入	19.15	100 万	
jinr01	10:30	盐田港	买入	19.2	200 万	
jinr01	10:45	盐田港	买入	19.25	200 万	
jinr01	11:00	盐田港	买入	19.3	300 万	
jinr01	11:15	盐田港	买入	19.3	100 万	
jinr01	11:30	山东石油	买入	14.9	20 万	
jinr01	11:45	山东石油	买入	14.95	30 万	
jinr01	12:00	能源公司	买入	20.65	2 000	

其余学生进入自己的交易账号,按照自己的意愿在指定的时间里(8:00～12:00)独立进行买入卖出操作。注意提醒其余学生,证券账户里可调用资金差不多有 200 万元。学生在买卖操作过程中可以随时查看"行情资讯"功能菜单的"图表展示"账户,查询"盐田港""山东石油"以及"能源公司"的实时交易行情,如图 10-1-8 所示。

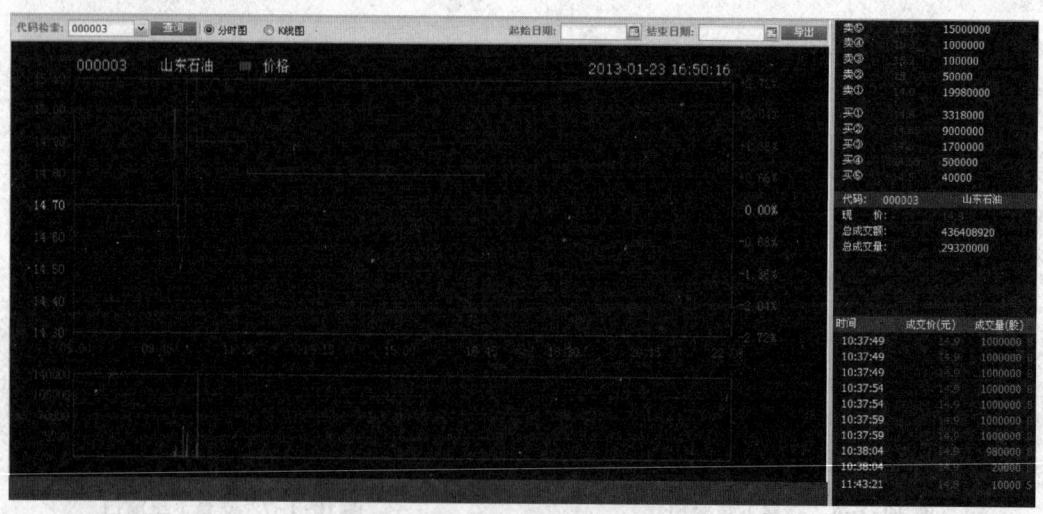

图 10-1-8　山东石油图表展示行情

四、查看投资效果

实验结束后，学生可以查看自己的投资效果。点击“个人资讯”功能菜单下的“排行榜”，出现如图 10-1-9 页面。从页面中，学生就可以大致了解自己的投资效果。

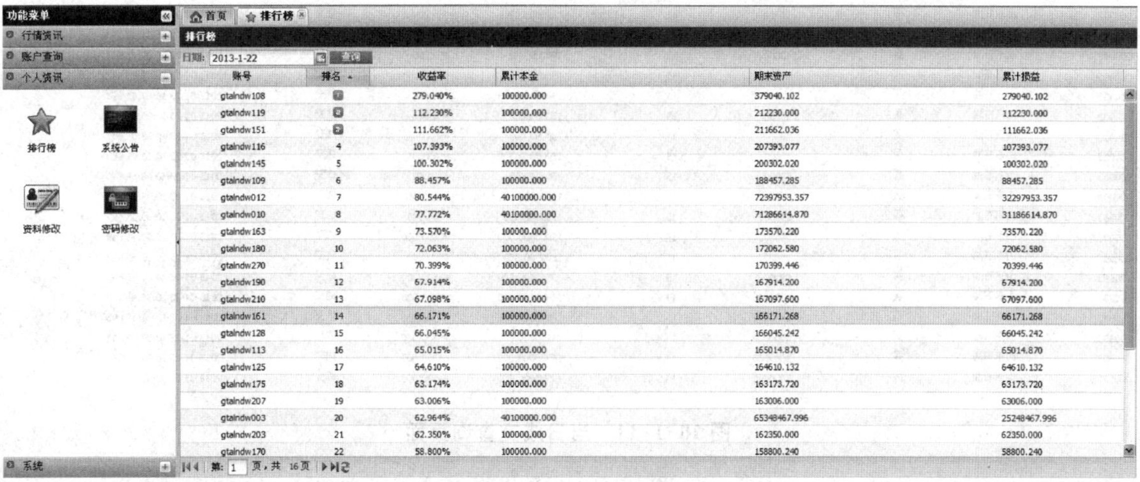

账号	排名	收益率	累计本金	期末资产	累计损益
gtalndw108		279.040%	100000.000	379040.102	279040.102
gtalndw119		112.230%	100000.000	212230.000	112230.000
gtalndw151		111.662%	100000.000	211662.036	111662.036
gtalndw116	4	107.393%	100000.000	207393.077	107393.077
gtalndw145	5	100.302%	100000.000	200302.020	100302.020
gtalndw109	6	88.457%	100000.000	188457.285	88457.285
gtalndw012	7	80.544%	40100000.000	72397953.357	32297953.357
gtalndw010	8	77.772%	40100000.000	71286614.870	31186614.870
gtalndw163	9	73.570%	100000.000	173570.220	73570.220
gtalndw180	10	72.063%	100000.000	172062.580	72062.580
gtalndw270	11	70.399%	100000.000	170399.446	70399.446
gtalndw190	12	67.914%	100000.000	167914.200	67914.200
gtalndw210	13	67.098%	100000.000	167097.600	67097.600
gtalndw161	14	66.171%	100000.000	166171.268	66171.268
gtalndw128	15	66.045%	100000.000	166045.242	66045.242
gtalndw113	16	65.015%	100000.000	165014.870	65014.870
gtalndw125	17	64.610%	100000.000	164610.132	64610.132
gtalndw175	18	63.174%	100000.000	163173.720	63173.720
gtalndw207	19	63.006%	100000.000	163006.000	63006.000
gtalndw003	20	62.964%	40100000.000	65348467.996	25248467.996
gtalndw203	21	62.350%	100000.000	162350.000	62350.000
gtalndw170	22	58.800%	100000.000	158800.240	58800.240

图 10-1-9　排行榜页面

五、查看散户学生的交易记录

实验结束以后，教师分别进入散户学生的交易账号，查看学生的交易记录，并对学生的交易记录做统计。具体操作如下：教师登录进入散户学生前台竞赛端账号以后，点击“账户查询”功能菜单下的“当日委托”，在代码检索框里面选择代码，点击查询，例如选择 000003 点击查询出现如下页面，如图 10-1-10 所示。

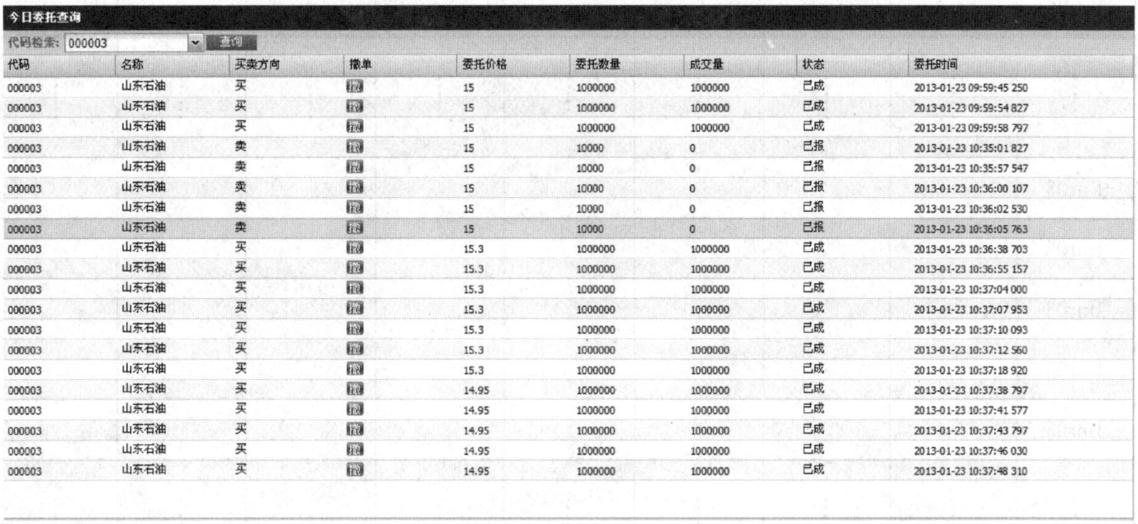

代码	名称	买卖方向	撤单	委托价格	委托数量	成交量	状态	委托时间
000003	山东石油	买	撤	15	1000000	1000000	已成	2013-01-23 09:59:45 250
000003	山东石油	买	撤	15	1000000	1000000	已成	2013-01-23 09:59:54 827
000003	山东石油	买	撤	15	1000000	1000000	已成	2013-01-23 09:59:58 797
000003	山东石油	卖	撤	15	10000	0	已报	2013-01-23 10:35:01 827
000003	山东石油	卖	撤	15	10000	0	已报	2013-01-23 10:35:57 547
000003	山东石油	卖	撤	15	10000	0	已报	2013-01-23 10:36:00 107
000003	山东石油	卖	撤	15	10000	0	已报	2013-01-23 10:36:02 530
000003	山东石油	卖	撤	15	10000	0	已报	2013-01-23 10:36:05 763
000003	山东石油	买	撤	15.3	1000000	1000000	已成	2013-01-23 10:36:38 703
000003	山东石油	买	撤	15.3	1000000	1000000	已成	2013-01-23 10:36:55 157
000003	山东石油	买	撤	15.3	1000000	1000000	已成	2013-01-23 10:37:04 000
000003	山东石油	买	撤	15.3	1000000	1000000	已成	2013-01-23 10:37:07 953
000003	山东石油	买	撤	15.3	1000000	1000000	已成	2013-01-23 10:37:10 093
000003	山东石油	买	撤	15.3	1000000	1000000	已成	2013-01-23 10:37:12 560
000003	山东石油	买	撤	15.3	1000000	1000000	已成	2013-01-23 10:37:18 920
000003	山东石油	买	撤	14.95	1000000	1000000	已成	2013-01-23 10:37:38 797
000003	山东石油	买	撤	14.95	1000000	1000000	已成	2013-01-23 10:37:41 577
000003	山东石油	买	撤	14.95	1000000	1000000	已成	2013-01-23 10:37:43 797
000003	山东石油	买	撤	14.95	1000000	1000000	已成	2013-01-23 10:37:46 030
000003	山东石油	买	撤	14.95	1000000	1000000	已成	2013-01-23 10:37:48 310

图 10-1-10　今日委托查询页面

另外,教师点击"账户查询"功能菜单下的"当日成交",在代码检索框里面选择代码,点击查询,例如选择 000003,点击查询,出现如图 10-1-11 页面。

代码	名称	买卖	成交量	成交价	成交金额	交易费	成交类型	成交时间
000003	山东石油	买	10000	15	150000.000	450.000	成交	2013-01-23 10:06:48 657
000003	山东石油	买	10000	15	150000.000	450.000	成交	2013-01-23 10:07:14 123
000003	山东石油	买	10000	15	150000.000	450.000	成交	2013-01-23 10:07:23 593
000003	山东石油	买	10000	15	150000.000	450.000	成交	2013-01-23 10:07:23 607
000003	山东石油	买	10000	15	150000.000	450.000	成交	2013-01-23 10:07:28 593
000003	山东石油	买	10000	15	150000.000	450.000	成交	2013-01-23 10:07:53 593
000003	山东石油	买	10000	15	150000.000	450.000	成交	2013-01-23 10:08:03 593
000003	山东石油	买	10000	15	150000.000	450.000	成交	2013-01-23 10:08:03 607
000003	山东石油	买	10000	15	150000.000	450.000	成交	2013-01-23 10:08:59 953
000003	山东石油	买	10000	15	150000.000	450.000	成交	2013-01-23 10:08:59 343
000003	山东石油	买	900000	15	13500000.000	40500.000	成交	2013-01-23 10:09:03 593
000003	山东石油	买	100000	15	1500000.000	4500.000	成交	2013-01-23 10:09:03 623
000003	山东石油	买	900000	15	13500000.000	40500.000	成交	2013-01-23 10:09:43 810
000003	山东石油	买	100000	15	1500000.000	4500.000	成交	2013-01-23 10:09:43 827
000003	山东石油	买	900000	15	13500000.000	40500.000	成交	2013-01-23 10:09:43 843
000003	山东石油	买	1000000	14.9	14900000.000	44700.000	成交	2013-01-23 10:36:44 140
000003	山东石油	买	1000000	14.9	14900000.000	44700.000	成交	2013-01-23 10:36:59 093
000003	山东石油	买	1000000	14.9	14900000.000	44700.000	成交	2013-01-23 10:37:09 513
000003	山东石油	买	1000000	14.9	14900000.000	44700.000	成交	2013-01-23 10:37:14 093
000003	山东石油	买	1000000	14.9	14900000.000	44700.000	成交	2013-01-23 10:37:14 170

图 10-1-11　当日成交查询页面

教师参照"当日委托"和"当日成交"页面内容,统计散户学生交易信息,填写表 10-2。

表 10-2　散户学生交易信息记录

账号	委托时间	股票名称	买卖方向	委托价格	委托数量	成交量	成交价	成交时间
Jinr02								
Jinr02								
Jinr02								
Jinr02								
⋮	⋮	⋮	⋮	⋮	⋮	⋮	⋮	⋮
Jinr03								
Jinr03								
Jinr03								
Jinr03								
Jinr03								
⋮	⋮	⋮	⋮	⋮	⋮	⋮	⋮	⋮

账号	委托时间	股票名称	买卖方向	委托价格	委托数量	成交量	成交价	成交时间
Jinr04								
Jinr04								
Jinr04								
⋮	⋮	⋮	⋮	⋮	⋮	⋮	⋮	⋮
Jinr05								
Jinr05								
Jinr05								
⋮	⋮	⋮	⋮	⋮	⋮	⋮	⋮	⋮

六、判断成交类型

常见的成交类型有缩量、放量、增量和量不规则性放大缩小(参见理论要点内容)。教师进入前台管理端,点击"系统设置"功能菜单下"登录控股账户",进入如图 10-1-12 页面。

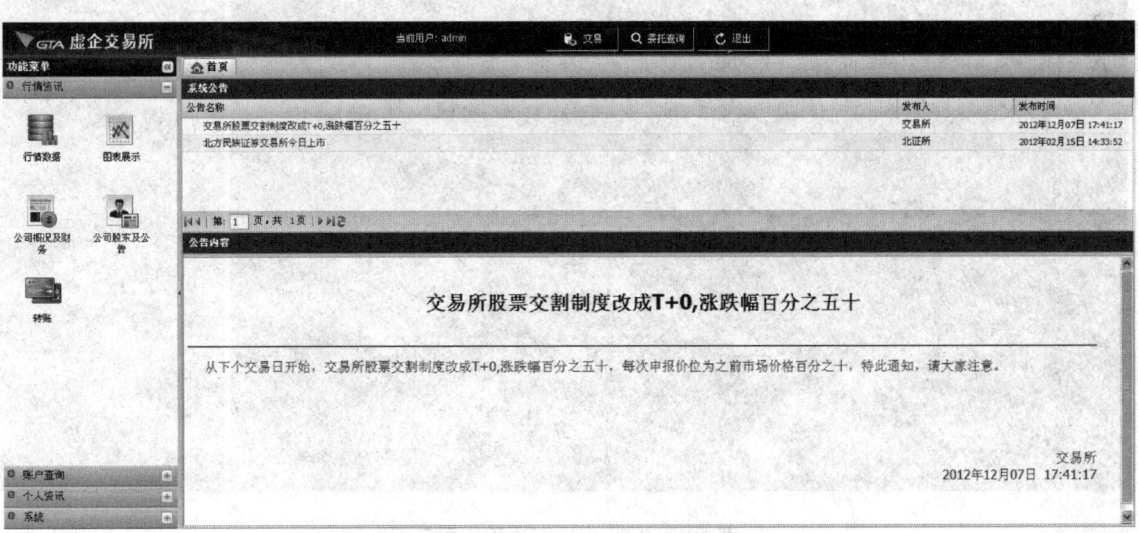

图 10-1-12　登录控股账户页面

点击"行情资讯"功能菜单下"图表展示",在代码检索框里面输入代码,点击查询,例如选择000003,点击查询,出现如图 10-1-13 页面。

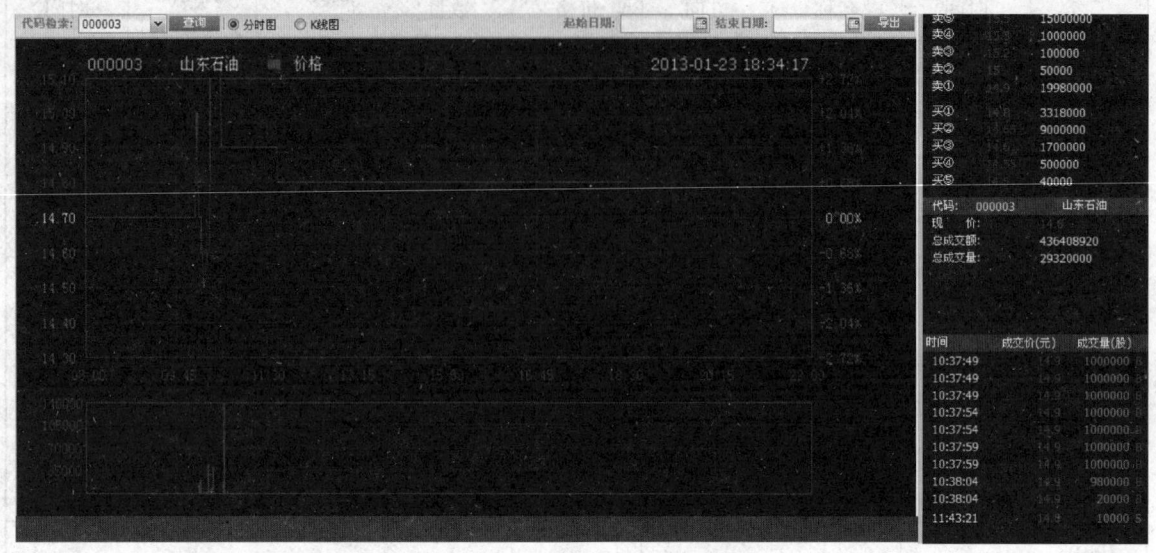

图 10-1-13　000003 图表展示页面

教师带领同学对页面下方的成交量柱状图进行分析,判断实验当中"盐田港""山东石油""能源公司"属于哪种成交类型。

七、价量关系观察

教师按照前述的操作步骤,查询"盐田港""山东石油"和"能源公司"的图表展示,出现图 10-1-14、图 10-1-15 和图 10-1-16。

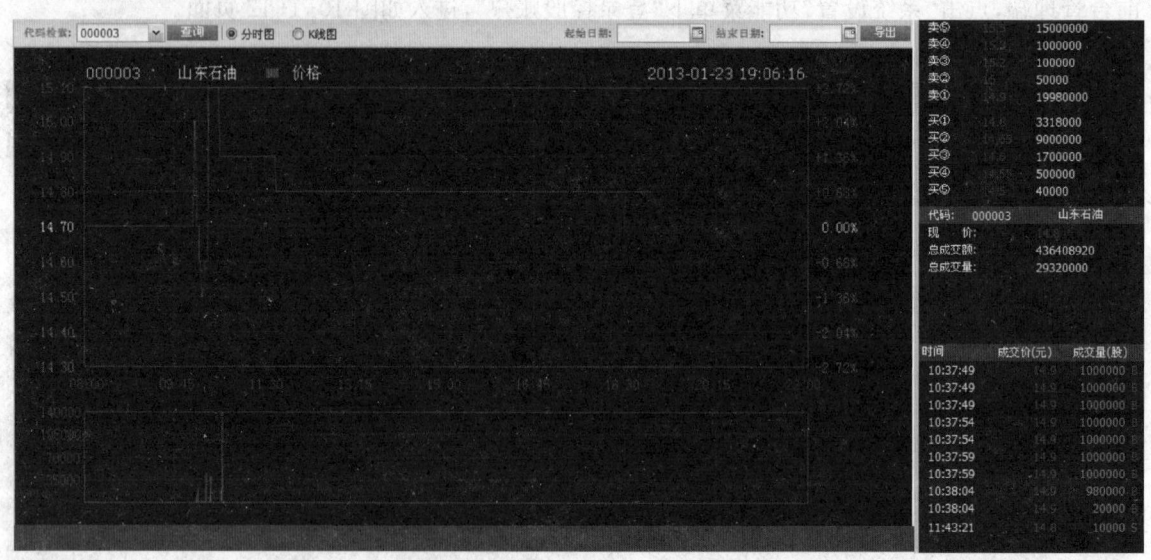

图 10-1-14　山东石油图表展示图

教师根据以上三幅图,带领学生研究成交量与成交价之间的关系。

图 10-1-15　能源公司图表展示页面

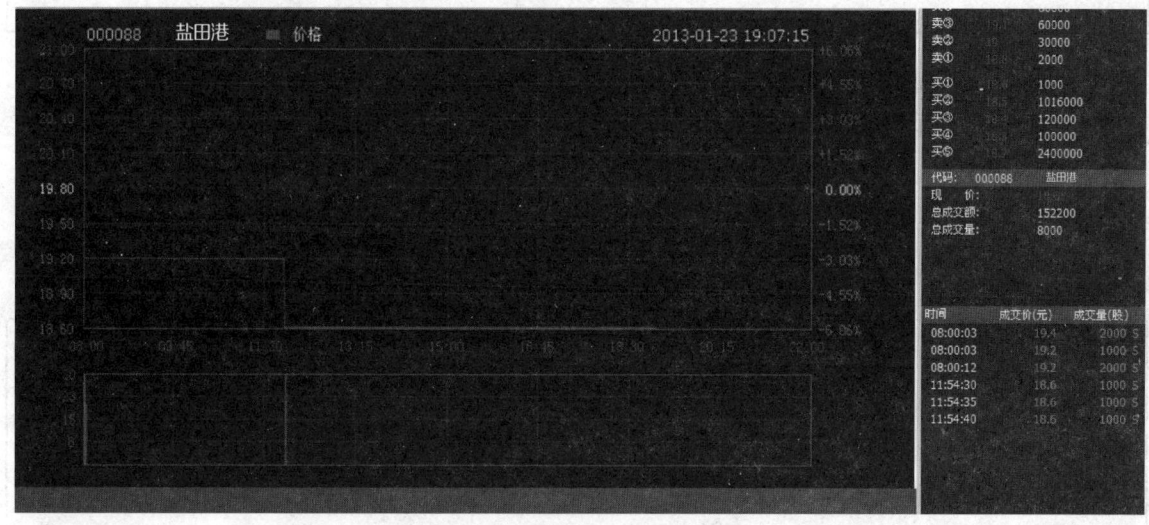

图 10-1-16　盐田港图表展示页面

实验报告

（1）统计散户学生交易信息。

如表 10-3 所示。

表 10-3　散户学生交易信息记录

账号	委托时间	股票名称	买卖方向	委托价格	委托数量	成交量	成交价	成交时间
Jinr02								
Jinr02								
Jinr02								

账号	委托时间	股票名称	买卖方向	委托价格	委托数量	成交量	成交价	成交时间
Jinr02								
⋮	⋮	⋮	⋮	⋮	⋮	⋮	⋮	⋮
Jinr03								
Jinr03								
Jinr03								
Jinr03								
Jinr03								
⋮	⋮	⋮	⋮	⋮	⋮	⋮	⋮	⋮

（2）撰写实验成交类型报告。

（3）撰写实验成交量与成交价之间关系报告。

实 验 报 告

班级名称： 　　　　　课程名称：

学生姓名： 　　　　　学　　号：

实验地点： 　　　　　实验日期：

实验目的	
实验工具	
实验原理	
实验过程	

实验结果	
实验结论	
实验资料	
实验评语	指导老师：_____ 时　间：
参与学生签字	

项目 十一　宏观经济分析

【实训目的】

(1) 掌握宏观经济指标的选择、数据查询和分析方法。
(2) 掌握宏观经济调控政策的数据查询和分析方法。
(3) 掌握股票市场供求关系的分析方法。
(4) 了解如何利用交易软件的宏观经济信息。
(5) 熟悉宏观经济指标、政策对证券市场的影响。

【实训要求】

(1) 对实训目的认真掌握,严格按照实训操作方法对实训内容进行操作。
(2) 认真写出实训报告,并总结存在的问题。
(3) 对比投资银行的分析报告,比较自己进行宏观分析的差距。

【实训设计】

以《证券投资理论与实务》教材内容为理论体系,以总量分析、结构分析和指标分析等宏观分析方法为技术手段;以趋势投资分析理念为主线,以寻找适当的进入股市时机为目的,对我国及世界其他主要经济体进行宏观分析,最终具有将理论应用于现实分析过程的能力。

【实训内容】

宏观经济分析的范围相对较为宽广,要求的数据比较综合和全面,因此有一些资料比较难以获得。我们利用金融实时资讯分析平台——市场通(MP),获取影响中国宏观经济的主要数据,并对中国宏观经济的一些具体经济指标或数据进行查询分析,从而对中国宏观经济有一个初步的概括和了解。

在证券投资中,宏观经济分析是一个重要环节,只有把握住宏观经济发展的大方向,才能把握证券市场的总体变动趋势,作出正确的投资决策;只有密切关注宏观经济因素的变化,尤其是货币政策和财政政策的变化,才能抓住证券投资的市场时机。

宏观经济分析有利于投资者把握证券市场的总体变动趋势,判断整个证券市场的投资价值,掌握宏观经济政策对证券市场的影响力度与方向,了解转型背景下宏观经济对股市的影响,了解中国股市表现和宏观经济相背离的原因。

评价宏观经济形势的指标有国民经济总体指标、投资指标、消费指标、金融指标和财政指标。宏观经济分析包括经济运行分析、政策分析以及国际金融环境分析。股票市场的供求关系是从供给方、需求方、供给的决定因素与特点、需求的决定因素与特点以及基本制度变革等四个方面来进行分析。

宏观经济分析,对于相关经济指标数据的研究与分析是一个十分关键的问题。

任务一　宏观经济形势指标观察分析

所有企业都在宏观经济这个大环境中运行,宏观经济是决定投资业绩的重要因素。企业经营形势和股价会随着宏观指数的变化而变化。宏观指数向好,股价总体上涨。因此,要预测宏观经济的市场表现,首先就看全球主要指数。

一、主要指数分析

在国内财经媒体中发布的信息和广大股民谈论之中,我们常常可以看到或者听到大盘指数这个词。如在金融海啸爆发前,上证指数曾经达到 6 000 点,而在金融海啸爆发后,股市崩溃,上证指数一路狂跌到 1 600 多点,随之变化的股价和成交量也大幅下降。可知,指数行情是证券市场的重要衡量指标之一。

1. 大盘指数主要报价

市场通(MP)提供了全球的综合指数实时行情,下面我们一起来查询全球的主要大盘指数。进入方式:【综合(A)】→【市场摘要】→【1112 主要报价】,或直接输入代码 1112,回车即可进入市场主要指数即时行情报价界面。

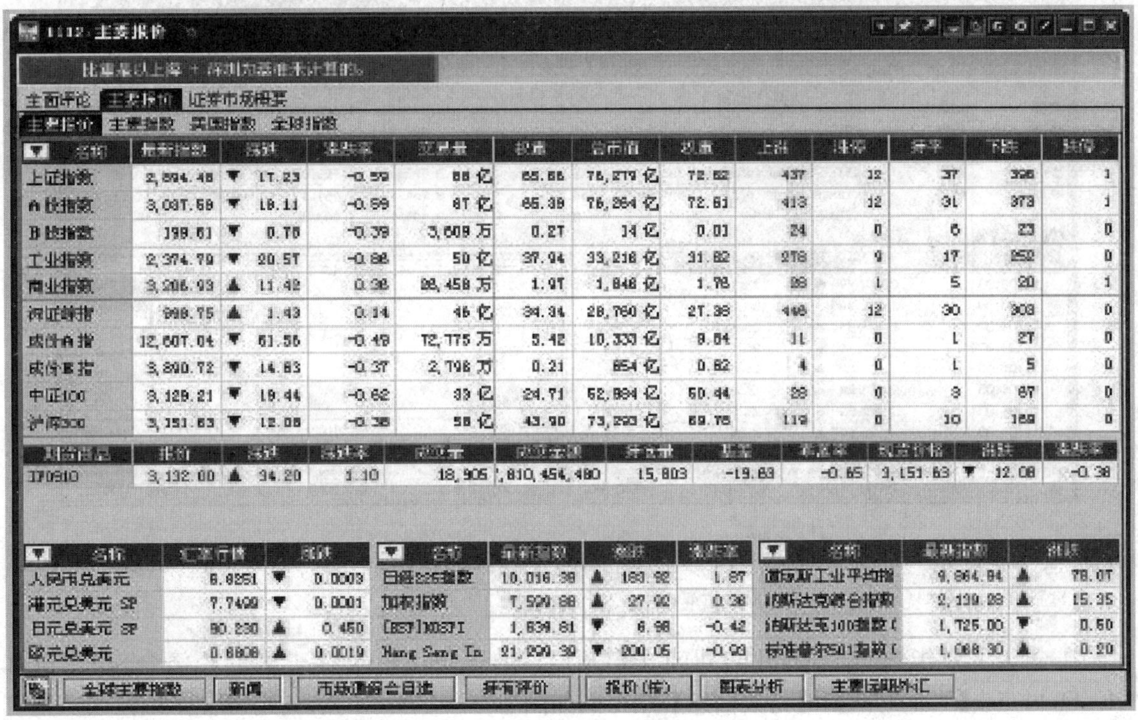

图 11-1-1　宏观指数主要报价

资料来源:市场通(MP)-1112 主要报价。

图 11-1-1 所示页面展示了中国国内证券市场的主要指数,分别有上证综指、A 股指数、B 股指数、工业指数、商业指数、深证综指、成份 A 股、成份 B 股、中证 100 以及沪深 300 等。同时,MP主要报价也对期货商品进行了报价。页面最下面的图表则展示了全球其他重要指数,分别有日经

225指数、台湾的加权指数、香港的恒生指数以及道琼斯工业平均数、纳斯达克综合指数、纳斯达克100指数和标准普尔500指数等最新报价和涨跌信息。页面的左下部分,则显示对中国经济较为重要的汇率详情,如人民币对美元查询日汇率是6.825 1,较前一交易日跌0.000 3。

图11-1-1中上证综指2 894.48点,较上一交易日收盘价跌17.23点,跌幅0.59%,交易量为68亿,权重65.66%,总市值76 279亿元,权重72.62%。上海证券交易所上市股票437只,涨停股12只,持平股37只,下跌股396只,跌停股1只。期货IF0910报价3 132.00元/手,涨34.20元。日经225指数为10 016.39点,涨183.92点。标准普尔501指数1 068.60,涨0.5%。(其中红色字体和红色向上三角形表示上涨,蓝色字体和蓝色向下三角形表示下跌。)

市场通【1112主要报价】页面还提供有主要指数、美国指数和全球指数等分类信息,如点击按钮【全球指数】,则用户可轻易获取全球包括78个指数品种的即时行情。包括指数所属国家或地区、指数名称、最新指数、涨跌情况、交易量、收盘时间和日期等。

另外,用户还可通过第二种方式查看更多的全球主要指数。进入方式:【世界(G)】→【世界市场】→【世界指数】→【7011全球主要指数】,或直接输入代码7011,回车即可进入全球主要指数报价页面。

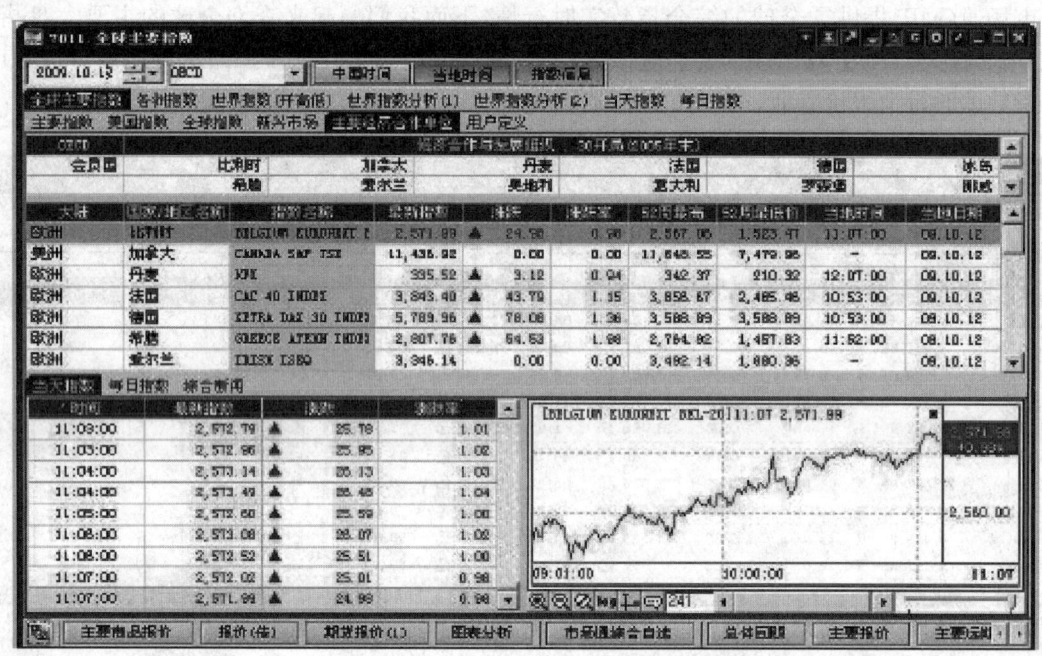

图11-1-2 宏观指数主要报价

资料来源:市场通(MP)-7011全球主要指数。

在全球主要指数页面中,用户可点击【OCED】的下拉图标选择查询的经济合作单位,如OECD,再点击【当地时间】和【指数信息】,则得到如图11-1-2展示的欧洲经济合作单位会员国列示、会员国最新指数、52周最高/低价、会员国名称及所属大陆等信息,和相应的指数趋势图。另外,MP-7011全球主要指数还支持用户查询主要指数、美国指数、全球指数、新兴市场以及用户自定义指数等强大的功能。

如图11-1-2,我们查询的是欧洲经济合作组织的各会员国指数,包括欧洲的比利时、丹麦、法国、美洲的加拿大、亚洲的日本、大洋洲的澳大利亚等来自4大洲的34个重要指数。图中我们可以看到2009年10月12日当地时间11:07:00时,比利时的BELGIUM EURONEXT BEL-20指数最新报价 2 571.99 点,较上一交易日涨 24.98 点,上涨 0.98%。52 周最高价 2 567.06 点,52 周最低价 1 523.47 点。图的左下部分显示该指数当天每分钟的报价和涨跌详情。图的右下部分则显示了比利时 BEL-20 指数当天 09:01:00 至 11:07:00 的报价走势图,走势图右边红色底色的数据则是比利时 BEL-20 指数最新报价和涨幅。

在图 11-1-2 页面左下部分点击【综合新闻】,则页面链接到来自不同券商或媒体发布的最新新闻资讯。市场通提供的新闻来源范围广、资讯全面、时效性强,是广大用户了解世界的好帮手。

2. 主要指数全面评论

获取的信息需要加工之后才能发挥其效用,帮助用户判断宏观经济发展趋势。在图 11-1-1 所示页面顶部点击【全面评论】,或直接输入代码 1111 回车,即进入图 11-1-3 所示界面。

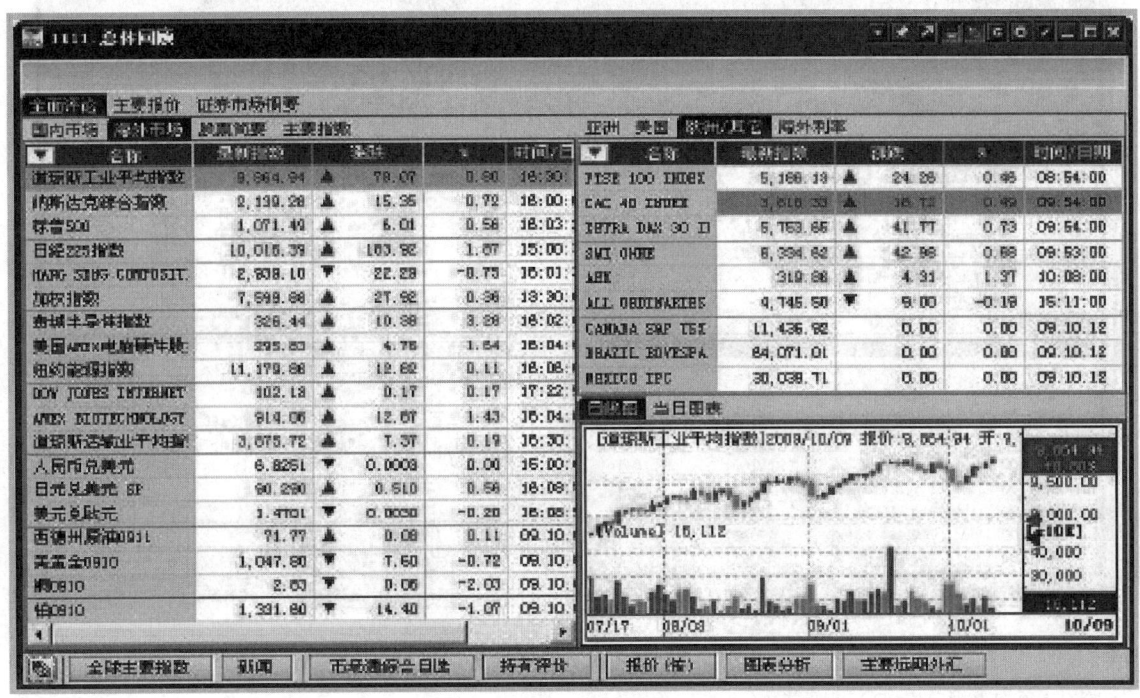

图 11-1-3 宏观数据全面评论

资料来源:市场通(MP)-1111 全面评论。

这里我们可以查看国内市场、国外市场、股票简要和主要指数行情。页面的右上部分则根据不同的分类标准提供了亚洲、美国、欧洲和其他以及海外利率等最新报价。两种分类方式为用户查询和利用提供了便利。页面右下部分则提供了指数分析的技术支持。选中任意一个指数,页面右下图即展示该指数的日 K 线。如图 11-1-3 所示的海外市场中的道琼斯工业平均指数日线图,红色表示上涨,绿色表示下跌。由图我们可以直观地看到从 2009 年 7 月 17 日到 10 月 9 日期间,道琼斯工业平均指数总体趋势上升,期间稍有下跌,但大盘向好不变,在 10 月 9 日达到 9 864.94 点,较前一交易日涨 0.8%。日线图底部的柱状表图则展示了期间的交易量情况,最高日交易量超过了 40 000 万元。

另外,用户还可以点击【当日图表】,查看该指数的当日价量走势图。当日价量走势图的特点是:曲线虽有上延下伸,但颜色只有一种,即只可能是红色或者绿色,而不可能有两种颜色共存。因为当日价量走势反映的是当日连贯的价格走势,与日线图整合每日涨跌详情不同。但其他信息分析与日线图相同,故此不再复述。

对于指数分析,我们也可以在世界指数分析(2)中得到直观图表。从图 11-1-2 的全球主要指数页面顶部选择【世界指数分析(2)】,或者直接输入代码 7015,回车即可进入如图 11-1-4 所示页面。

图 11-1-4 展示了亚洲、北美和欧洲以及其他大陆板块的主要指数报价详情,并提供了一周前报价、一月前报价、3 月前报价、6 月前报价和 1 年前报价,为用户进行不定期指数走势对比提供了极大的便利。如美国道琼斯工业平均指数,最新报价 9 864.94 点,较上一个交易日涨 0.8%,一周前指数报价 9 487.67 点,1 个月前报价为 9 547.22 点,3 个月前指数报价 8 183.37 点,6 个月前报价为 8 093.38,1 年前报价 8 579.19 点。我们可以从这一系列数据中看出,2008 年 10 月 10 日到 2009 年 4 月 10 日这 6 个月大盘指数跌 500 点,但最近 6 个月来,指数却不断上涨。

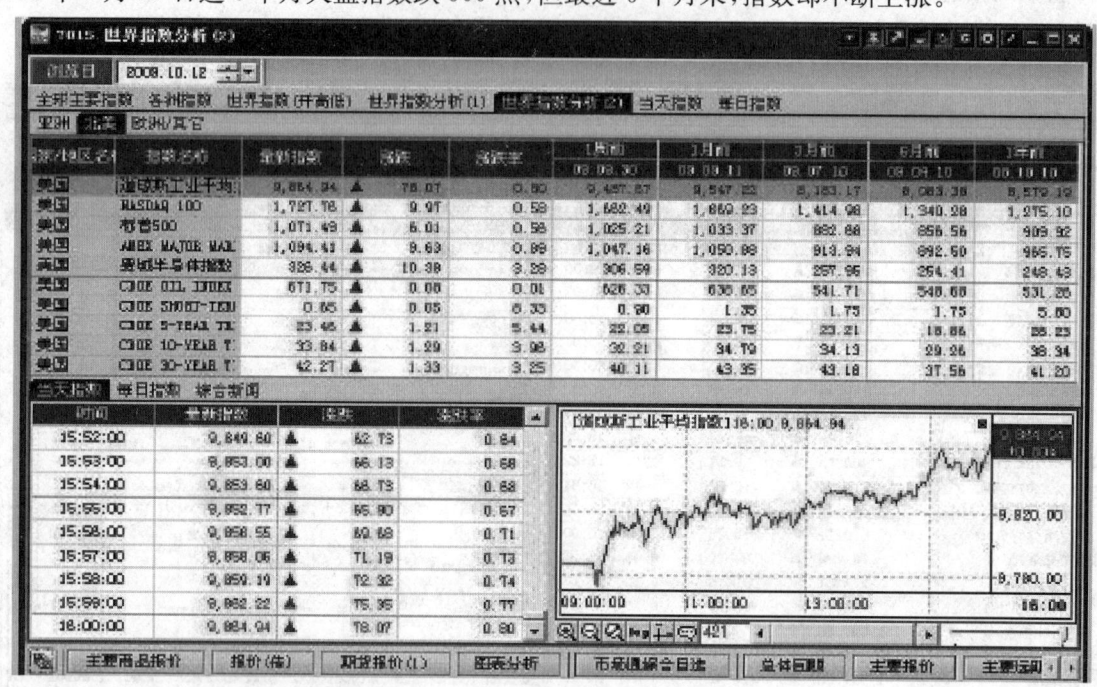

图 11-1-4 世界指数分析(2)

资料来源:市场通(MP)-7015 世界指数分析(2)。

二、主要经济指标分析

在大盘指数之外,还有一些非常重要的描述宏观经济的统计指标。常见的经济指标有国内生产总值、就业率、通货膨胀、利率、社会消费品零售总额和财政赤字或结余等。这里我们主要分析这 6 个指标。

通过市场通(MP)查看主要经济指标,进入方式:【综合(A)】→【市场摘要】→【中国经济指标】→【1171 经济指标总揽】,或直接输入代码 1171,进入中国经济指标总揽页面,如图 11-1-5 所示。

1. 国内生产总值(GDP)

国内生产总值是国民经济总体指标,指该地区一定期间内生产的产品与提供劳务的总和。快速增长的国内生产总值表示该国经济正迅速扩张,公司有充足的机会来提高销售量,企业的利润将持续上升,投资风险相对减小,从而公司的股票价格具有上升的空间和可能性。在图 11-1-5 上点击【日别经济指标】切换页面,在文件列表里找到国内生产总值文件,打开如图 11-1-6 所示文件。

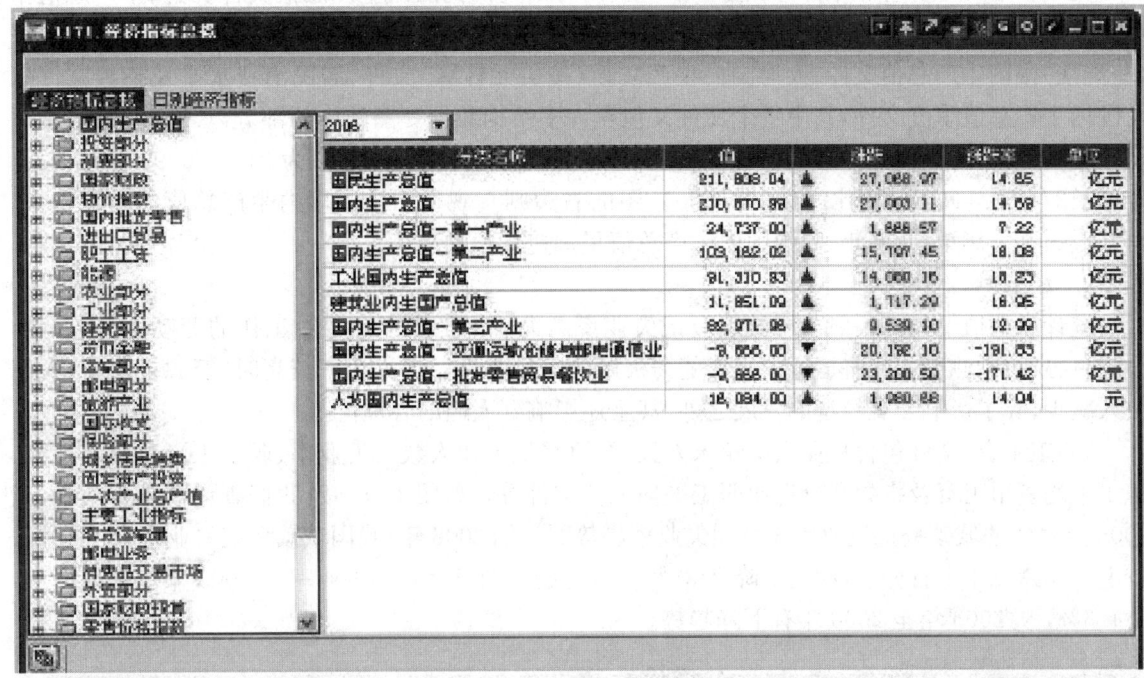

图 11-1-5　中国经济指标总揽

资料来源：市场通-1171 经济指标总揽。

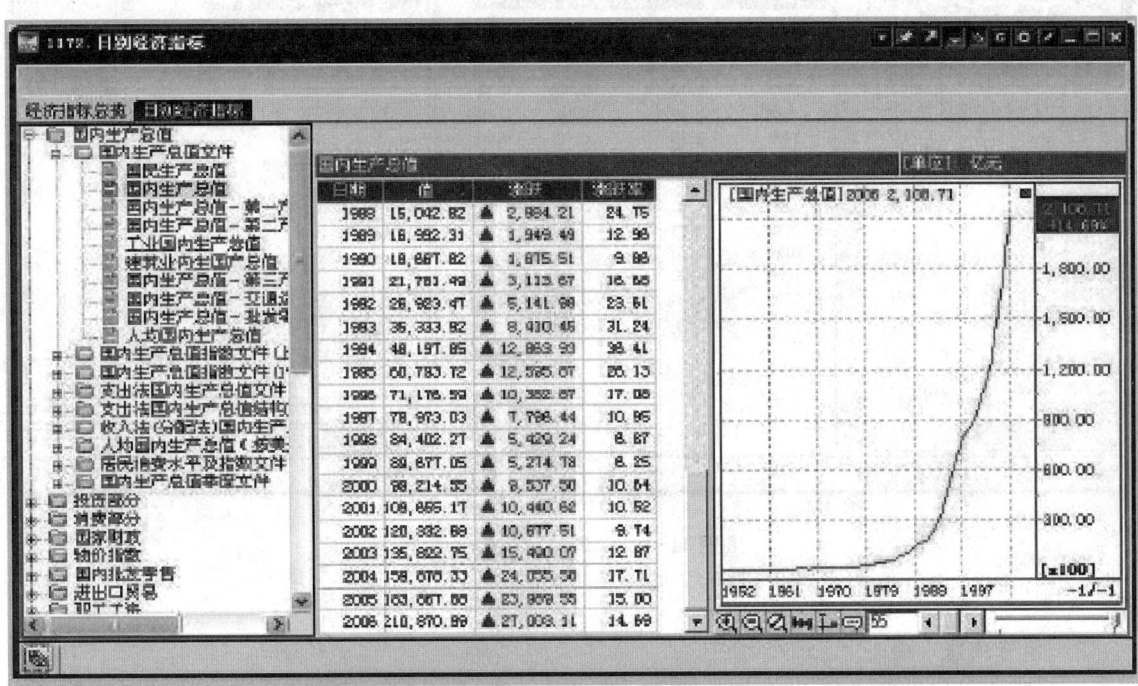

图 11-1-6　国内生产总值

资料来源：市场通（MP）-1171 日别经济指标。

图 11-1-6 的左上角列表显示在 MP 里我们可以查询到国内生产总值文件、国内生产总值指数文件(上年＝100)、国内生产总值指数文件(1978 年＝100)、支出法国内生产总值文件、收入法(分配法)国内生产总值文件、人均国内生产总值(按美元计算)文件、居民消费水平及指数文件以及国内生产总值季度文件,其中每个文件又包含许多结构数据。图的中间部分以表格形式列示了从 1953 年至今的国内生产总值和涨跌情况。2006 年我国国内生产总值为 210 070.99 亿元,较上年增长27 003.11亿元,同比增长 14.69％。图的右边则直观显示中国国内生产总值的增长趋势。可知,从 1988 年至 2006 年,我国国内生产总值呈加速增长的趋势。

2. 就业率

统计就业情况我们一般使用城镇登记失业率。失业率是指正在寻找工作的劳动力占总劳动力的百分比,它测度了经济运行中生产能力极限的运用程度。当失业率较高时,资源被浪费,人们收入减少,除了影响宏观经济的发展之外,甚至还影响到人们的心理情绪。

"职工工资"文件包含从业人员年末人数、城镇登记失业人数与失业率、职工工资总额及指数、职工平均货币工资及指数和分行业职工平均工资文件等。如图 11-1-7,我们查询了从 1994 年至 2006 年每年的城镇登记失业率详情和失业率趋势图。如 2006 年,我国城镇登记失业率为 4.10％,较上一年跌 0.1 个百分点,同比下降 2.38％。右方趋势图显示我国失业率在 2003 年达到最高点,为4.3％,从 2003 年至 2006 年有下降趋势。

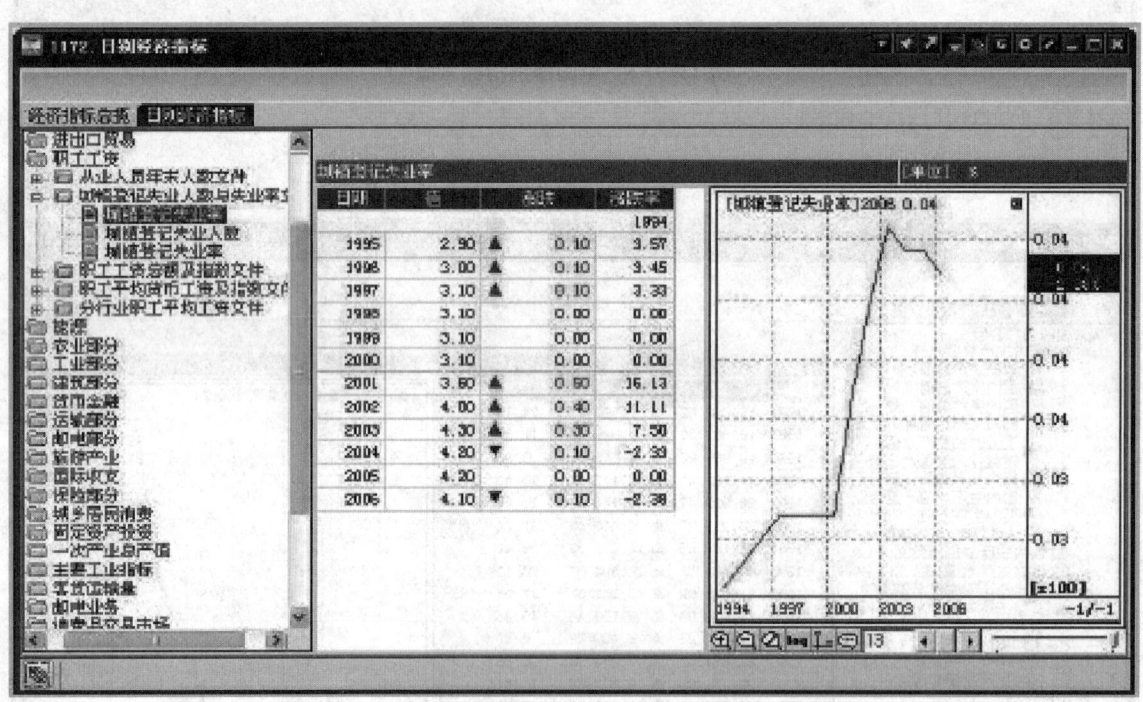

图 11-1-7　城镇登记失业率

资料来源:市场通(MP)-1171 日别经济指标。

3. 通货膨胀

通货膨胀是指一般物价水平持续、普遍、明显地上涨。高通货膨胀经常与过热的经济联系在一起,当对产品与劳务的需求超过了该经济的生产能力时,它就会导致价格升高。

一般来说,在衡量通货膨胀时,居民消费价格指数使用得最多、最普遍,也是通货膨胀率的直接体现。

"物价指数"和"零售价格指数"文件均包含了居民消费价格指数。如图 11-1-8 显示了以上年同月为基期的全国居民消费价格指数月度数据。我们还可通过点击页面顶部的下拉图标,选择查看月度/季度数据、上年同月/期为基期、全国/城市/农村的消费价格数据。如 2008 年 2 月我国居民消费价格指数为 108.70,较上月涨 1.60,同比增长 1.49%。

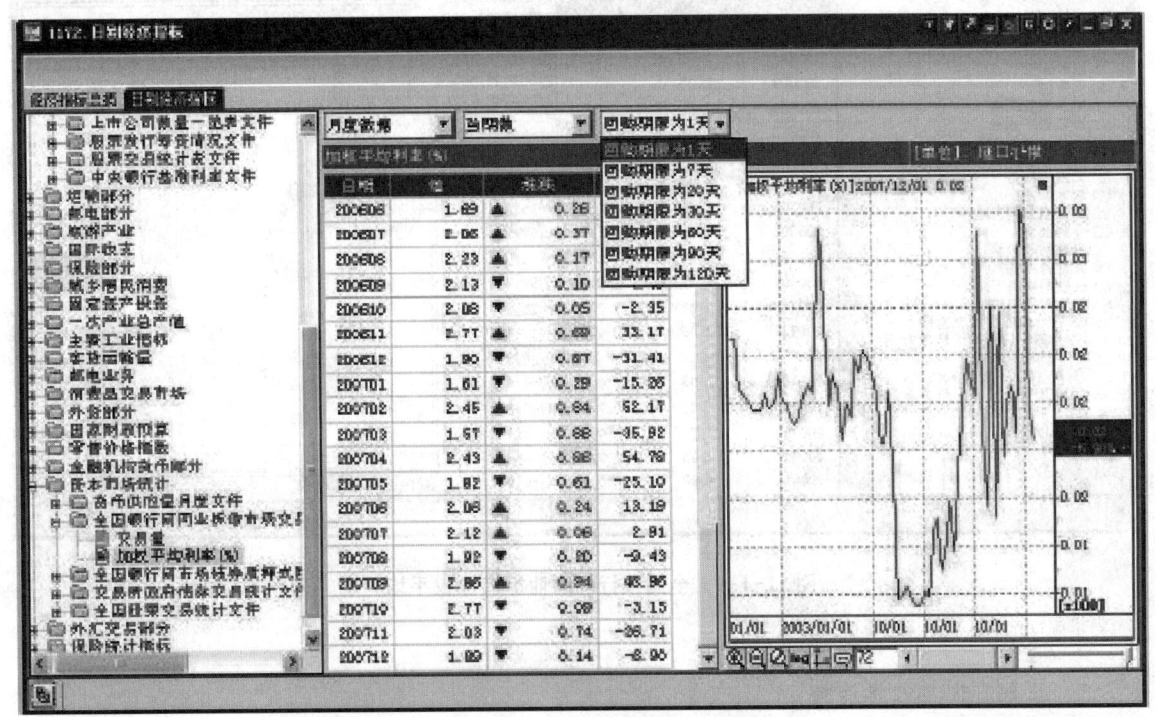

图 11-1-8 居民消费价格指数

资料来源:市场通(MP)-1171 日别经济指标。

4. 利率

利率是金融指标。从宏观经济分析的角度看,利率的波动反映出市场资金供求的变动状况。在经济持续繁荣增长时期,资金供不应求,利率上升;在经济萧条市场疲软时,利率会随着资金需求的减少而下降。除了与整体经济状况密切相关之外,利率还影响着人们的储蓄、投资和消费行为;利率结构也影响着居民金融资产的选择,影响着证券的持有结构。利率有存贷款利率、回购利率、同业拆借利率之分。

"货币金融"文件包含的"金融机构法定存贷款利率文件"和"中央银行基准利率文件"收集了各种不同期限存贷款利率、法定存款准备金率等。"资本市场统计"文件则包含了全国银行间同业拆借市场交易期限分类统计文件、全国银行间市场债券质押式回购交易期限分类统计文件、交易所政府债券交易统计文件等提供各种利率的文件。银行间同业拆借利率如图 11-1-9 所示。

图 11-1-9 显示了 2002 年 1 月 1 日至 2007 年 12 月 1 日的回购期限为 1 天的回购利率月度数据。同样的,在页面顶部我们可以选择月度/季度数据、当期数/累计数,或各种期限的回购利率,在期限下拉框中,我们可以选择回购期限为 1 天/7 天/20 天/30 天/60 天/90 天/120 天的拆借利率。我们可以从页面中间数据表获取详细的利率值和涨跌值,在页面右边直观查看利率在查询期间的涨跌走势。如查询回购期限为 1 天的月度当期数据,2007 年 12 月的同业拆借加权平均利率为 1.89%,较上月跌 0.14%,同比下降 6.90%。

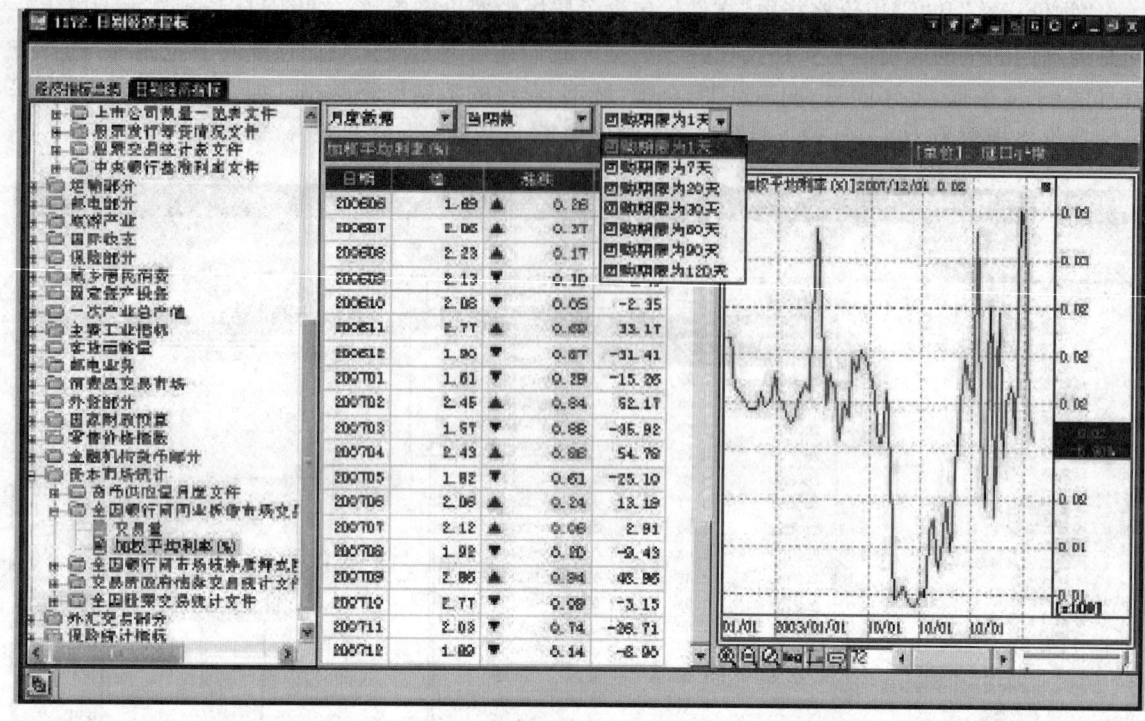

图 11-1-9　全国银行间同业拆借加权平均利率

资料来源：市场通（MP）-1171 日别经济指标。

5. 社会消费品零售总额

社会消费品零售总额属于消费指标，是指国民经济多个行业通过多种商品流通渠道向城乡居民和社会集团供应的消费品总额。它是研究国内零售市场变动情况，反映经济景气程度的重要指标。社会消费品零售总额的大小和增长速度也反映了城乡居民与社会集团消费水平的高低，居民消费意愿的强弱。社会消费品需求是国内需求的重要组成部分，对一国经济增长具有巨大的促进作用。

图 11-1-10 展示了 1993 年 1 月 1 日至 2008 年 2 月 1 日社会消费品零售总额的月度数据，页面中间表格详细列出了每月的零售总额和涨跌值，右图的社会消费品零售总额曲线呈波动性上升，且斜率越来越大，表明社会消费品零售增长越来越快。

6. 财政赤字或结余

财政赤字或结余属于财政指标。财政收入与财政支出的差额即为赤字（差值为负时）或结余（差值为正时）。财政赤字或结余也是宏观调控中应用最普遍的一个经济变量。财政发生赤字的时候，可通过发行国债或者向银行借款来弥补。发行国债对国内需求总量不产生影响，而是控制了市场上流通的货币量，减少了投资到其他证券产品的资本，使得股价下跌。向银行借款弥补赤字，若银行不增发货币则效用与发行国债相同；若银行增发货币，则会扩大国内需求，刺激经济发展，股价看涨。财政结余则相反。

"国家财政"系列文件包含国家财政收支总额文件、国家财政分项目收入文件、各项税收文件、国家财政主要支出项目文件、中央财政与地方财政收支总额文件、预算外资金分项目收入与支出文件、国家外债余额与外债风险指标文件和税收收入明细统计表文件等。图 11-1-11 显示从 1950 年到 2006 年国家财政收支差额，分别有日期、值、涨跌和涨跌率。如 2006 年财政收支差额为

−2 162.53亿元,比上年同期增加118.46亿元。即财政赤字2 162.53亿元,比上年财政赤字减少118.46亿元。

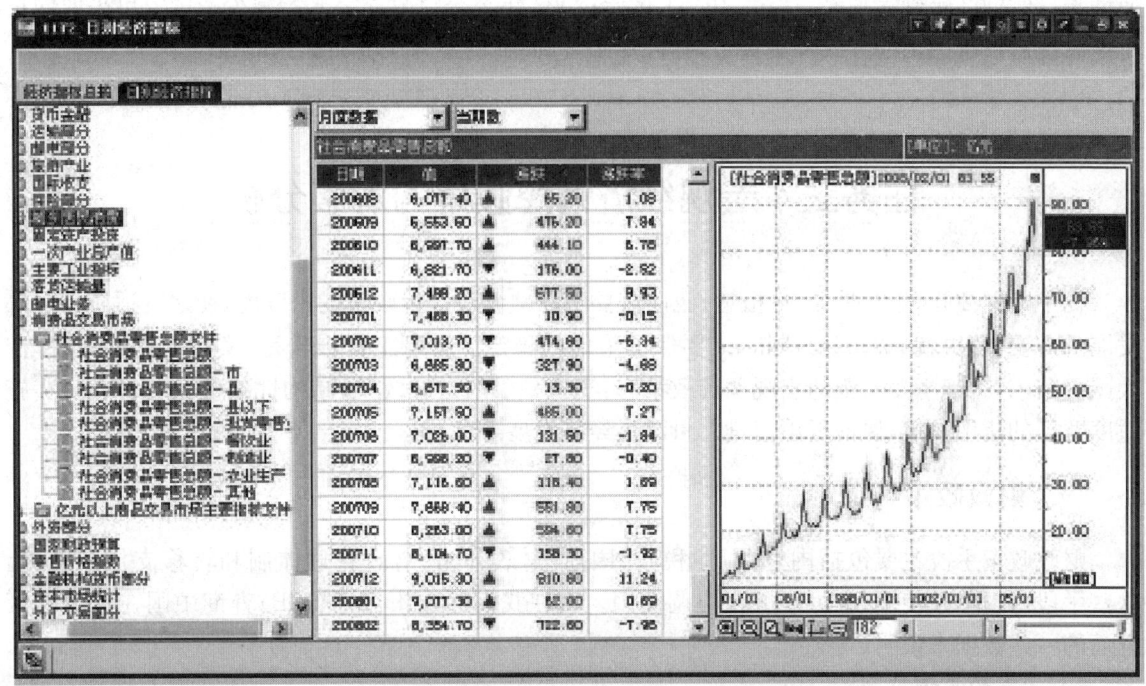

图 11-1-10　消费指标——社会消费品零售总额

资料来源:市场通(MP)-1171日别经济指标。

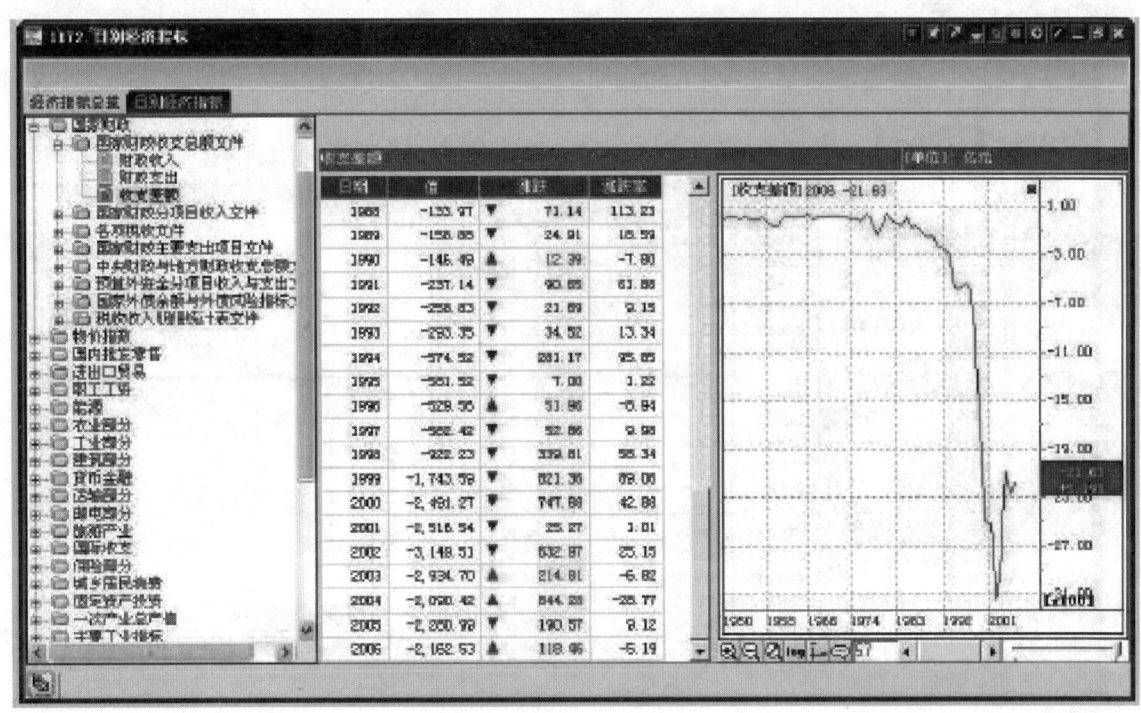

图 11-1-11　财政收支差

资料来源:市场通(MP)-1171日别经济指标。

图 11-1-11 右侧则直观显示了我国成立多年来的财政赤字走势图,该图可分为 3 个阶段。可以看出我国财政赤字在 1950 年到 1988 年期间处于平稳状态;从 1988 年至 2001 年,财政赤字呈加速增长,在 2002 年到达顶峰,达 3 149.51 亿元;2003 年至今财政赤字开始减少。国家可采取向央行借款或者发行国债的方式募集资金,弥补赤字,进而影响宏观经济和证券市场。

任务二　宏观经济调控政策的观察分析

据中财网 2009 年 9 月 24 日报道,我国需要不断地调节货币政策的松紧度,使之既适应于经济发展的需要、解决就业的需要,同时又要保证币值的稳定。政府工作报告是"实行结构性减税,扩大国内需求"。其主要实施的宏观调控政策有:实施积极的财政政策,结构性减税,扩大内需;实施适度宽松的货币政策,保证货币信贷总量满足经济发展需求。

一、财政政策

财政政策手段主要包括国家预算、税收、国债、财政补贴、财政管理体制和转移支付制度等。这些手段可以单独使用,也可以配合协调使用。现在我们通过市场通(MP)查询中国在财政政策方面的一些数据来说明。

1. 国家预算调控

通过对财政预算收入和支出的月度数据查询,分析财政收支情况。进入方式:【综合(A)】→【市场摘要】→【中国经济指标】→【1172 日别经济指标】→【国家财政预算】进入财政预算查询页面,如图 11-2-1 所示。

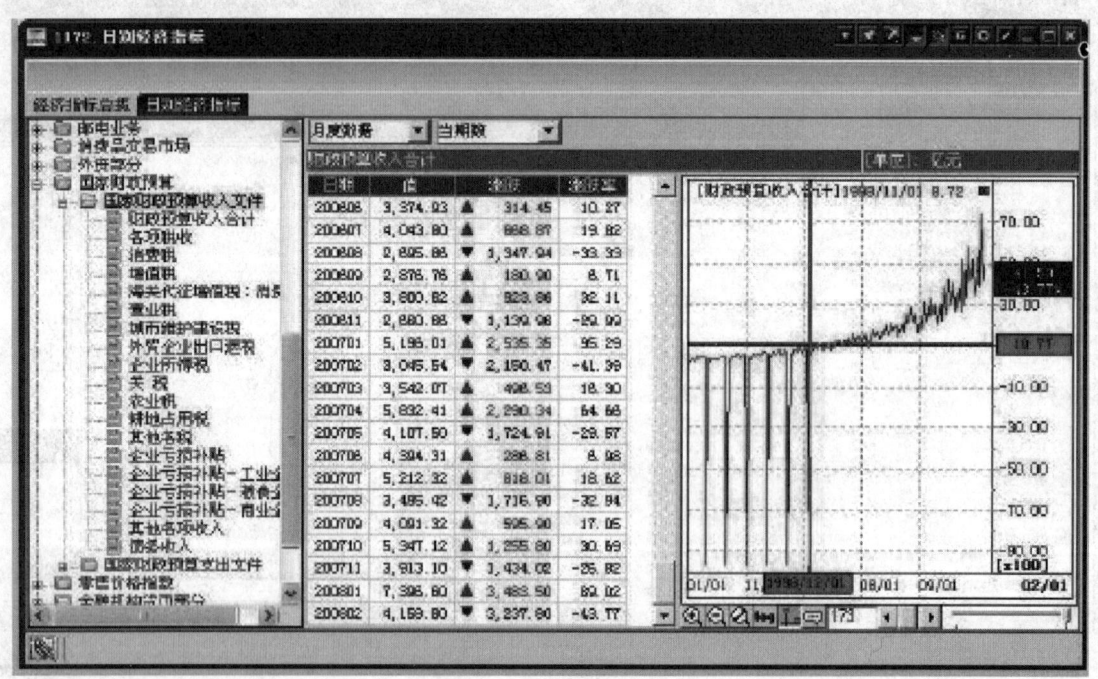

图 11-2-1　财政收支差

资料来源:市场通(MP)-1171 日别经济指标。

图 11-2-1 展示的是 1993 年 1 月 1 日到 2008 年 2 月期间的国家预算月度数据当期数。页面中间表格显示日期、值、涨跌、涨跌率。页面右边则是财政预算收入值的曲线图。由图我们可以看到 2008 年 2 月国家财政预算收入合计 4 158.80 亿元,较上月跌 3 237.80 亿元,跌幅 43.77%。点击右下角的图表【十字框】,趋势图将会出现十字框,随着鼠标光标的移动而显示详细值,图 11-2-1 显示了 1998 年 12 月 1 日的财政预算,而且从 1998 年 12 月起财政预算收入开始稳步增长。

另外,我们可以在"国家财政预算"中找到国家财政预算支出文件,查询国家预算支出的数据,结合预算收入数据分析国家宏观调控手段。

2. 国债调控分析

从新闻资讯获悉:2009 年,中国政府预计财政赤字合计 9 500 亿元人民币,其中包括第一次发行的 2 000 亿元地方债券。政府运用发行国债的方式吸收市场流动资金用以投资,将对中国扩大内需产生深刻的影响。下面来观察债券行情。

进入方式:【现货(S)】→【个股画面】→【特殊品种报价】→【2153 债券】进入到债券报价页面,如图 11-2-2 所示。

点击 2153 债券页面上方的【搜索】查找所需债券,如选择在深圳交易所发行的国债 0213,则页面显示如图 11-2-2 所示。页面左上部分是对国债查询日的报价,为 92.59 元,较上一交易日跌 0.01 元,现手 16 手,市值 15 万元。页面左下方是国债 0213 的价量走势图,点击走势图上方相应的图标【显示周期】可查看间隔分别为 10 秒到 180 分钟不等的价量走势。

图中选择的是每分钟国债 0213 的价量走势。图的右上部分则是对国债 0213 的详细报价信息,可知国债发行数 24 000 万元,加权平均值 92.50 元。在该部分里还可以查看国债的基本信息,成交报价也即当天报价,以及每日报价等。图的右下部分提供行业个股、新闻、财务报表和财务分析等资讯。图 11-2-2 显示的则是关于国债 0213 的最新新闻资讯。

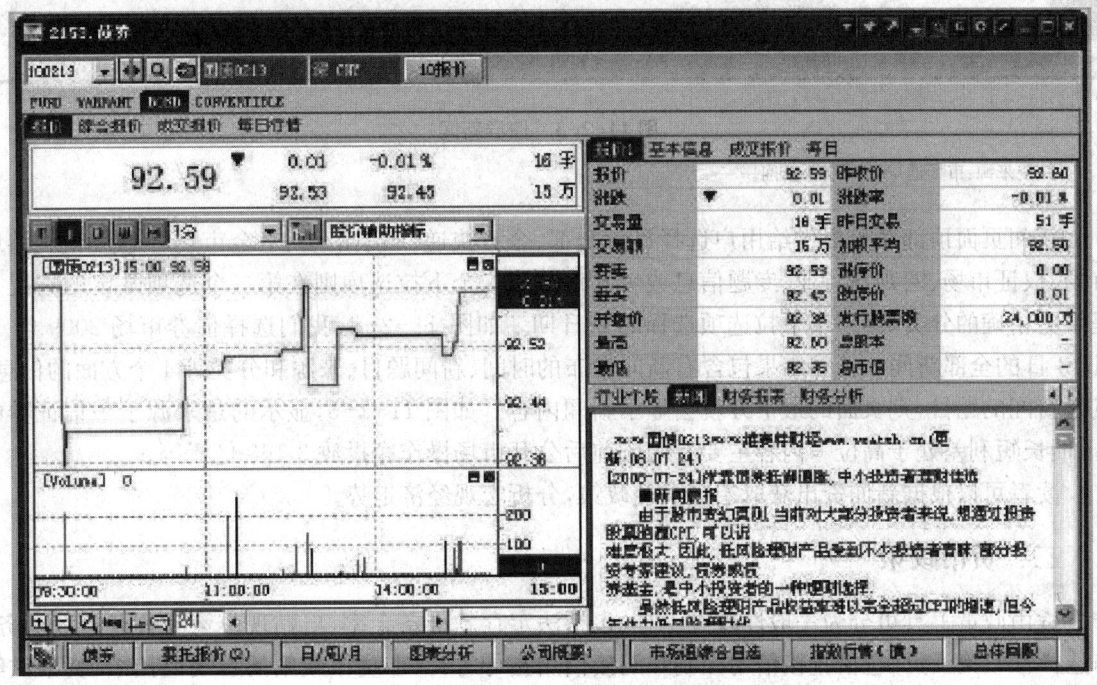

图 11-2-2　债券报价

资料来源:市场通(MP)-2153 债券。

在图 11-2-2 页面顶部菜单选择，可查询所有债券综合报价、债券成交报价以及每日行情。

国家宏观调控财政政策有一定的时滞性，影响范围广，持续时间长。所以广大读者要关注国家采取的政策，以及政策实施的时机，分析和预测宏观经济的发展走向，做好应对措施。这就要求我们关注新闻资讯，市场通（MP）1911 新闻页面提供来自不同券商的综合报告和各大财经媒体的新闻公告。

进入方式：【综合（A）】→【新闻】→【1911 新闻】进入新闻页面，如图 11-2-3 所示。

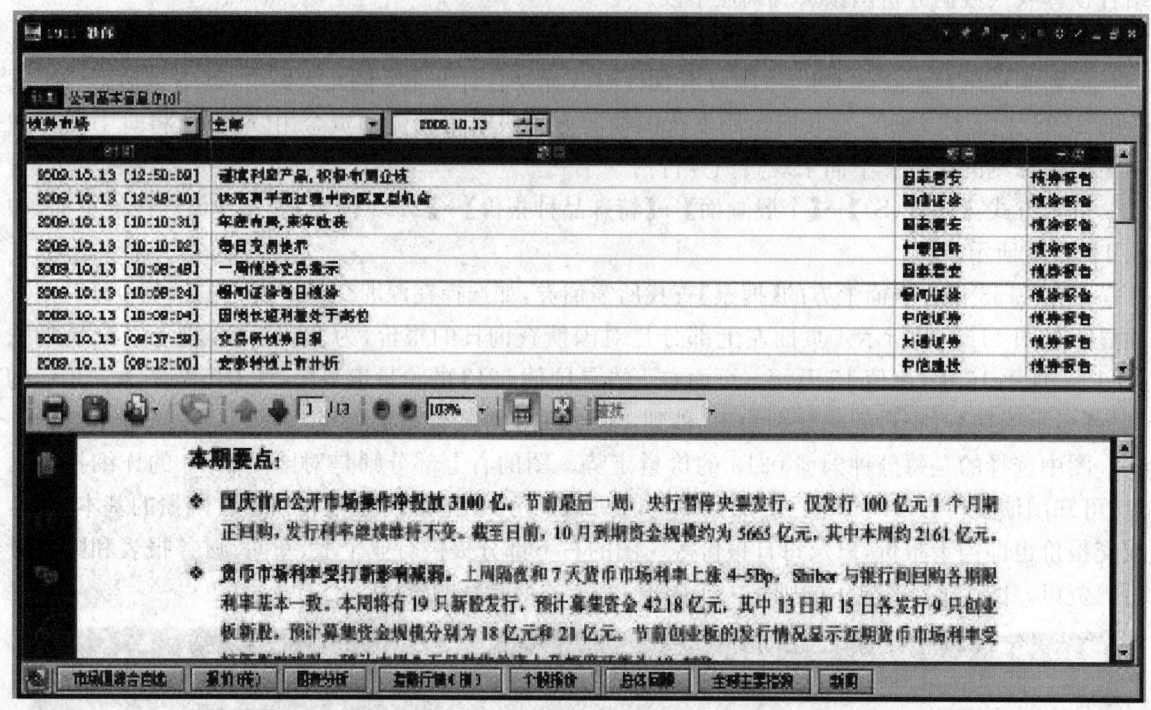

图 11-2-3　债券新闻

资料来源：市场通（MP）-1911 新闻。

新闻页面顶部菜单提供给用户选择显示全部、今日快递、股票市场、基金市场、债券市场、港股市场、权证市场、宏观与行业、专题信息或者其他。第二个下拉选项则在第一个选项既定的情况下提供更精确的分类，第三个下拉选项选择的是日期。如图 11-2-3，我们选择债券市场 2009 年 10 月 13 日的全部新闻。新闻结果包含有新闻发布的时间、新闻题目、来源和分类等 4 个方面的信息，点击新闻的题目，则页面的最下方就会显示新闻内容。如图 11-2-3，显示的是来源于中信证券的"国债长短利差处于高位"，内容主要有国庆前后公开市场操作净投放 3 160 亿元等。

读者可以根据新闻资讯获取宏观财经政策，分析宏观经济走势。

二、货币政策

货币政策工具可分为一般性政策工具（包括法定存款准备金率、再贴现政策和公开市场业务）与选择性政策工具（包括直接信用控制和间接信用指导等）。在货币政策的宏观调控中，货币供给的提高可以降低利率，从而刺激投资需求。

货币政策指标查询，我们选择货币供应量作为分析指标。查询方式：【综合（A）】→【市场摘要】

→【中国经济指标】→【1172 日别经济指标】,打开"货币金融"文件,找到"货币供应量文件",点击"货币",如图 11-2-4 所示。

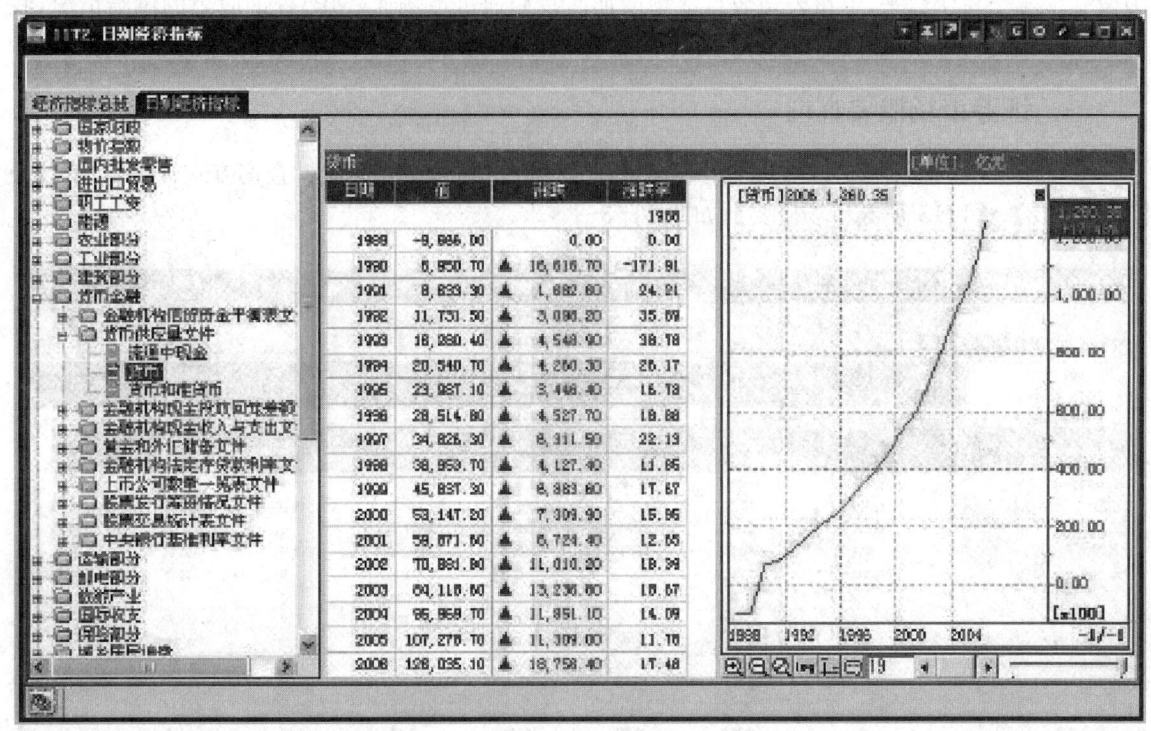

图 11-2-4　中国货币供应量

资料来源:市场通(MP)-1712 日别经济指标。

图 11-2-4 显示的是从 1989 年至 2006 年每年的货币供应量具体数据。页面中间列表包含有日期、涨跌和涨跌率。2006 年货币供应量为 126 035.10 亿元,较上年增加 18 756.40 亿元,上涨 17.48%。图的右边则是这 17 年的货币供应图,由图我们可以清楚地了解到,货币供应呈现快速增加趋势。大形势如此,我们可以预测没有公布的最新数据,货币供应很可能仍处于增加状态。

货币政策公布后的时滞效果低,一般货币流通到市场上,很快就会产生效应。因此作为生活在中国的我们,应该更关注政府的货币政策,及时作出应对策略。

综合本节实验的三个方面,我们可以较好地了解宏观经济对股票市场的重要影响,读者可结合自身体会,观察时事,作出适当科学的分析。

任务三　股票市场的供求关系分析

从长期来看,股票的价格由其内在价值决定,但就中短期的价格分析而言,股价由供求关系决定。无论是成熟股票市场还是新兴股票市场,都可以用供给曲线和需求曲线的变化来确定股价的变化轨迹。但不同的是,成熟股票市场的供求关系是资本收益率引导的供求关系,即资本收益率水平对股价有决定性的影响。像我国这样的新兴股票市场,其股价在很大程度上由股票的供求关系决定,即由一定时期内股票的总量和资金总量的对比力量决定。

证券市场的供给主体是上市公司,由已经上市的老股票和新上市的新股票构成,自1990年我国设立证券交易所以来,上市公司数目逐年增加。我们通过市场通(MP)查询股票的供给情况,我们选取股票发行筹资量和股票交易统计作为指标来分析研究。

一、证券市场概要查询

要了解宏观的证券供求关系,我们首先要掌握证券市场的概要信息。查询方式:【综合(A)】→【市场摘要】→【1113证券市场概要】,如图11-3-1。

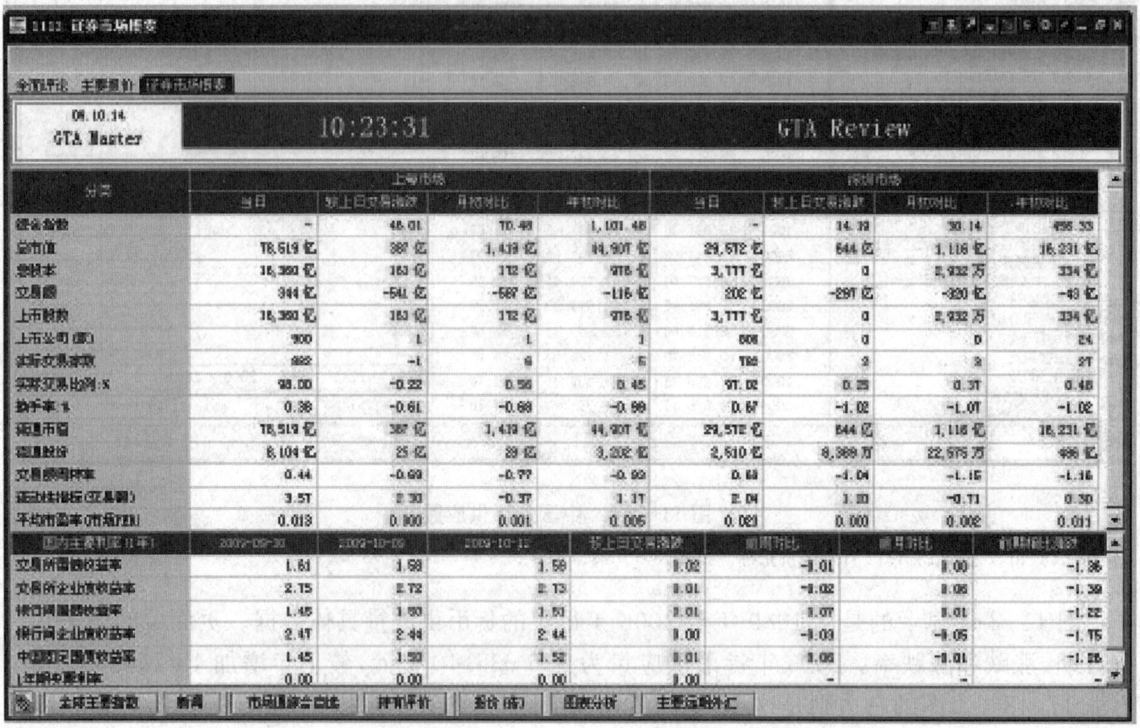

图11-3-1　GTA证券市场概要

资料来源:市场通(MP)-1113证券市场概要。

市场通独有的证券市场概要列示了上海市场和深圳市场的查询时点综合指数、总市值、总股本、交易额、上市股数、上市公司、实际交易家数、实际交易比例、换手率、流通市值、流通股份、交易额周转率、流动性指标(交易额)以及平均市盈率(市场PER)的当日报价和较往期对比情况。页面下半部分则展示了债券的主要利率。如交易所国债收益率、交易所企业债收益率、银行间国债收益率、银行间企业债收益率、中国固定国债收益率和1年期央票利率的最近3个交易日利率和对比详情。

如图11-2-1所示,2009年10月14日星期三10:23:31时上海市场股市总市值78 579亿元,总股本16 360亿元,交易额469亿元,上市公司900家,实际交易884家,实际交易比例98.22%,换手率0.55%,流通市值78 630亿元,平均市盈率0.013。债券市场:2009年10月12日的交易所国债收益率1.59%,企业债收益率2.73%;银行间国债收益率1.51%,企业债收益率2.44%,中国固定国债收益率1.52%。

二、股票供给查询

对证券市场信息有了大概了解后,我们接下来应查找更为具体的信息,以更好地掌握实际行情。

查询方式:【综合(A)】→【市场摘要】→【中国经济指标】→【1172 日别经济指标】,找到"货币金融"打开"股票发行筹资情况文件",点击"股票发行量",进入如图 11-3-2 所示页面。

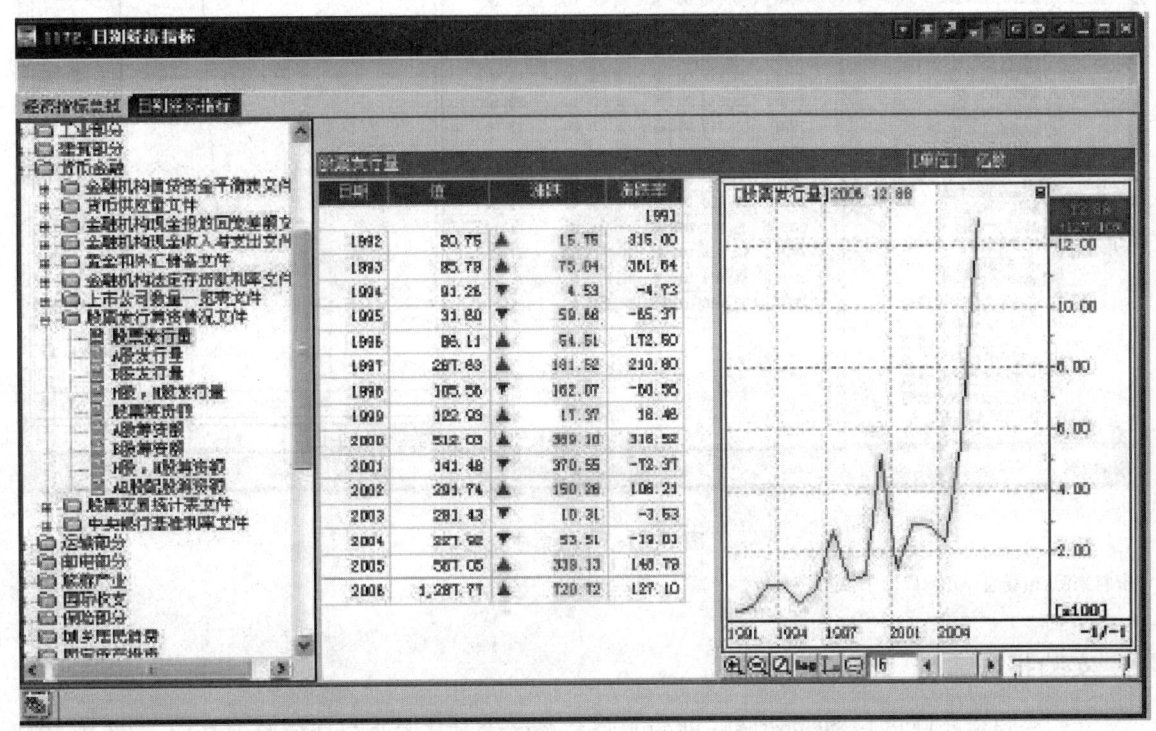

图 11-3-2 股票发行量

资料来源:市场通(MP)-1712 日别经济指标。

股票发行量查询页面显示 1991 年至 2006 年每年的股票发行量、涨跌和涨跌率。如图11-3-2所示,我们可以看到 2006 年股票发行 1 287.77 亿股,较上年增加 720.72 亿股,上涨 127.10%。页面右方的统计图表则可让用户清晰直观地了解我国股票发行数量的发展趋势。显然,从 1992 年至 2006 年,我国股票供应量快速增加。尤其是在 2004 年之后,股票发行成倍增加。

在股票发行筹资情况文件里,我们还可以查询 A 股发行量、B 股发行量、H 股和 N 股发行量、股票筹资额等详细信息。

获取了股票的供应信息后,我们来看看股票的交易详情。在"货币金融"文件包里找到"股票交易统计表文件",点击"股票成交金额",进入图 11-3-3 所示页面。

页面显示了从 1994 年至 2006 年期间的股票成交金额。如图 11-3-3,2006 年我国股票成交额 90 468.00 亿元,较上年增加 58 804 亿元,同比增长 185.71%。右图是股票成交额的走势图,我们可以看到,2000 年时我国股票成交额达到过一个峰值,成交额达到 60 827.00 亿元,随后成交额下降,但 2006 年成交总额陡增,增幅达 185.71%。可见,此时我国股票市场旺盛,这期间股价也处于上升期。

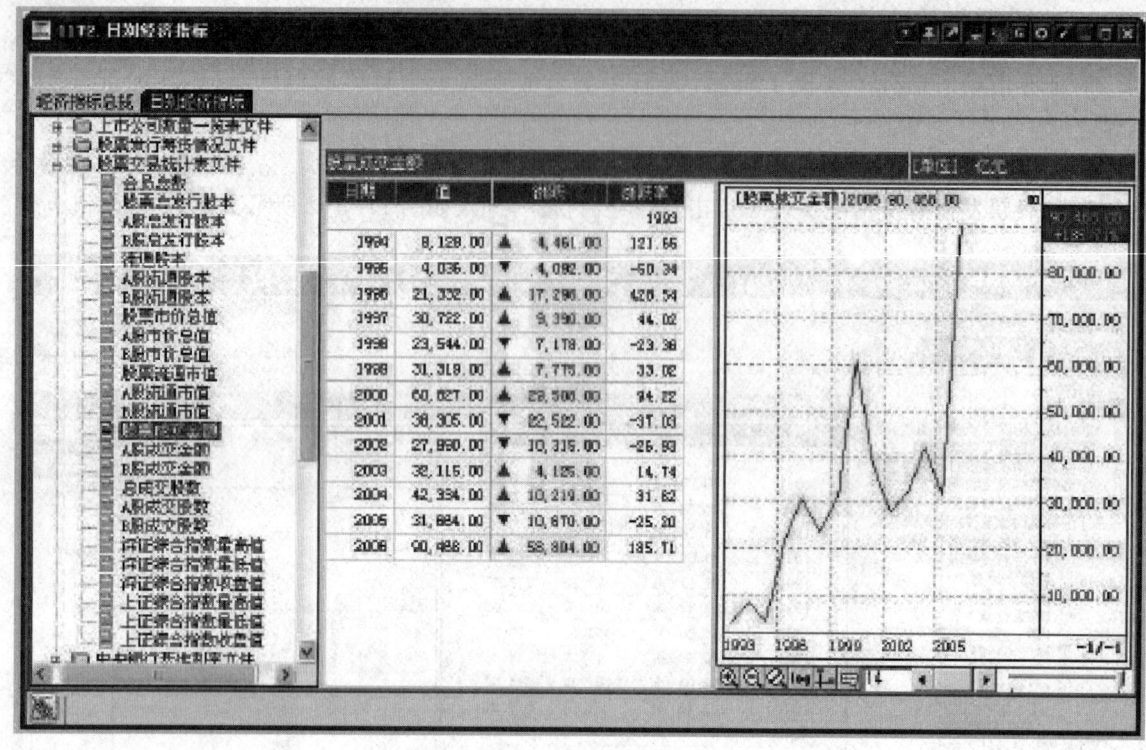

图 11-3-3　股票成交额

资料来源：市场通（MP）-1712 日别经济指标。

实验报告

在实验报告的撰写上，建议按照标准的实验参考格式。其主要包括实验室名称、实验项目名称、实验原理、实验目的、实验内容、实验器材、实验过程、实验数据及结果分析、实验结论等方面，可根据实际需要进行灵活调整。要求实验结论严谨、可靠、可验证性，格式规范、工整。

<h3 align="center">实 验 报 告</h3>

班级名称：　　　　　课程名称：

学生姓名：　　　　　学　　号：

实验地点：　　　　　实验日期：

实验目的	
实验工具	
实验原理	

实验过程	
实验结果	
实验结论	
实验资料	
实验评语	指导老师：_____ 时　　间：
参与学生签字	

项目 十二 行业分析

【实训目的】

（1）掌握行业指标的选择、数据查询和分析方法。
（2）掌握行业政策的数据查询和分析方法。
（3）了解如何利用交易软件的行业政策信息。
（4）熟悉行业指标、政策对证券市场的影响。

【实训要求】

（1）对实训目的认真掌握，严格按照实训操作方法对实训内容进行操作。
（2）认真写出实训报告，并总结存在的问题。
（3）对比投资银行的分析报告，比较自己进行行业分析的差距；

【实训设计】

以《证券投资理论与实务》教材内容为理论体系，以政策分析和指标分析等行业分析方法为技术手段；以价值投资分析理念为主线，以寻找投资的板块为目的对我国证券市场各行业进行分析，最终具有将理论应用于现实分析过程的能力。

【实训内容】

任务一 行业分析数据获取

证券投资分析的中观分析包括行业分析和区域分析，而行业指数可侧面反应各行业在宏观经济下的发展程度。市场通实时资讯分析平台提供了这两个方面的分类信息，同时还根据概念股、综合主题等板块进行了划分。下面我们来查询根据行业划分的指数报价。

概念股是指具有某种特别内涵的股票，而这一内涵通常会被当作一种选股或炒作题材，成为股市的热点。其有具体的名称、事物、题材等，例如金融股、地产股、资产重组股、券商股、奥运题材股、保险股、期货概念等都称之为概念股。简单来说概念股就是对股票所在的行业经营业绩增长的提前炒作。概念股是与业绩股相对而言的。业绩股需要有良好的业绩支撑。概念股则是依靠某一种题材比如资产重组概念、三通概念等支撑价格。

股市概念具有非常强大的广告效应。一只股票自身或许没多大吸引力，可一旦它被纳入某个概念中，就会受到全体投资者的密切关注。因此，我们要对行业分析，就要清楚掌握行业的概念股效应。

一、行业数据报价

查询方式：【现货(S)】→【主题分类画面】→【主题分类股(概念股)】→【2071板块分析】进入板块分析界面，如图12-1-1所示。

点击板块分析页面最上方的【Industry】，可以选择查看主题、行业、区域或是全部板块指数。点击【基本信息】，页面将会在左下方显示选中的板块指数基本信息。页面右上方图显示选中板块指数的价量走势，页面右下方图表显示该板块个股的价量走势。

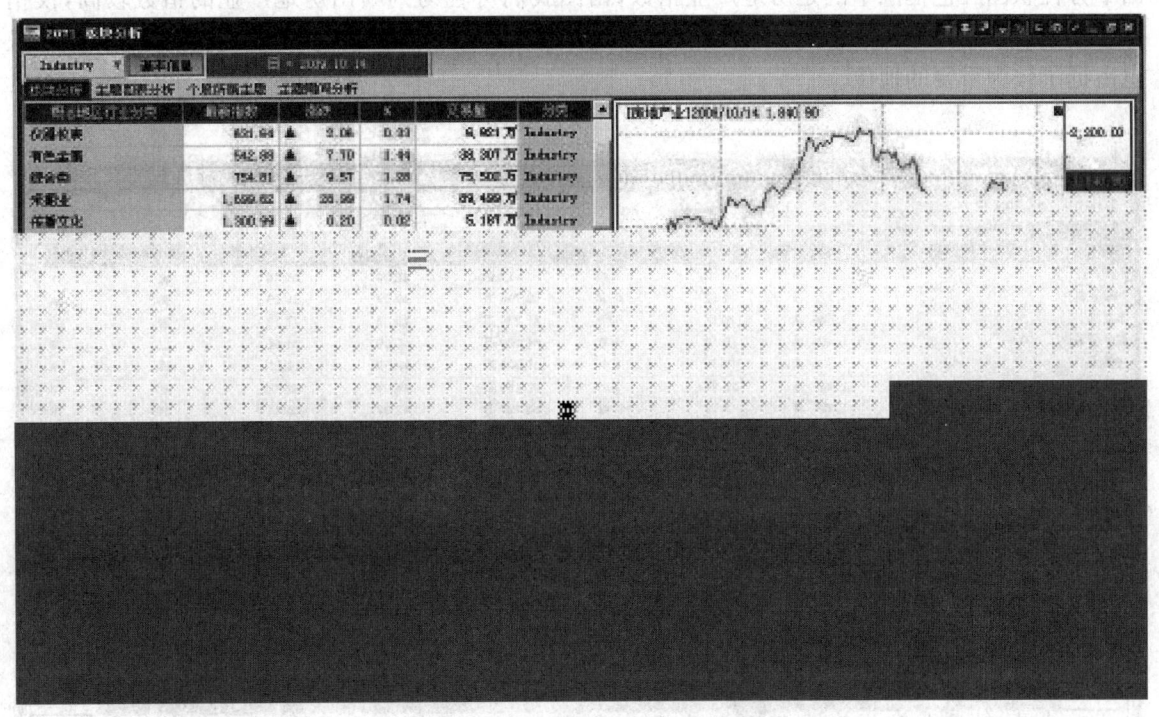

图 12-1-1　中国行业指数分析

资料来源：市场通(MP)-2071板块分析。

图12-1-1中，我们查询的是行业板块，则页面左上方显示了有色金属、房地产业、纺织服装业等行业的最新指数、涨跌、交易量和分类等信息。如房地产业2009年10月14日查询时点指数为1 823.83点，较上日涨61.05点，同比增加3.46%，交易量11亿元。页面左下方显示属于房地产业的行业个股，有万科A、深振业A、招商地产等。选中万科A，查询时点报价为每股11.34元，较上日涨0.34元，同比上涨3.09%，交易量18 297万元，为深交所上市股票。页面右上方显示了地产行业的2009年4月17日至2009年10月14日的价量走势图。页面右下方则是地产股万科A从2009年4月17日至2009年10月14日的价量走势图，结合房地产行业走势图，我们可以清晰地判断万科A和该行业指数的价量走势大体相同。

另外读者还可以在图12-1-1页面上方选择其中一个页面，包括主题行业指数的主题图表分析、个股所属主题或主题期间分析等。请读者根据所需自行使用查询，此处不一一分析。

二、行业指数比重

获取了行业综合数据和具体行业数据后，我们还可以将不同行业指数列示对比，以直观获悉股市的行业比重。查询方式:【现货(S)】→【主题分类画面】→【主题指数】→【2081 全部概念股指数】,进入如图 12-1-2 所示页面。

图 12-1-2 上半部分显示的是板块指数,我们选择"Industry"板块,则页面上半部分显示的是所有行业的最新指数、涨跌、交易量、内外盘强度、委托量强度、涨家数和跌家数。页面下方则是各行业指数查询日报价的柱状图。

如红色圈圈中的是房地产业的最新指数为 1 822 点,较上一交易日涨 60.12 点,同比上涨 3.41%,交易量 12 亿元,内外盘强度 49.09%,委托量强度 26.79%,涨家数 66 家,跌家数 7 家。页面下方柱状图红色框圈中的是房地产业指数,由图我们可轻易判断出房地产业的指数较高,仅稍低于交运设备和橡塑制品行业。由此可知,房地产业股票在宏观股票市场上是较为活跃的,并且也占据了较为重要的地位。

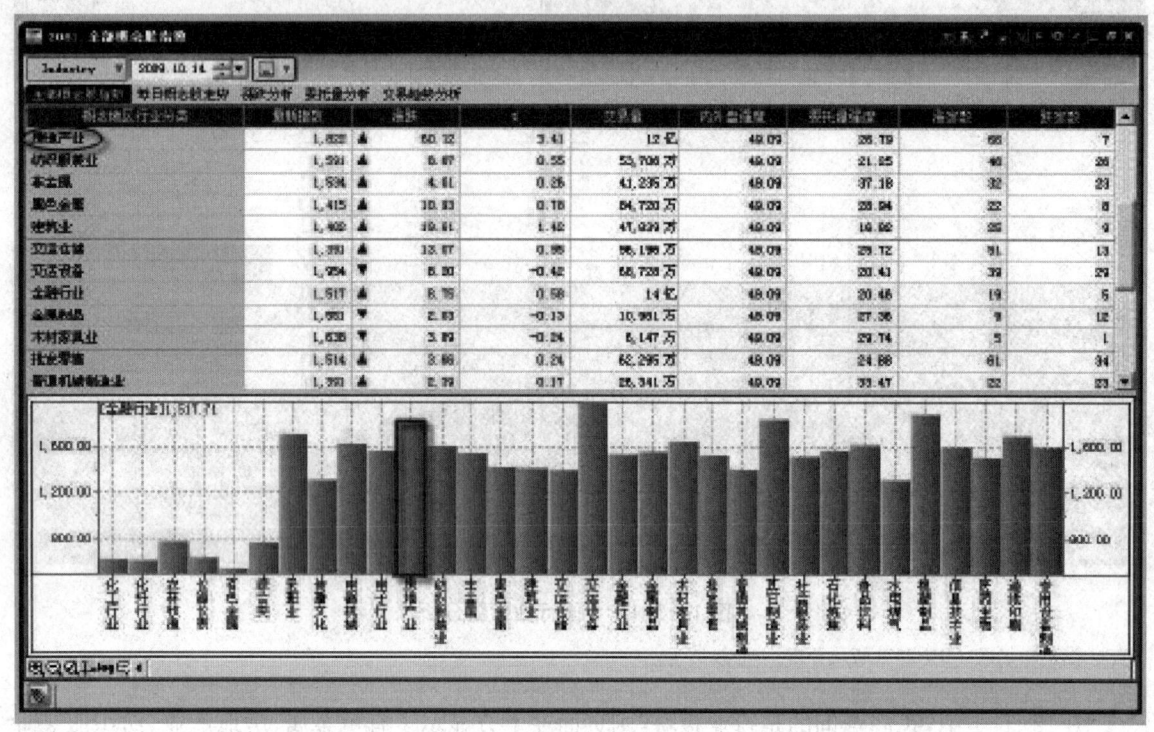

图 12-1-2　概念股指数

资料来源:市场通(MP)-2081 全部概念股指数。

三、交易趋势信息获取

掌握了行业综合信息以及行业比重分析后,接下来我们应分析各行业的交易趋势。在概念股指数页面点击【交易趋势分析】,选择"Industry"板块,即进入图 12-1-3 所示页面。

交易趋势分析页面展示行业的最新指数、涨跌、交易量、内盘交易量、外盘交易量、净买入、内外盘强度、委卖委买比等信息。如红色圈圈中的房地产业,2009 年 10 月 14 日星期三的最新指数为 1 822 点,较上一交易日涨 60.12 点,同比上涨 3.41%,交易量 12 亿元,内外盘强度 49.09%,净买入-8 094 万元,委卖委买比 53:47。

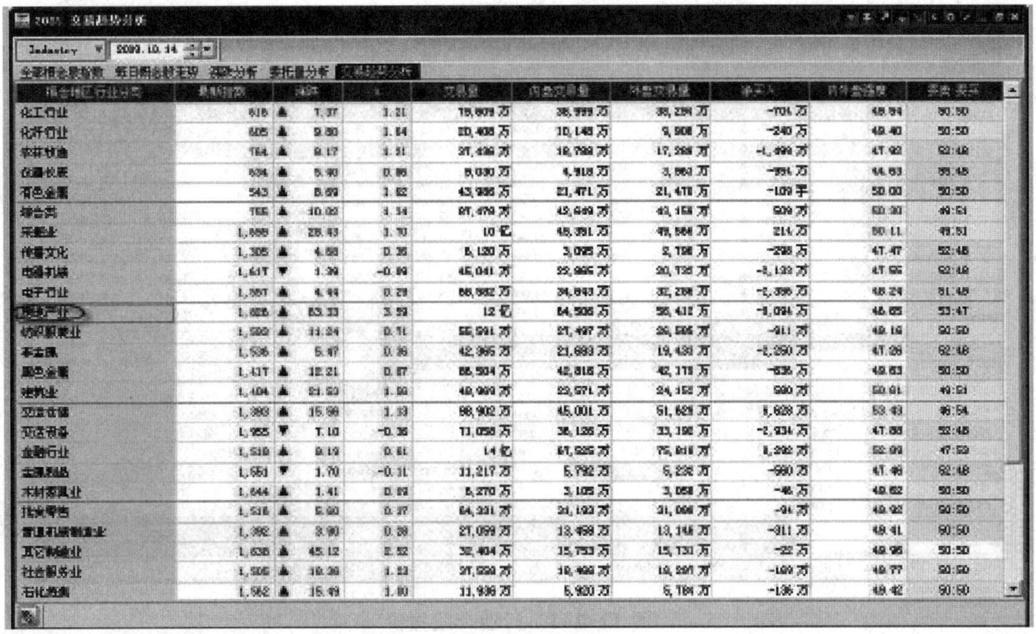

图 12-1-3　交易趋势分析

资料来源:市场通(MP)-2085 交易趋势分析。

任务二　观察与分析行业市场行情

市场通(MP)提供的行业数据具有全面性、时效性、准确性、真实性和完整性等特点。是证券投资者进行科学的行业行情分析的重要辅助工具。行业行情分析主要包括行业个股、行业分析和世界行业分析三个方面。

一、行业个股行情观察

行业个股包括中国证券市场各个行业指数中的个股信息,包括个股报价、项目结算月、综合个股排行、个股总市值和个股 Beta 值。我们选择房地产业个股为例查看和分析行业个股行情。

进入方式:【现货(S)】➔【综合画面】➔【行业个股】➔【2031 个股报价】,在页面上方【300 金融】中选中 300 金融(地产股包含在内),点击【基本信息】则进入图 12-2-1 所示界面。

个股报价页面上方列示 300 金融最新指数、涨跌情况、交易量和品种数。中间则列出了 300 金融指数的构成股(包括金融股和地产股)的最新报价、涨跌委托情况、开盘价、最高价、最低价和交易量。页面左下方显示个股的基本信息,中下方显示个股委托量、右下方显示报价和流通市值等信息。

如图 12-2-1 所示,2009 年 10 月 14 日(星期三)15:15:08 时点 300 金融指数 4 844.43 点,较上一交易日涨 1.25%,交易量 24 亿元,品种数 52。金融个股包括有深发展 A、万科 A、中国宝安、招商地产等。其中万科 A 此时报价为每股 11.42 元,涨跌 0.42 元,交易量 19 987 万股,交易额 22 亿元。涨停价 12.10 元,跌停价 9.90 元。委买量合计 1 132 250 股,委卖量合计 1 536 783 股。开盘价 11.00 元,总市值 1 105 亿元,流通市值 1 032 亿元,总股本 96 亿元,内外盘强度 33.12,市盈率 30.05%。

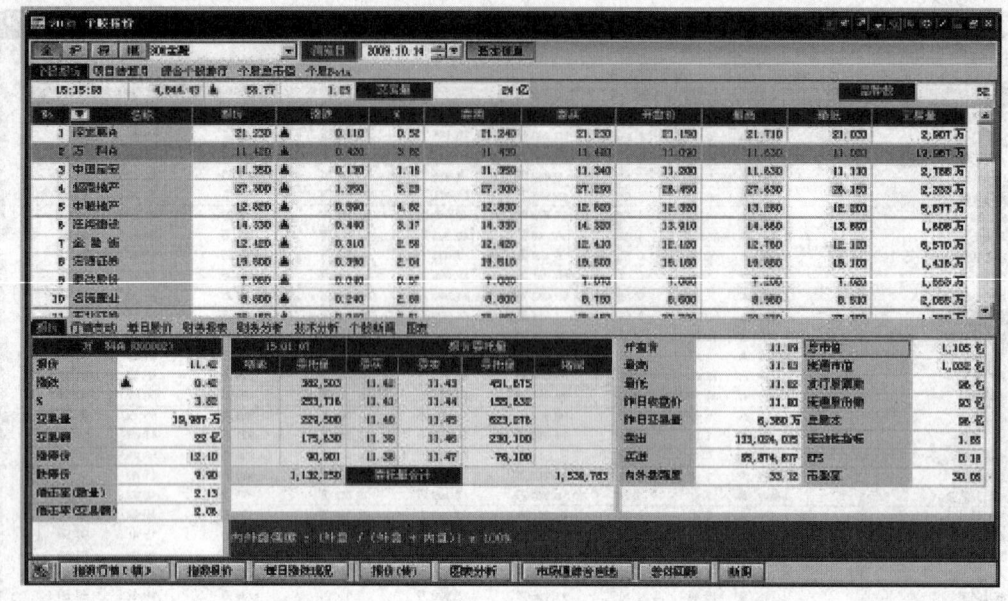

图 12-2-1　行业个股报价

资料来源：市场通(MP)-2031 个股报价。

二、行业综合行情分析

行业分析则包括行业市场指数、市场概况、行业价量分析、综合情况分析和综合信息分析与行业 Beta 分析等。

1. 综合行情观察

查询方式：【现货(S)】→【综合画面】→【行业分析】→【2041 行业市场报刊】，进入图 12-2-2 所示页面。

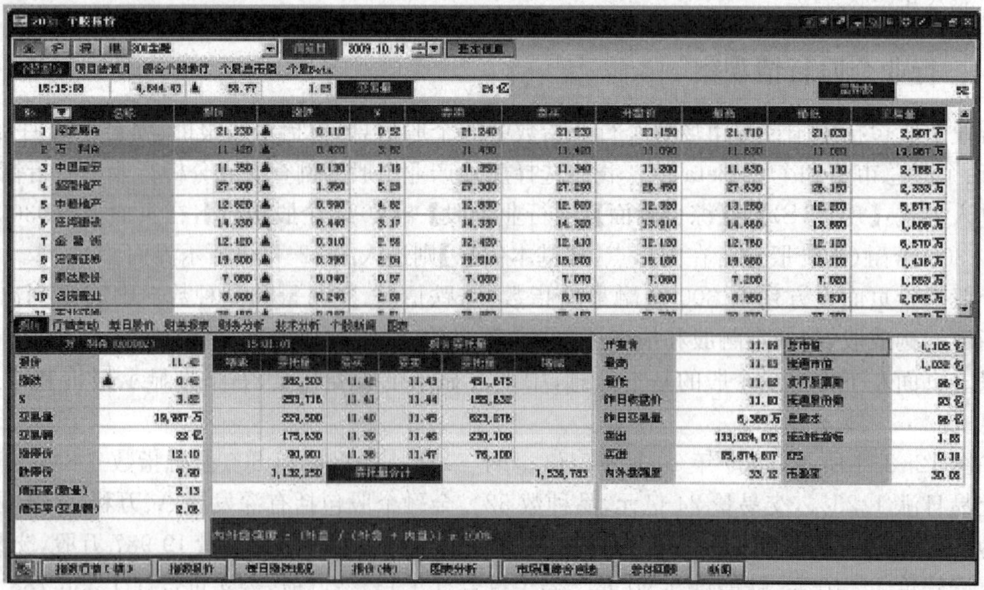

图 12-2-2　行业市场报刊

资料来源：市场通(MP)-2041 行业市场报刊。

图 12-2-2 页面列示了当日各行业指数的最新报价、涨跌情况,52 周最高以及 52 周最低情况。如地产指数当日最新指数 4 923.95 点,较上一交易日涨 270.36 点,52 周最高点是 2009 年 7 月 28 日的 6 184.19 点,当日相比下跌 20.38%。周最低点是 2008 年 11 月 7 日的 1 799.1152 点,当日较最低点日上涨 173.68%。

点击图 12-2-2 左下角的【指数报价】即进入图 12-2-3 所示的地产指数报价图。

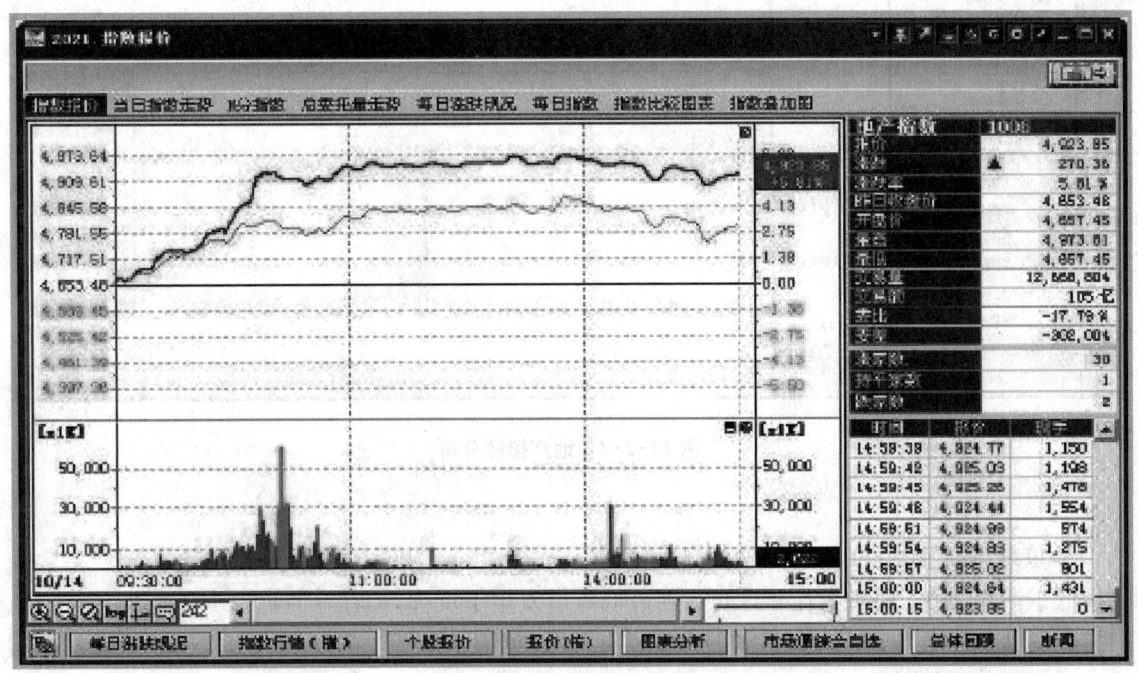

图 12-2-3　地产指数报价

资料来源:市场通(MP)-2021 指数报价。

指数报价图显示的内容较为简洁,图中左边分别显示了该行业指数的查询日行情指数走势和相对应的当日交易量。可以看出,当天地产指数在 4 476 与 4 553 之间振荡。右边上半部分显示了地产指数的交易数据情况,包括报价、涨跌率、交易量、交易额、委比、委差、涨跌股票个数;下半部分显示了该指数每一个报价的变动情况,时间详细到每一秒钟,例如 14∶59∶41 时的报价为 4 505.29。

2. 行业走势图表

行业走势图可以在模块“9111 图表分析”中进行分析。

进入方式:【图表(C)】→【9111 图表分析】,或直接输入代码“9111”按回车键即进入图表分析主页。

在页面左上角的代码下拉框中直接输入代码即可,若不熟悉市场通功能分布的用户,则可点击代码框右边的图标,找到地产指数,如图 12-2-4 所示。在左边下拉栏的“选择一般图标”里选中“图表同步重叠”,则页面顶端出现了第二个搜索图标,用户可根据需要选择对比指数。这里,我们选择沪深 300 得到图 12-2-4 显示的结果。

图 12-2-4　地产指数分析

资料来源：市场通（MP）-9111 图表分析。

2009 年 5 月至 2009 年 9 月期间，地产指数与沪深 300 走势大体相同，波动较大，地产指数降幅稍低于沪深 300。两指数在 9 月初达到最低点后发生了反弹，但在 9 月底又有走低的趋势。地产指数发展趋势既与整个大盘市场的走势具有关系，也与整个行业的发展有密切的关系。在中国政府采取扩张性的财政政策和积极的货币政策的大环境下，中国宏观经济形势向好，房地产业开始走热。

三、世界行业分析

随着经济的全球一体化，各国工业、文化、金融等产业交流越来越多，相互影响也越来越重要。因此在分析一国行业发展时也应关注世界行业的发展。

进入方式：【综合（A）】→【综合指数分析】→【世界行业分析】→【1231 世界行业分析】，进入"事业行业"分析页面，点击【设置】，进入图 12-2-5 界面。

图 12-2-5 指数设置页面包括有上证、沪深、深证、AMEX、CBOE、DOEJONES、Hang Seng、KOSDAQ 等世界 19 个综合指数，左边一列则是行业分类选项。选中"指数名称"即选中该页面所有选项，另外，用户可根据需要自行勾选。点击确定，则进入图 12-2-6。

图 12-2-6 显示当日世界各个指数的综合指数和行业指数。点击【最新指数】下拉框，还可选择显示涨跌和涨跌率。如金融产业：上证 2 003.58 点，沪深 3 453.41，深证 3 929.81 点，Hang Seng 指数为 34 060.23 点等。除了综合的世界行业分析之外，读者还可在世界行业分析页面选择查看亚洲行业分析和美国行业分析。MP 的世界行业分析将为读者从不同角度了解世界行业发展提供便利。

通过对行业个股的观察、行业综合行情分析以及世界行业的分析，读者将对证券投资的行业分析有较为全面的了解。

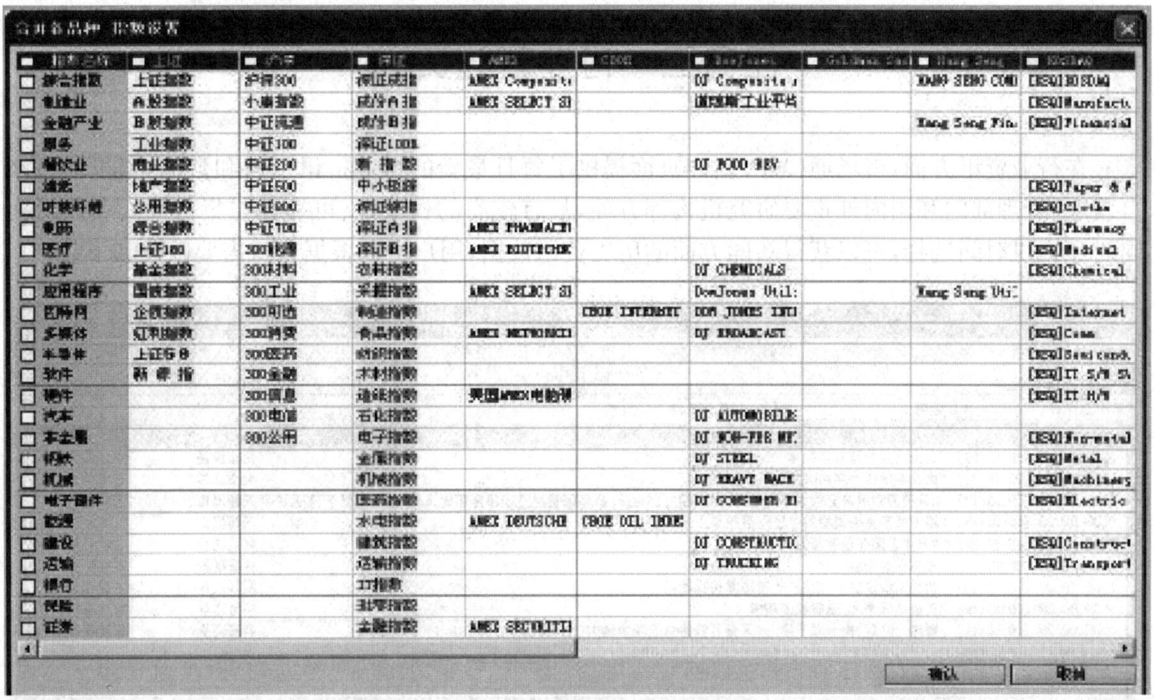

图 12-2-5 世界行业指数设置

资料来源：市场通（MP）-1231 世界行业分析指数设置。

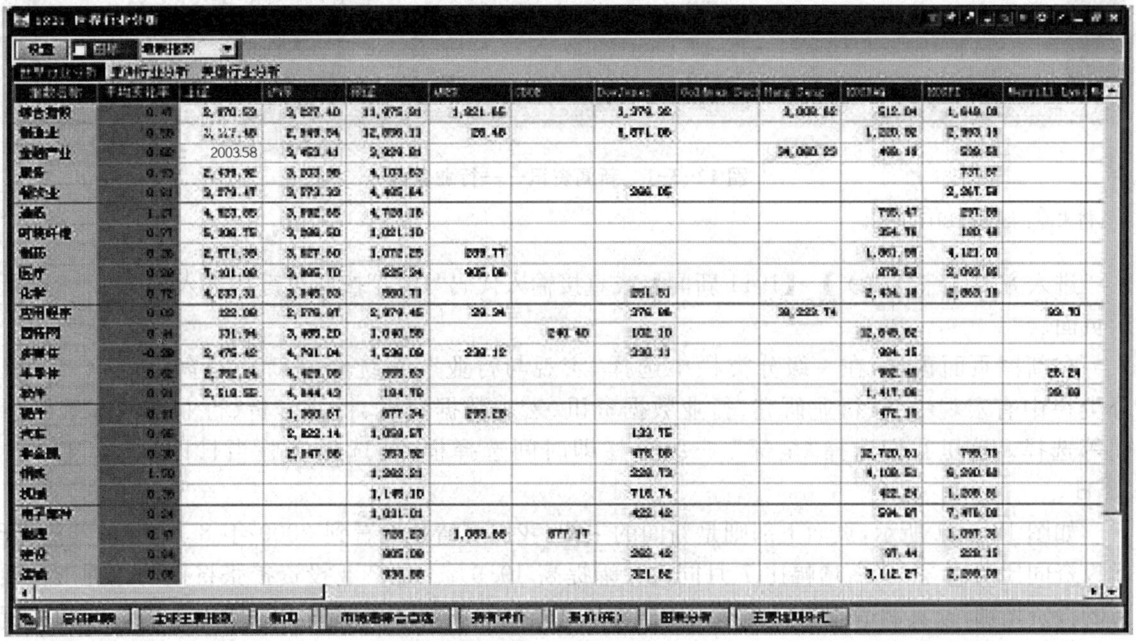

图 12-2-6 世界行业分析

资料来源：市场通（MP）-1231 世界行业分析。

任务三　行业新闻资讯

在行业资讯方面,市场通(MP)新闻页面提供了每日最新的行业资讯资料和数据,资讯信息来自政府、管理部门和国内外重要研究机构等方面,具有较高的权威性、可靠性与集成性。新闻页面同时还提供时间选择,可以获得新闻方面的历史资讯数据,用户可以根据自身需要筛选和下载。

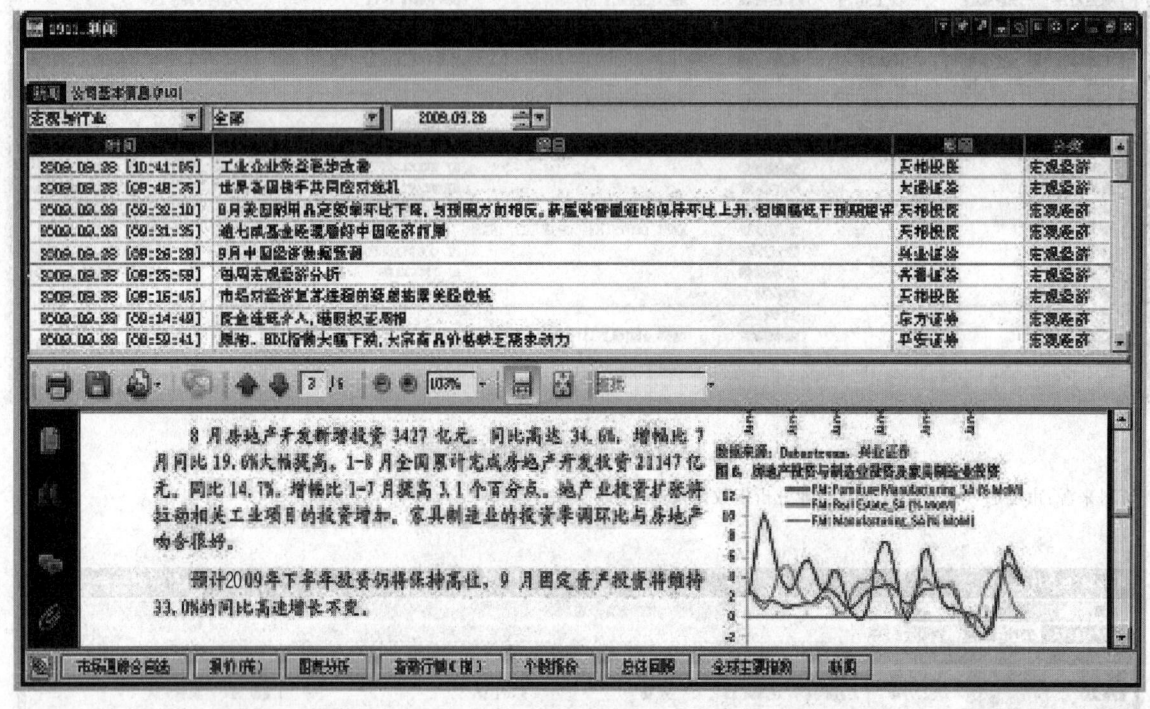

图 12-3-1　新闻资讯——行业新闻

资料来源:市场通-1911新闻。

进入方式:【综合(A)】→【1911新闻】,或直接输入代码"1911"按回车键。进入如图 12-3-1 所示页面。

在新闻页面顶部,在一级分类栏中选择"宏观与行业",系统会刷新新闻资讯内容。二级分类栏中有宏观经济、行业研究、行业数据资讯、宏观数据资讯、行业分析、行业新闻和宏观新闻等选择。这里我们选择"全部"三级分栏即时间选择框,并选择实验当日即 2009 年 9 月 28 日。

如图 12-3-1 所示,页面下部则是新闻的主体,我们可清楚地看到 2009 年 8 月房地产开发新增投资同比高达 34.6%,增幅比 7 月同比大幅提高 19.6%。地产业投资扩张将拉动相关工业项目的投资增加,家具制造业的投资季调环比与房地产吻合很好。资讯内容还附上了房地产相关行业的投资图表,供用户直观分析。

实验报告

在实验报告的撰写上,建议按照标准的实验参考格式。其主要包括实验室名称、实验项目名称、实验原理、实验目的、实验内容、实验器材、实验过程、实验数据及结果分析、实验结论等方面,可根据实际需要进行灵活调整。要求实验结论严谨、可靠、可验证性，格式规范、工整。

实 验 报 告

班级名称：　　　　　　　　课程名称：
学生姓名：　　　　　　　　学　　号：
实验地点：　　　　　　　　实验日期：

实验目的	
实验工具	
实验原理	
实验过程	
实验结果	
实验结论	
实验资料	
实验评语	指导老师：_____ 时　　间：
参与学生签字	

项目 十三 公司分析

【实训目的】

(1) 掌握财务报表理论知识,掌握基本的财务相关指标。
(2) 了解如何利用交易软件查看公司的相关信息。
(3) 熟悉如何能够正确解读公司财务报表等财务报告信息。
(4) 掌握财务指标计算的方法。
(5) 树立价值投资分析的理念。

【实训要求】

(1) 对实训目的认真掌握,严格按照实训操作方法对实训内容进行操作。
(2) 认真写出实训报告,并总结存在的问题。
(3) 对比投资银行的分析报告,比较公司财务分析的差距。

【实训设计】

以《证券投资理论与实务》教材内容为理论体系,以财务分析方法为技术手段;以价值投资分析理念为主线,以寻找有价值、有潜力、有成长性的公司为目的对上市公司进行全面分析,最终具有将理论应用于现实分析过程的能力。

【实训内容】

任务一 公司基本情况信息收集

一、掌握公司基本情况分析的内容

(一) 行业地位分析

行业地位分析的目的是找出公司在所处行业中的竞争地位,以决定投资于哪家公司,投资比重是多少。在行业中处于龙头地位的公司,其证券在证券市场中往往也是多头行情的领涨品种。

衡量公司行业竞争地位的主要指标是产品的市场占有率和行业综合排序。市场占有率指标是企业市场营销战略的核心。

(二) 区位分析

这里所说的区位是指经济区位,即经济地理范畴上的经济增长极或经济增长点及其辐射范围,是资本、技术和其他经济要素高度集聚并且经济发展快速的地区。上市公司的投资价值与区位经济的发展密切相关。区位经济因素主要包括三个方面:区位内的自然和基础条件、区位内政府的产业政策和其他相关的经济支持、区位内的比较优势和特色。

（三）产品分析

（1）产品的竞争能力分析。产品的竞争能力主要体现在成本优势、技术优势和质量优势上。具有成本优势的公司，其产品成本低于其他企业，由此而获得高于其他企业的盈利水平。具有技术优势的公司，拥有比同行业其他竞争对手更强的技术实力和研究、开发新产品的能力。具有质量优势的公司，其产品质量优于其他公司同类产品，因而可获得较大的市场份额。

（2）产品的市场占有率。分析公司的产品市场占有率，可从两个方面进行：一是公司的产品销售市场的地域分布，看其是属于地区型还是全国型或是世界型的。市场分布越广，说明公司的经营能力越强。二是公司产品销售量占该类产品整个市场销售总量的比例，通常所说的产品市场占有率即指此，该比例越高说明公司的经营能力和竞争力越强。

（3）品牌战略。品牌是一种商品名称和商标的总称。商品用户可以通过品牌将此公司商品与彼公司商品区别开来。分析上市公司品牌，主要看其有无品牌战略、其品牌前景如何等。

（四）公司经营管理能力分析

（1）公司管理人员的素质分析。管理人员的素质是决定公司经营成败的一个重要因素。

（2）公司管理风格和经营理念分析。管理风格是公司在管理过程中所一贯坚持的原则、目标及方式等方面的总称。通过对公司管理风格和经营理念的分析，可以预测公司是否具有可持续发展能力，判断公司管理层制定何种发展战略。

（3）公司业务人员素质的分析。公司业务人员应具备的素质包括：熟悉自己从事的业务，有必要的专业技术能力和创新能力，对企业忠诚，对本职工作有很强的责任感，具有团队合作精神，等等。

（五）成长性分析

（1）公司经营战略分析。经营战略是公司面对激烈变化与严峻挑战的环境，为求得长期生存和不断发展而进行的总体性谋划。在进行分析时，可以通过收集公开信息、到公司调查走访等途径了解公司的经营战略，考察和评估公司高级管理层的稳定性及其对公司经营战略的可能影响，分析公司的投资项目、财力资源、人力资源等是否适应公司经营战略的要求，对照公司的竞争地位分析公司的经营战略是否适当，结合公司产品所处的生命周期分析和评估公司的产品策略是专业化还是多元化，分析和评估公司的竞争战略是什么，等等。

（2）公司规模变动特征及扩张潜力分析。通过分析公司规模的扩张动力是来自于供给推动还是需求拉动，公司是用产品创造市场需求还是用产品去满足市场需求，是靠技术进步还是靠其他因素实现扩张等，找出公司发展的内在规律；通过比较公司历年的销售、利润和资产规模等数据判断公司的发展趋势是加速发展还是稳步扩张或停滞不前；通过将公司的销售、利润、资产规模等数据及其增长率与行业平均水平比较以及与主要竞争对手的数据比较，了解公司行业地位的变化。另外，还可以通过分析、预测公司主要产品的市场前景以及公司的投资和筹资能力来分析公司的扩张潜力。

二、公司基本情况分析方法

（以上市公司秦川机床000837为例，以2015年7月10日上市公司公布的资料截图为依据。）

（一）公司概要

进入股市软件分析系统，输入秦川机床或直接输入代码000837，打开个股行情，按F10键进入公司基本面，在模块栏点击【公司概要】，进入公司概要分析页面，如图13-1-1所示。

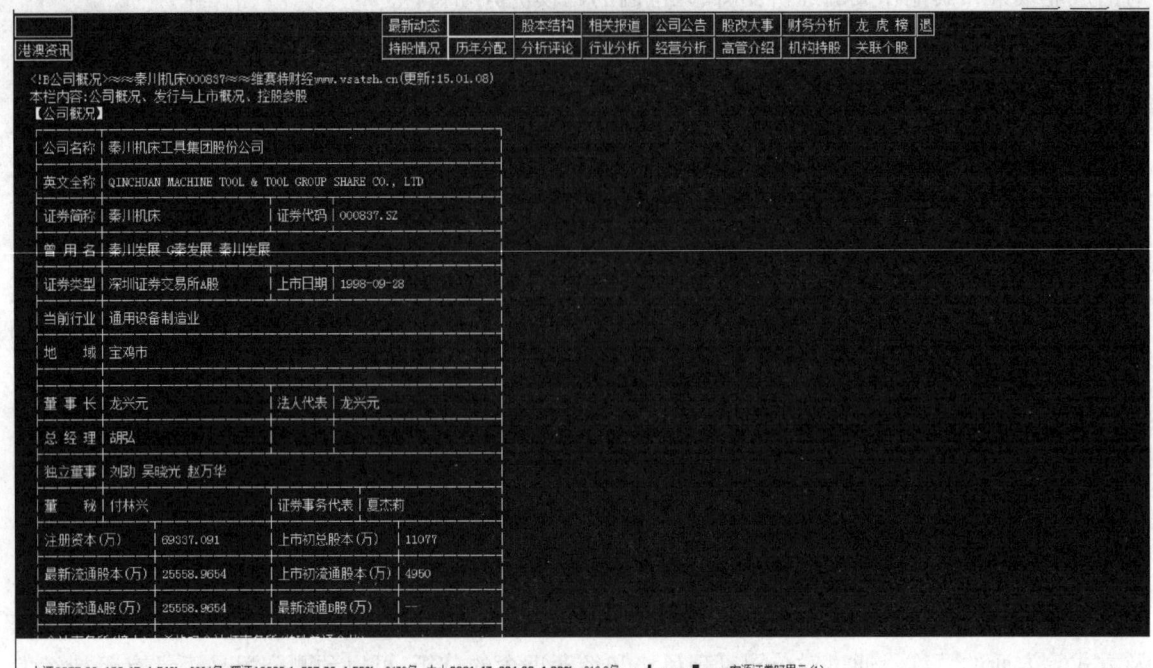

图 13-1-1　2015 年 7 月 10 日秦川机床交易行情截图

公司概要主要介绍了公司的基本情况,如公司名称、董事长、上市日、每股面值、总股数、行业分类、注册资本等(如图 13-1-2 所示)。

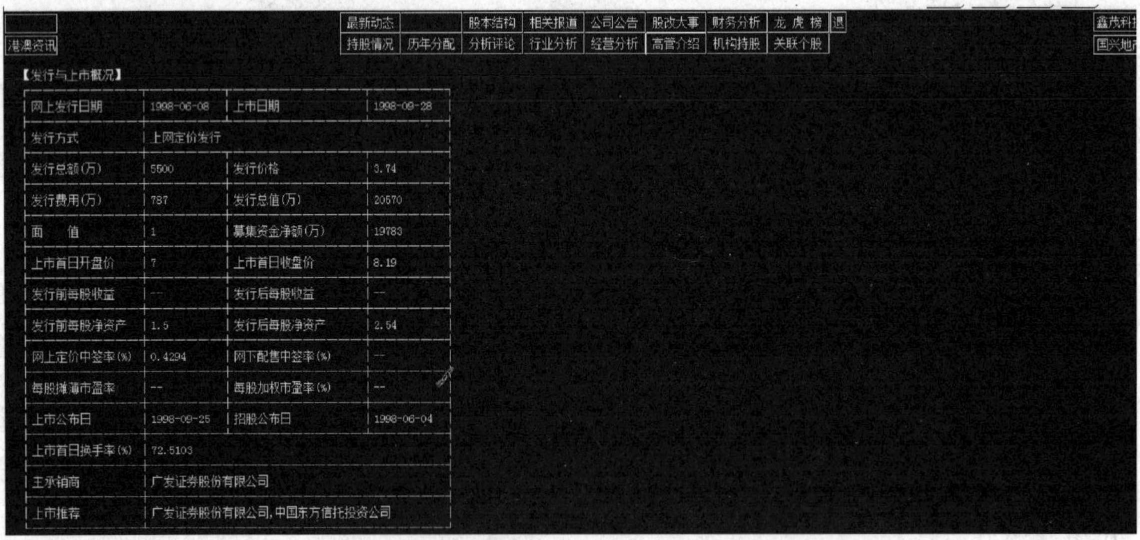

图 13-1-2　公司概要——秦川机床(000837)

由图 13-1-2 左边部分可知,秦川机床工具集团股份公司基本情况如下:陕西秦川机械发展股份有限公司(以下简称"本公司")是由陕西秦川机床工具集团有限公司(原秦川机床集团有限公司)作为主要发起人联合其他发起人,同时向社会公众发行股票而募集设立的股份公司。本公司经中国证券监督管理委员会证监发字[1998]145 号文批准,于 1998 年 6 月 8 日通过深圳证券交易所交易系统以"上网定价"方式公开发行,并于同年 9 月 28 日在深交所正式挂牌交易,股票代码"000837"。每股面值为 1 元,发行总额 5 500 万股,上市初总股本 11 077 万股。

(二)经营分析

点击界面分析中的经营分析,出现上市公司的经营情况,如图 13-1-3 显示秦川机床按产品构成和按地区构成的公司营业收入、营业利润、毛利率等情况。

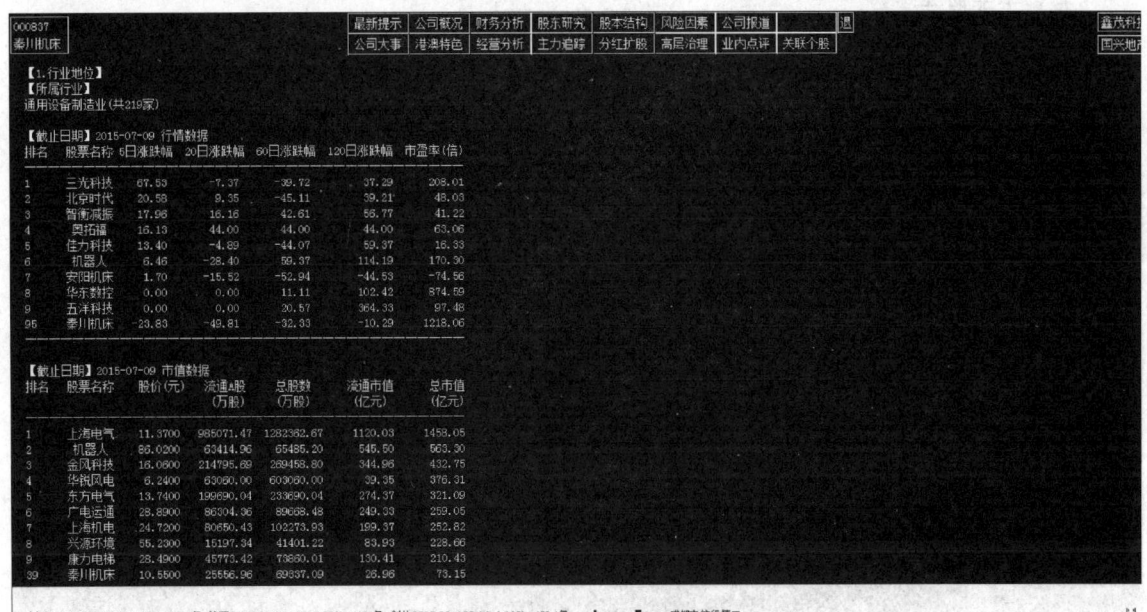

图 13-1-3　秦川机床经营业绩截图

(三)行业地位分析

点击界面的行业分析,进入行业分析页面,可以看到上市公司所属的行业,并通过对该行业的发展数据、盘面大小等资料对上市公司在同业中的地位进行评价分析,如图 13-1-4 所示。

图 13-1-4　秦川机床(000837)行业分析截面图

（四）财务指标

在模块栏点击【财务指标】，进入财务指标分析页面，如图 13-1-5 所示。

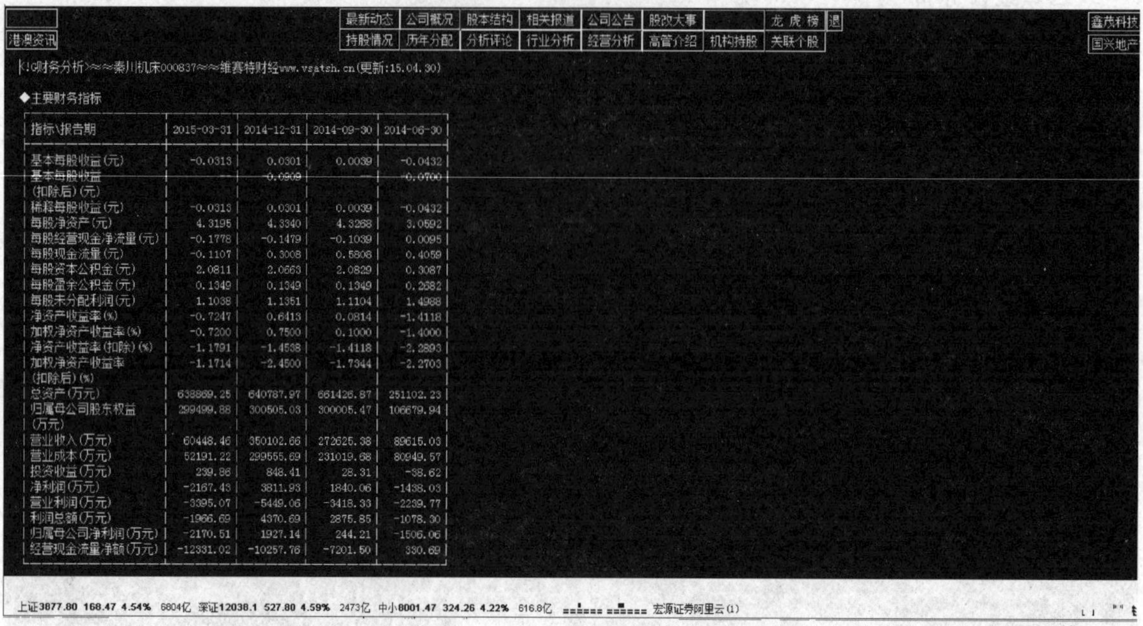

港澳资讯

最新动态 公司概况 股本结构 相关报道 公司公告 股改大事 龙虎榜 退

持股情况 历年分配 分析评论 行业分析 经营分析 高管介绍 机构持股 关联个股

鑫茂科技 国兴地产

K!G财务分析>≈≈秦川机床000837≈≈维赛特财经www.vsatsh.cn(更新:15.04.30)

◆主要财务指标

指标\报告期	2015-03-31	2014-12-31	2014-09-30	2014-06-30
基本每股收益(元)	-0.0313	0.0301	0.0039	-0.0432
基本每股收益(扣除后)(元)	---	0.0909	---	-0.0700
稀释每股收益(元)	-0.0313	0.0301	0.0039	-0.0432
每股净资产(元)	4.3195	4.3340	4.3268	3.0592
每股经营现金净流量(元)	-0.1778	-0.1479	-0.1039	0.0095
每股现金流量(元)	-0.1107	0.3008	0.5808	0.4059
每股资本公积金(元)	2.0811	2.0663	2.0829	0.3087
每股盈余公积金(元)	0.1349	0.1349	0.1349	0.2682
每股未分配利润(元)	1.1038	1.1351	1.1104	1.4988
净资产收益率(%)	-0.7247	0.6413	0.0814	-1.4118
加权净资产收益率(%)	-0.7200	0.7500	0.1000	-1.4000
净资产收益率(扣除)(%)	-1.1791	-1.4538	-1.4118	-2.2893
加权净资产收益率(扣除后)(%)	-1.1714	-2.4500	-1.7344	-2.2703
总资产(万元)	638869.25	640787.97	661426.87	251102.23
归属母公司股东权益(万元)	299499.88	300505.03	300005.47	106679.94
营业收入(万元)	60448.46	350102.66	272625.38	89615.03
营业成本(万元)	52191.22	299555.69	231019.68	80949.57
投资收益(万元)	239.86	848.41	28.31	-38.62
净利润(万元)	-2167.43	3811.93	1840.06	-1438.03
营业利润(万元)	-3395.07	-5449.06	-3418.33	-2239.77
利润总额(万元)	-1966.69	4370.69	2875.85	-1078.30
归属母公司净利润(万元)	-2170.51	1927.14	244.21	-1506.06
经营现金流量净额(万元)	-12331.02	-10257.76	-7201.50	330.69

上证3877.80 168.47 4.54% 6804亿 深证12038.1 527.80 4.59% 2473亿 中小8001.47 324.26 4.22% 616.8亿 宏源证券阿里云(1)

图 13-1-5　秦川机床(000837)财务指标界面图

财务指标页面主要用来查询上市公司的一些基本财务情况。例如：会计期间、营业利润、净利润、资产总值、总市值、每股收益、每股净资产、股息、每股红利、P/E、P/B、P/CF、P/S、ROE、ROA、营业利润增长率、净利润增长率、流动比率、净资产负债率等指标，这些财物指标能很好地为投资者提供投资信息。

（五）十大股东

点击界面中的持股情况，可以查看秦川机床（000837）不同时期的十大股东持股情况，如图 13-1-6 所示。分析大股东持股情况有利于投资者分析机构投资者的情况，机构投资者具有投资的比较优势，可以为个人投资者提供投资依据。

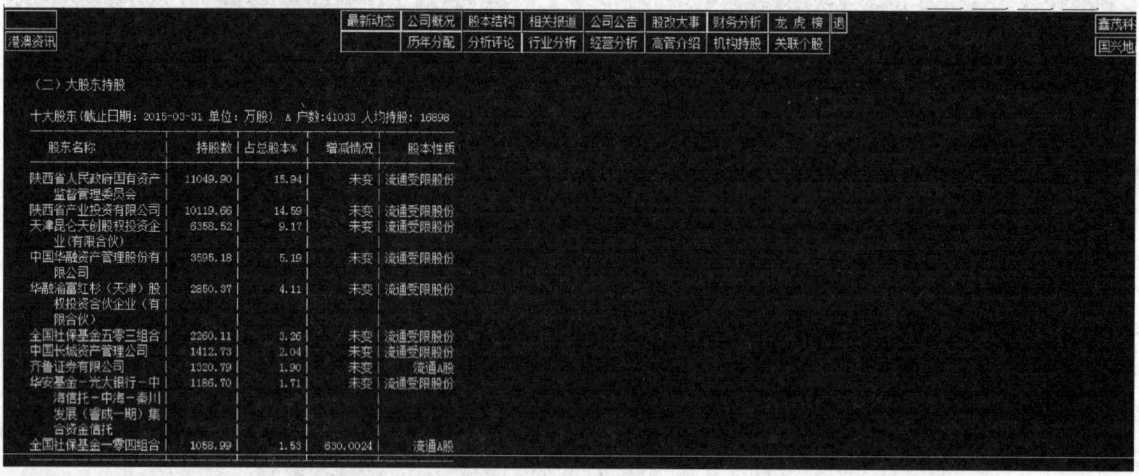

港澳资讯

最新动态 公司概况 股本结构 相关报道 公司公告 股改大事 财务分析 龙虎榜 退

历年分配 分析评论 行业分析 经营分析 高管介绍 机构持股 关联个股

鑫茂科 国兴地

（二）大股东持股

十大股东(截止日期：2015-03-31 单位：万股) A 户数:41033 人均持股：16898

股东名称	持股数	占总股本%	增减情况	股本性质
陕西省人民政府国有资产监督管理委员会	11049.90	15.94	未变	流通受限股份
陕西省产业投资有限公司	10119.66	14.59	未变	流通受限股份
天津昆仑天创股权投资企业(有限合伙)	6358.52	9.17	未变	流通受限股份
中国华融资产管理股份有限公司	3595.18	5.19	未变	流通受限股份
华融渝富红杉（天津）股权投资合伙企业（有限合伙）	2850.37	4.11	未变	流通受限股份
全国社保基金五零三组合	2260.11	3.26	未变	流通受限股份
中国长城资产管理公司	1412.73	2.04	未变	流通受限股份
齐鲁证券有限公司	1320.79	1.90	未变	流通A股
华安基金－光大银行－中海信托－中海－秦川发展（睿成一期）集合资金信托	1186.70	1.71	未变	流通受限股份
全国社保基金一零四组合	1058.99	1.53	630.0024	流通A股

图 13-1-6　秦川机床(000837)十大股东持股资料截图

（四）股本分红

进入交易界面，在模块栏点击【历年分配】，进入股本分红分析页面，如图 13-1-7 所示。

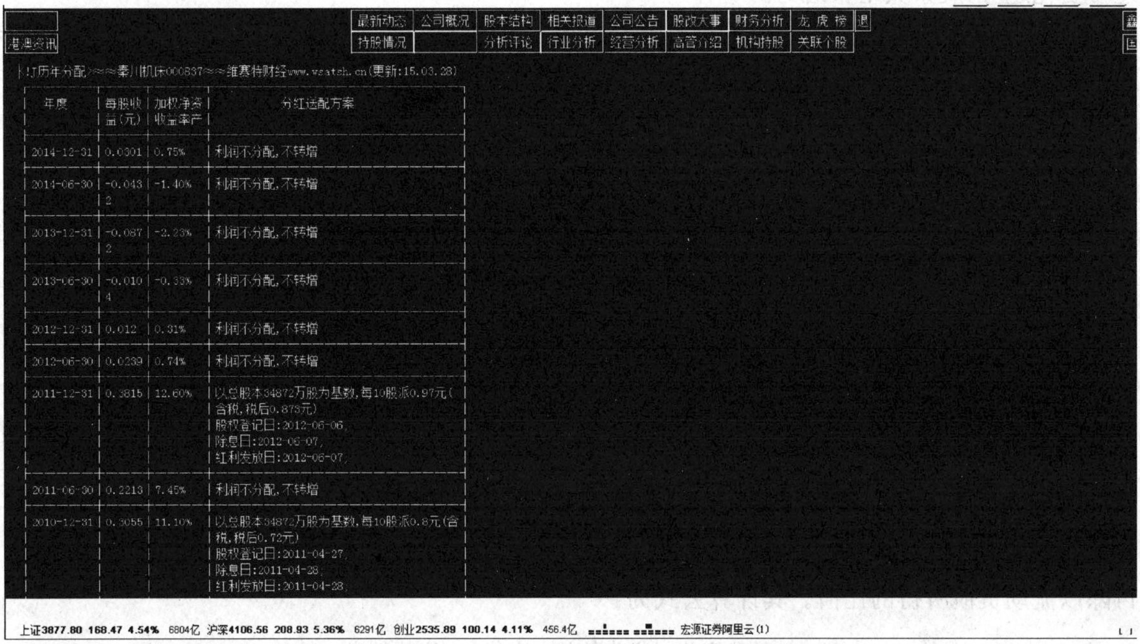

【历年分配】≈≈秦川机床000837≈≈维赛特财经www.vsatsh.cn(更新:15.03.28)

年度	每股收益(元)	加权净资收益率产	分红送配方案
2014-12-31	0.0301	0.75%	利润不分配,不转增
2014-06-30	-0.0432	-1.40%	利润不分配,不转增
2013-12-31	-0.0872	-2.23%	利润不分配,不转增
2013-06-30	-0.0104	-0.33%	利润不分配,不转增
2012-12-31	0.012	0.31%	利润不分配,不转增
2012-06-30	0.0239	0.74%	利润不分配,不转增
2011-12-31	0.3815	12.60%	以总股本34872万股为基数,每10股派0.97元(含税,税后0.873元) 股权登记日:2012-06-06, 除息日:2012-06-07, 红利发放日:2012-06-07,
2011-06-30	0.2213	7.45%	利润不分配,不转增
2010-12-31	0.3055	11.10%	以总股本34872万股为基数,每10股派0.8元(含税,税后0.72元) 股权登记日:2011-04-27, 除息日:2011-04-28, 红利发放日:2011-04-28,

图 13-1-7　秦川机床(000837)历年分配资料截图

由图 13-1-7 左边可知，秦川机床从 2010 年年末至 2014 年年末的五个会计年度中只有两次分红，并多次出现利润不分配、不转赠的情况，是什么情况导致公司利润不分配、不转赠？要结合公司财务指标进一步加以分析。

任务二　公司财务分析

公司财务状况反映公司的盈利水平以及对股东的回报能力，进而影响公司的股价水平，因此，对公司财务状况的分析是基本面分析中的重中之重。

一、公司财务分析方法

公司财务分析方法有比较分析法、因素分析法，本书采用比较分析法分析公司财务状况。具体分类如下。

（一）按比较对象分类

（1）与本企业历史发展情况比较，也就是企业在不同时期的发展比较分析，也称“趋势分析”，目的在于观察企业当前的发展水平以及未来的发展趋势。

（2）与同类企业比较，即与同行业平均数或竞争对手比较，也称“横向比较”，目的在于发现公司在同行业中的位置。

（3）与计划预算比较，即实际执行结果与计划指标比较，也称“差异分析”，目的在于比较企业的执行力。

（二）按比较内容分类

（1）比较财务要素的总量：比较企业的总资产、净资产、净利润等，目的在于研究企业利润的逐年变化趋势，观察其增长潜力。

（2）比较财务比率：财务比率是企业各会计要素的相互关系，反映其内在联系，财务比率分析是最重要的分析。它们是相对数，排除了规模的影响，使不同比较对象建立起可比性。

二、掌握公司财务指标

财务分析所用的比率指标大致分为以下六类：偿债能力分析、资本结构分析、经营效率分析、盈利能力分析、投资收益率分析和财务结构分析。

1. 偿债能力分析

（1）流动比率。流动比率是流动资产除以流动负债所得的比值。计算公式为：

$$流动比率 = 流动资产 \div 流动负债$$

一般认为，生产企业合理的最低流动比率是 2，其理由是流动资产中变现能力最差的存货金额约占流动资产总额的一半，剩下的流动性较大的流动资产至少要等于流动负债，企业的短期偿债能力才会有保证。

（2）速动比率。又称为"酸性测试比率"，是从流动资产中扣除存货部分（因其变现能力差），再除以流动负债所得的比值。其计算公式为：

$$速动比率 = （流动资产 － 存货）\div 流动负债$$

通常认为正常的速动比率为 1，低于 1 的速动比率被认为是短期偿债能力偏低。但具体分析时要因公司而异。例如，在速动比率计算公式的分子中包含了应收账款，有的公司采用大量现金销售，其应收账款极少，其速动比率大大低于 1 是很正常的；相反，有的公司如从事房地产开发的公司和建筑公司，其应收账款较多，其正常的速动比率可能大于 1。同一公司不同的季节，应收账款的数额也会有很大差异。另外，同样是应收账款，其变现能力也是有差异的，有的很快会变成现金，有的可能变成坏账。

（3）利息支付倍数。利息支付倍数又称利息保障倍数，是指企业经营收益与利息费用的比率，用以衡量偿付借款利息的能力。其计算公式为：

$$利息支付倍数 = 息税前利润 \div 利息费用$$

式中，税息前利润是指损益表中未扣除利息费用和所得税之前的利润，可用利润总额加利息费用来预测；利息费用是指本期发生的全部应付利息，包括财务费用中的利息费用和计入固定资产成本中的资本化利息。利息支付倍数越大，说明企业偿付利息的能力越大。

投资者应关注上市公司近几年中经营效益最差年度的利息支付倍数，因为它可以揭示公司最低的偿债能力。效益差，但需要偿还的利息未必减少。

在使用利息支付倍数指标进行分析时，还可以使用"长期债务与营运资金比率"这一指标作辅助分析，其计算公式为：

$$长期债务与营运资金比率 = 长期负债 \div （流动资产 － 流动负债）$$

式中，流动资产减流动负债后的差额，是营运资金。长期债务与营运资金比率不应大于 1，因为长期债务最终要转化为流动负债，并且要用流动资产来偿还，如果长期债务与营运资金的比率大于 1，也就意味着流动资产减去原流动负债数额后，不足以抵偿由长期债务转化来的流动负债。

（4）应收账款周转率和周转天数。应收账款周转率是指年度内应收账款转为现金的平均次

数,它说明应收账款流动的速度。其计算公式为:

$$应收账款周转率 = 销售收入 ÷ 平均应收账款$$

应收账款周转天数也叫应收账款回收期或平均收现期,是企业从取得应收账款的权利到收回款项转换为现金的时间,是用时间表示的应收账款周转速度。其计算公式为:

$$应收账款周转天数 = 360 ÷ 应收账款周转率$$
$$= 平均应收账款 × 360 ÷ 销售收入$$

式中,销售收入是指扣除折扣后和折让后的销售净额(以下同),可从损益表中取得数据;平均应收账款是资产负债表中"期初应收账款余额"与"期末应收账款余额"的算术平均数。

应收账款周转率越高,周转天数越短,说明公司的应收账款收回越快。

2. 资本结构分析

资本结构是指在企业的总资本中股权资本和债权资本的构成及其比例关系。

(1) 股东权益比率。股东权益比率是股东权益总额与资产总额的比率。其计算公式为:

$$股东权益比率 = 股东权益总额 ÷ 资产总额 × 100\%$$

式中,股东权益总额就是资产负债表中的所有者权益总额。

此比率还可用下式计算:

$$股东权益比率 = 股东权益总额 ÷ (负债总额 + 股东权益总额)$$

当资产收益率低于利息率时,股东权益比率越高,对股东越有利,股东权益比率越低,对股东越不利。对于债权人而言,情况正好相反。

通常认为,股东权益比率高是低风险、低报酬的财务结构;股东权益比率低是高风险、高报酬的财务结构。

(2) 资产负债比率。资产负债比率又称为举债经营比率,是负债总额除以资产总额的百分比,它反映在总资产中有多大比例是通过借债来筹资的,也可以衡量企业在清算时保护债权人利益的程度。其计算公式为:

$$资产负债比率 = 负债总额 ÷ 资产总额 × 100\%$$

式中,资产总额是扣除累计折旧后的净额。从债权人的角度看,上市公司的资产负债比率越低越好,因为越低,公司偿债越有保证;从股东的角度看,当上市公司的全部资本(包括股权资本和债权资本)的利润率高于借款利息率时,资产负债比率越高越好;从对经营者的评价来说,如果企业的资产负债比率过高,则该企业再举债就有很大困难,而如果企业的资产负债比率很小,就被认为是企业缺乏盈利的信心,资本运营能力差。

(3) 长期负债比率。长期负债比率是企业的长期负债与资产总额的比率。其计算公式为:

$$长期负债比率 = 长期负债 ÷ 资产总额 × 100\%$$

同流动负债相比,长期负债对上市公司短期内的还债压力小,企业可以将长期负债筹得的资金用于增加固定资产;同所有者权益比较,长期债务的稳定性要差一些,特别是在经济衰退期更是如此,负债毕竟是要偿还的,所以长期负债率也不能太高。

(4) 股东权益与固定资产比率。股东权益与固定资产比率是股东权益除以固定资产总额的比率。其计算公式为:

$$股东权益与固定资产比率 = 股东权益总额 ÷ 固定资产总额 × 100\%$$

该比率越大,说明资本结构越稳定,财务风险越小,因为所有者权益没有偿还期。

3. 经营效率分析

(1) 存货周转率和存货周转天数。存货周转率,即存货周转次数,是销售成本除以平均存货所得到的比率。其计算公式为:

$$存货周转率 = 销货成本 \div 平均存货 \times 100\%$$

存货周转天数是存货周转一次需要多少天。其计算公式为:

$$存货周转天数 = 360 \div 存货周转率$$
$$= 360 \div (销货成本 \div 平均存货)$$
$$= (平均存货 \times 360) \div 销货成本$$

式中,销货成本数据来自于损益表;平均存货数据来自于资产负债表中的"期初存货"与"期末存货"的平均数。

另外,还可以计算某些重要存货项目的周转率,如:

$$原材料周转率 = 耗用原材料成本 \div 平均原材料存货 \times 100\%$$
$$在产品周转率 = 制造成本 \div 平均在产品存货 \times 100\%$$

一般而言,存货周转速度越快,存货的占用水平越低,流动性越强,存货转换为现金或应收账款的速度越快。该指标不但可以反映公司存货管理的水平,还可反映整个公司的管理水平,同时也反映公司的短期偿债能力。

(2) 固定资产周转率。固定资产周转率是销售收入与全部固定资产平均余额的比值。其计算公式为:

$$固定资产周转率 = 销售收入 \div 平均固定资产 \times 100\%$$
$$平均固定资产 = (年初固定资产 + 年末固定资产) \div 2$$

固定资产周转率越高,表明固定资产运用效率越高。

(3) 总资产周转率。总资产周转率是销售收入与平均资产总额的比值。其计算公式为:

$$总资产周转率 = 销售收入 \div 平均资产总额 \times 100\%$$

式中,平均资产总额是年初资产总额与年末资产总额的平均数。

总资产周转率反映了公司资产总额的周转速度。周转率越高,说明总资产的周转速度越快,销售能力越强。

(4) 股东权益周转率。股东权益周转率是销售收入与平均股东权益的比值。其计算公式为:

$$股东权益周转率 = 销售收入 \div 平均股东权益 \times 100\%$$

平均股东权益是期初股东权益和期末股东权益的简单平均数。

股东权益周转率反映了公司运用所有者资产的效率。该比率越高,效率越高,表明公司运用资金的能力越高。

(5) 主营业务收入增长率。业务收入增长率是本期主营业务收入与上期主营业务收入之差和上期主营业务收入的比值。其计算公式为:

$$主营业务收入增长率 = \frac{本期主营业务收入 - 上期主营业务收入}{上期主营业务收入} \times 100\%$$

该指标可以用来衡量公司的产品生命周期,判断公司发展所处的阶段。一般来说,如果主营业务收入增长率超过10%,说明公司产品处于成长期,该公司是成长型企业;如果主营业务收入增长率在 5%~10%之间,说明公司产品已进入稳定期;增长率低于 5%,说明公司产品已进入衰退期,如不开发新产品,公司前景不妙。

4. 盈利能力分析

(1) 销售毛利率。销售毛利率,简称毛利,是毛利占销售收入的百分比。其计算公式为:

$$销售毛利率 = \frac{销售收入 - 销售成本}{销售收入} \times 100\%$$

毛利率越大,说明公司的盈利能力越强。

(2) 销售净利率。其计算公式为:

$$销售净利率 = 净利 \div 销售收入 \times 100\%$$

销售净利率指标反映公司每百元销售收入带来的税后利润的多少,表示销售收入的收益水平。

(3) 资产收益率。资产收益率是企业净利润与平均资产总额的百分比。其计算公式为:

$$资产收益率 = 净利润 \div 平均资产总额 \times 100\%$$
$$平均资产总额 = (期初资产总额 + 期末资产总额) \div 2$$

该指标反映了公司资产利用的综合效果。资产收益率越高,说明资产利用效果越好。影响资产收益率的因素主要有:产品价格、单位成本高低、产量和销量、资金占用量等。

(4) 股东权益收益率。股东权益收益率又称为净资产收益率,是净利润与平均股东权益的百分比。其计算公式为:

$$股东权益收益率 = 净利润 \div 平均股东权益 \times 100\%$$

该指标反映股东权益的收益水平。股东权益收益率越高,说明投资带来的收益越高。

(5) 主营业务利润率。主营业务利润率是主营业务利润与主营业务收入的百分比。其计算公式为:

$$主营业务利润率 = 主营业务利润 \div 主营业务收入 \times 100\%$$

该指标反映公司的主营业务获利水平。如果公司的主营业务突出,主营业务利润率高,则说明公司有较强的竞争力。

5. 投资收益率分析

(1) 普通股每股净收益。普通股每股净收益是本年盈余与普通股流通股数的比值。其计算公式为:

$$普通股每股净收益 = \frac{净利 - 优先股股息}{发行在外的加权平均普通股股数}$$

该指标反映普通股的获利水平。指标值越高,股东的投资效益越好。

(2) 股息发放率。股息发放率是普通股每股股利与每股净收益的百分比。其计算公式为:

$$股息发放率 = 每股股利 \div 每股净收益 \times 100\%$$

该指标反映普通股股东从每股的净收益中分得多少数额。除非公司将净收益投入到好的项目,否则,应该给股东多发放股利。

(3) 普通股获利率。普通股获利率,又称为股息实得利率,是每股股息与每股市场价的百分比,是衡量普通股股东当期股息收益率的指标。其计算公式为:

$$普通股获利率 = 每股股息 \div 每股市场价 \times 100\%$$

已持有股票的投资者在分析所持股票的获利率时,股票市场价采用投资者购买股票时支付的价格;准备投资的投资者在分析购买对象的获利率时,股票价格采用即时价格。

在每股收益一定的情况下,获利率越低,说明股票价格相对越高;获利率越高,说明股票价格相对越低,投资价值相对越大。

(4) 本利比。本利比是获利率的倒数,是每股市场价格与每股股息的比值。其计算公式为:

$$本利比 = 每股市场价格 \div 每股股息$$

计算的结果用"倍数"表示,例如 10 倍,表示每股股价是每股股息的 10 倍。就某公司股票本身来说,倍数越低,投资风险越小,股价上升空间相对越大。

(5) 市盈率。市盈率又称本益比,是每股市场价格与每股税后利润的比率。其计算公式为:

$$市盈率 = 每股市场价格 \div 每股税后利润$$

在股票市场中,某公司股票的市盈率高,说明该公司股票受到股票市场投资者的追捧,其投资风险也相对较大;市盈率低,说明投资者的投资热情不高,但投资风险也小。当某股票的价格随着大盘指数的回调而下跌,股票市盈率也下降到历史低点时,往往表明新的投资机会的到来。

如果不是投机者操纵股价,那么,公司股票的市盈率高,一般意味着公司的成长潜力大,股票价格提前作了反映。

(6) 投资收益率。这里的投资收益率不是指证券投资者的投资收益率,而是证券发行公司的投资收益除以其平均投资额的比值。用公式表示为:

$$投资收益率 = 投资收益 \div 平均投资额 \times 100\%$$
$$平均投资额 = (期初长、短期投资 + 期末长、短期投资) \div 2$$

该指标反映上市公司利用长、短期资金投资获利的能力。投资收益率越高越好。

(7) 每股净资产。每股净资产是净资产除以发行在外的普通股股数的比值。用公式表示为:

$$每股净资产 = 净资产 \div 发行在外的普通股股数$$

式中,净资产是资产总额与负债总额之差,即所有者权益。该指标反映了每股普通股所代表的股东权益总额。

(8) 净资产倍率。净资产倍率是每股市场价格与每股净值的比值。其计算公式为:

$$净资产倍率 = 每股市场价格 \div 每股净值 \times 100\%$$

净资产倍率是投资者判断股票投资价值的重要指标。净资产倍率等于或小于 1 时,说明股票价格等于或小于每股净资产值,如果净资产倍率大于 1,则说明股票价格高于每股净资产值。因此,净资产倍率越小,股票投资价值越大,投资风险越小;反之,投资价值越小,投资风险越大。

6. 财务结构分析

(1) 资本化比率。资本化比率反映公司负债的资本化(或长期化)程度。其计算公式为:

$$资本化比率 = \frac{长期负债合计}{长期负债合计 + 所有者权益合计} \times 100\%$$

资本化比率越小,表明公司负债的资本化程度越低,长期偿债的压力越小;反之,则表明公司负债的资本化程度越高,长期偿债的压力越大。资本化比率多大合适,没有绝对标准,应具体问题具体分析。例如,有的公司资本化比率虽然比其他公司低,但长期负债的绝对值很大,则该公司的财务风险值得警惕。再如,有的公司资本化比率较高,但该公司的资本固定化比率超过

100%，说明该公司在长期资产投资规模超过自有资本的情况下，利用了长期借款来弥补自有资金的不足。只要长期借款已全部转化为固定资产，而且投资决策正确，那么资本化比率高一些也是合理的。

(2) 资本固定化比率。资本固定化比率反映公司自有资本的固定化程度。其计算公式为：

$$资本固定化比率=\frac{资产总计-流动资产合计}{所有者权益合计}\times 100\%$$

资本固定化比率越低，表明公司的自有资本转化为长期资产的数额相对较少；反之，表明公司的自有资本用于长期资产的数额相对较多，而日常经营所需资金有可能要靠举债弥补。如果资本固定化比率超过 100%，而资本化比率也较高，则说明公司的部分长期资产是靠长期借债形成的，在此情况下，就要看公司长期资产的质量如何。

(3) 固定资产净值率。固定资产净值率反映固定资产的折旧程度。其计算公式为：

$$固定资产净值率=固定资产净值\div 固定资产原值\times 100\%$$

该指标值越大，说明公司的经营条件相对越好；反之，说明公司的固定资产较旧，需要进行维护或短期内更新。当然，仅仅是固定资产净值率高还不行，还要看固定资产规模有多大，经营性的固定资产占多大比重。如果规模大、比重高，加上净值率高，则公司的固定资产综合利用效果就较高。

三、对公司财务报表中的指标进行分析

(一) 资产负债表

资产负债表是反映企业在某一特定日期财务状况的会计报表，它表明权益在某一特定日期所拥有或控制的经济资源、所承担的现有义务的所有者对净资产的要求权。

进入交易界面，在模块栏点击【财务分析】进入资产负债表页面，如图 13-2-1 所示。

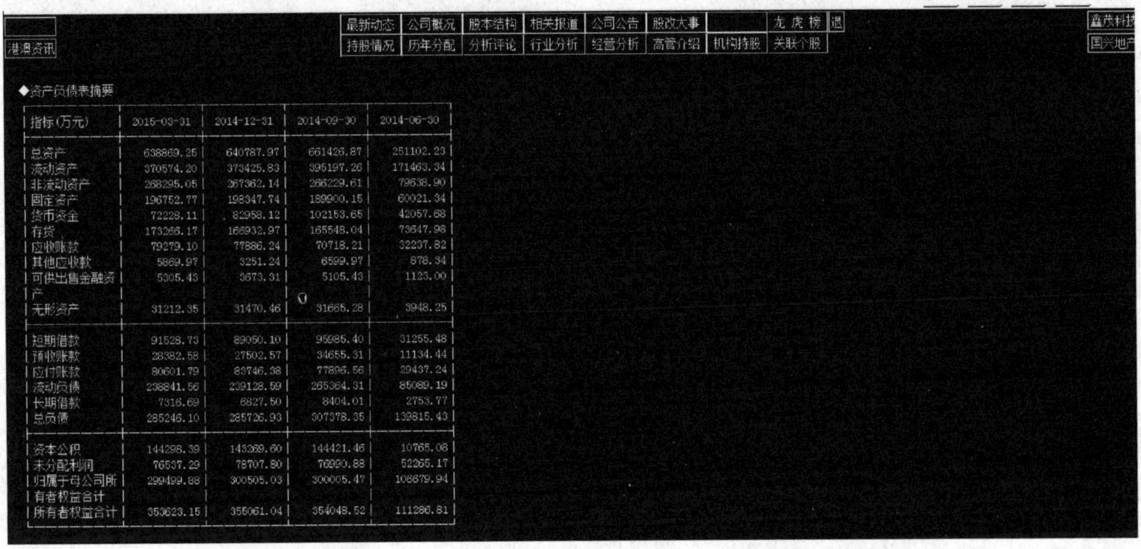

指标(万元)	2015-03-31	2014-12-31	2014-09-30	2014-06-30
总资产	638869.25	640787.97	661426.87	251102.23
流动资产	370574.20	373425.83	395197.26	171463.34
非流动资产	268295.05	267362.14	266229.61	79638.90
固定资产	196752.77	198347.74	189900.15	60021.34
货币资金	72228.11	82958.12	102153.65	42057.68
存货	173266.17	166932.97	165548.04	73647.98
应收账款	79279.10	77886.24	70718.21	32237.82
其他应收款	5869.97	3251.24	6599.97	878.34
可供出售金融资产	5305.43	3673.31	5105.43	1123.00
无形资产	31212.35	31470.46	31665.28	3948.25
短期借款	91528.73	89050.10	95985.40	31255.48
预收账款	28382.58	27502.57	34655.31	11134.44
应付账款	80601.79	83746.38	77896.56	29437.24
流动负债	238841.56	239128.59	265364.31	85089.19
长期借款	7316.69	6827.50	8404.01	2753.77
总负债	285246.10	285726.93	307378.35	139815.43
资本公积	144298.39	143269.60	144421.46	10765.08
未分配利润	76537.29	78707.80	76990.88	52265.17
归属于母公司所有者权益合计	299499.88	300505.03	300005.47	106679.94
所有者权益合计	353623.15	355061.04	354048.52	111286.81

图 13-2-1 资产负债表——秦川机床(000837)界面资料截图

由图 13-2-1 我们可以观察到秦川机床近几年的资产负债情况，我们可以利用财务分析方法分析某一年的资产负债情况，也可以将几年来该公司的资产负债情况进行对比分析。

（二）利润表

利润表是反映企业一定期间生产经营成果的会计报表，表明企业运用所拥有的资产进行获利的能力。利润表把一定期间的营业收入与其同一会计期间相关的营业费用进行配比，以计算企业一定时期的净利润(或净亏损)。

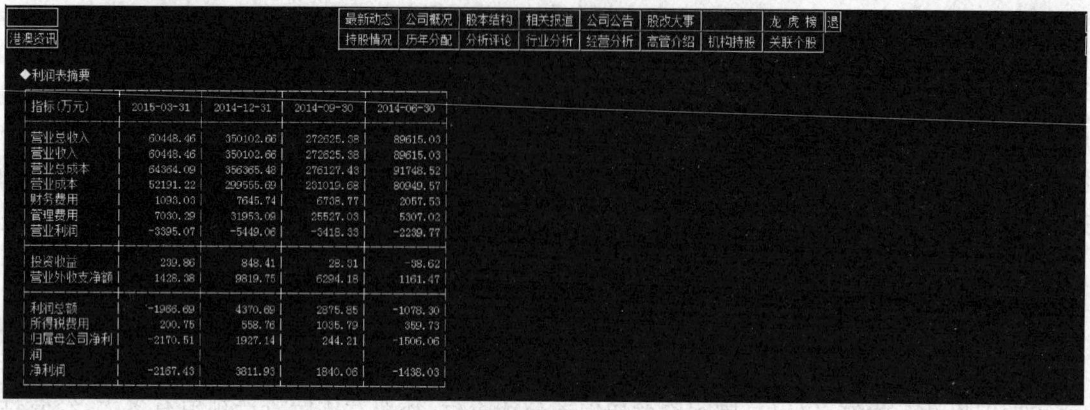

◆利润表摘要

指标(万元)	2015-03-31	2014-12-31	2014-09-30	2014-06-30
营业总收入	60448.46	350102.66	272625.38	89615.03
营业收入	60448.46	350102.66	272625.38	89615.03
营业总成本	64364.09	356365.48	276127.43	91748.52
营业成本	52191.22	299555.69	231019.68	80949.57
财务费用	1093.03	7645.74	6738.77	2057.53
管理费用	7030.29	31953.09	25527.03	5307.02
营业利润	-3395.07	-5449.06	-3418.33	-2239.77
投资收益	239.86	848.41	28.31	-38.62
营业外收支净额	1428.38	9819.75	6294.18	1161.47
利润总额	-1966.69	4370.69	2875.85	-1078.30
所得税费用	200.75	558.76	1035.79	359.73
归属母公司净利润	-2170.51	1927.14	244.21	-1506.06
净利润	-2167.43	3811.93	1840.06	-1438.03

图 13-2-2　利润表——秦川机床(000837)界面资料截图

进入交易界面，在模块栏点击【财务分析】进入页面查看企业利润分配表。

由图 13-2-2 可知，秦川机床的利润表反映，尽管企业营业收入呈上升趋势，但企业的利润存在很不稳定的情况，还可以进一步分析企业的营业成本、费用等情况，为投资提供决策信息。

（三）现金流量表

现金流量表反映企业一定期间现金的流入与流出，表明企业获得现金和现金等价物的能力。现金流量表主要分经营活动、投资活动和筹资活动产生的现金流量三个部分。

进入交易界面，在模块栏点击【财务分析】进入现金流量表分析页面，如图 13-2-3 所示。

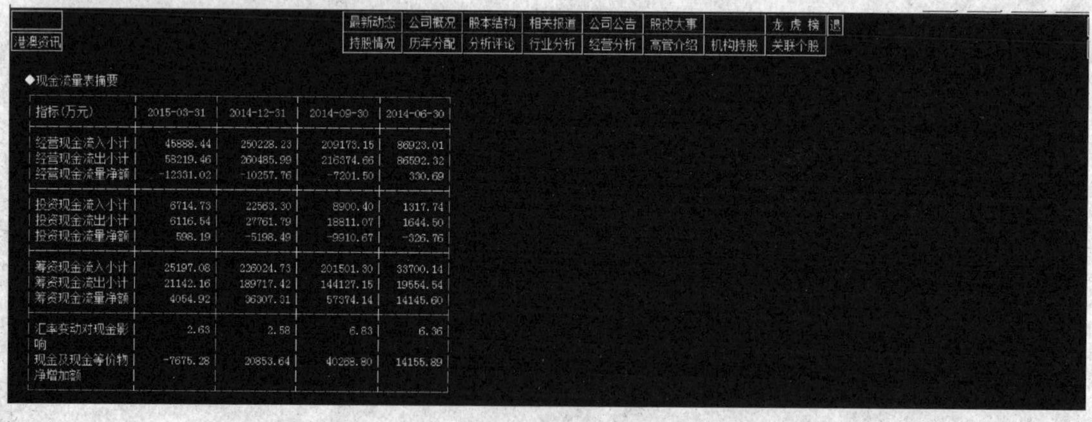

◆现金流量表摘要

指标(万元)	2015-03-31	2014-12-31	2014-09-30	2014-06-30
经营现金流入小计	45888.44	250228.23	209173.15	86923.01
经营现金流出小计	58219.46	260485.99	216374.66	86592.32
经营现金流量净额	-12331.02	-10257.76	-7201.50	330.69
投资现金流入小计	6714.73	22563.30	8900.40	1317.74
投资现金流出小计	6116.54	27761.79	18811.07	1644.50
投资现金流量净额	598.19	-5198.49	-9910.67	-326.76
筹资现金流入小计	25197.08	226024.73	201501.30	33700.14
筹资现金流出小计	21142.16	189717.42	144127.15	19554.54
筹资现金流量净额	4054.92	36307.31	57374.14	14145.60
汇率变动对现金影响	2.63	2.58	6.83	6.36
现金及现金等价物净增加额	-7675.28	20853.64	40268.80	14155.89

图 13-2-3　现金流量表——秦川机床(000837)界面截图资料

四、公司财务指标计算分析

该分析以下以秦川机床财务数据为依据。

（一）稳定性分析

(1) 计算流动比率并进行分析。

（2）计算速动比率并进行分析。

（3）计算所有者权益比率并进行分析。

（4）计算资产负债率并进行分析。

（二）收益性分析

（1）计算资产收益率并进行分析。

（2）计算营业毛利率并进行分析。

（3）计算利息保障倍数并进行分析。

（三）效率性分析

（1）计算资产周转率并进行分析。

（2）计算股东权益周转率并进行分析。

（3）计算应收款项周转率并进行分析。

（四）成长性分析

（1）计算总资产增长率并进行分析。

（2）计算资本累积率并进行分析。

（3）计算营业收入增长率并进行分析。

（4）计算市盈率并进行分析。

实 验 报 告

班级名称：　　　　　　课程名称：

学生姓名：　　　　　　学　　号：

实验地点：　　　　　　实验日期：

实验目的	
实验工具	
实验原理	
实验过程	

实验结果	
实验结论	
实验资料	
实验评语	指导老师：＿＿＿＿ 时　　间：
参与学生签字	

项目 十四 技术分析一

【实训目的】

(1) 掌握熟练操作市场通(MP)。
(2) 理解和掌握证券投资最常用的技术分析的要素和主要理论。
(3) 了解如何结合交易软件利用 K 线理论、切线理论和形态理论进行证券分析。
(4) 熟悉 K 线理论、切线理论和形态理论。

【实训要求】

(1) 对实训目的认真掌握,严格按照实训操作方法对实训内容进行操作。
(2) 认真写出实训报告,并总结存在的问题。
(3) 对比投资银行的分析报告,比较自己进行技术分析的差距。

【实训设计】

以《证券投资理论与实务》教材内容为理论体系,以 K 线分析、切线分析和趋势线分析等技术分析方法为技术手段;以寻找适当的买卖股票时机为目的对个股进行技术分析,最终具有将理论应用于现实分析过程的能力。

【实训内容】

任务一 单根 K 线的应用

K 线图的操作。在图表下方有放大和缩小操作,可以选择时间段定位。同时,小键盘上的四个方位键:上下分别表示放大和缩小 K 线图。左右分别表示时间的向后和向前选择。应用单根 K 线判断行情,主要从实体的长短、阴阳、上下影线的长短及实体的长短与上下影线长短之间的关系等几个方面进行分析。在市场通 MP 的很多实时行情资讯界面都能够看到 K 线图的广泛应用。下面我们以模块【图表分析(C)】中,选择上市公司浦发银行(600000)某一时间段的行情来进行观察与分析。

进入页面方式:选择模块【图表分析(C)】→【9111 图表分析】页面,或者直接输入代码 9111 进入。在投资品种选择浦发银行(600000)。同时选择"按日"频度表示的 K 线图,在行情图表选项中选择"烛图表",如图 14-1-1 所示。

下面我们使用放大功能,分别锁定某个日别的 K 线图进行观察和分析,如图 14-1-2 所示。

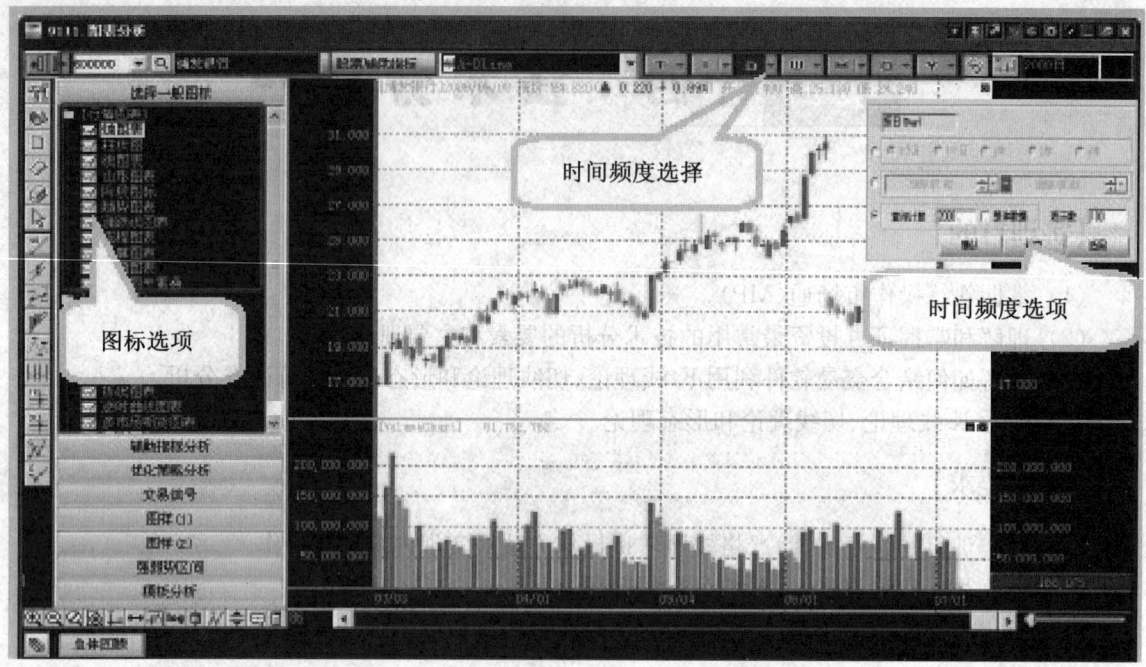

图 14-1-1　K 线应用—浦发银行(600000)

资料来源:市场通-9111 图表分析。

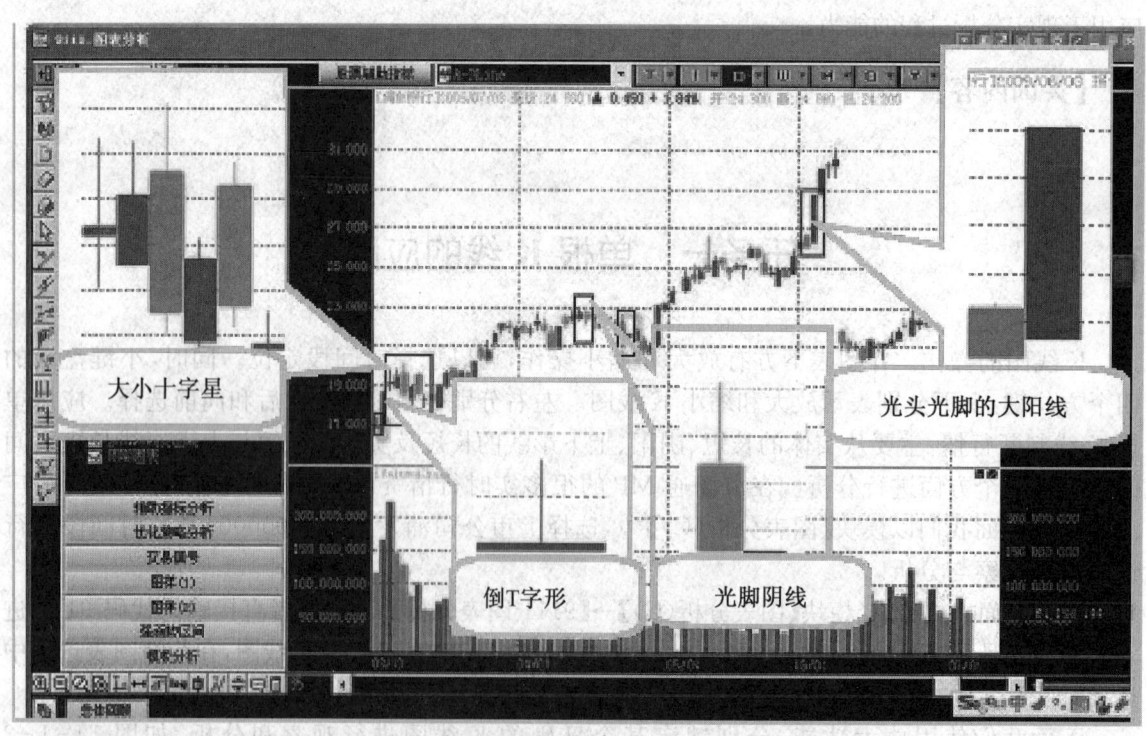

图 14-1-2　单根 K 线的应用——浦发银行(600000)

资料来源:市场通-9111 图表分析。

（一）光头光脚的大阳线

此种图表示最高价与收盘价相同,最低价与开盘价一样。上下没有影线。从一开盘,买方就积极进攻,中间也可能出现买方与卖方的斗争,但买方发挥最大力量,一直到收盘。买方始终占优势,使价格一路上扬,直至收盘。股市呈现高潮,买方疯狂涌进,不限价买进。握有股票者,因看到强烈的买进欲望,不愿抛售,出现供不应求的状况。如图 14-1-2 中所示,浦发银行 2009 年 6 月 3 日开盘价为 26.310 元,较昨日收盘价(26.120 元)高出 0.20 元,多方进攻势态积极。在当日行情中,多方处于主导地位,以最高报价 28.730 作为收盘价,上涨 9.99%,其后市将极大可能出现上涨行情。

（二）光脚阴线

这是一种带下影线的黑实体,收盘价即是最低价。一开盘,买方与卖方进行交战。买方占上风,价格一路上升。但在高价位遇卖压阻力,卖方组织力量反攻,买方节节败退,最后在最低价收盘,卖方占优势,并充分发挥力量,使买方陷入"套牢"的困境。例如浦发银行 2009 年 4 月 22 日,其当日开盘价 22.220 元股价较昨日收盘价 22.090 元虽然有所反弹,但是空方力量强大,股价最后以21.680 元收盘,较昨日下跌 1.86%。该日 K 线形成一个实体较长的光脚阴线。第二天开盘时低开高走,虽有小幅反弹,但最终以 21.670 元收盘,较昨日下跌 0.05%。

（三）十字星

这是一种只有上下影线,没有实体的图形。开盘价即是收盘价,表示在交易中,股价高于或低于开盘价成交,但收盘价与开盘价相等,买方与卖方几乎势均力敌。其中:上影线越长,表示卖压越重。下影线越长,表示买方旺盛。上下影线看似等长的十字线,可称为转机线,在高价位或低价位,意味着出现反转。例如图 14-1-2 中显示的两个大小十字星。前者处于持续上涨之后的高价区,当日浦发银行(2009 年 3 月 5 日)开盘价为 19.120 元,最高价格为19.870 元,而最低价格为 18.710 元,两者相差 1.160 元,表明双方激烈争夺,互不相让,势均力敌,多方稍占优势,最后以接近于开盘价的 19.190 元收盘。该十字星短期内位于高价位,其后市有转变的可能。在随后的几天时间里,振荡下跌,但很快又出现一个小十字星(2009年 3 月 12 日)。当日,其开盘价为 14.250 元,双方虽有争夺,但还没有达到白热化程度,空方稍占优势,成交量也非常小,当日收盘价为 14.280 元。该十字星位于连续下跌的底端,后市有反转的可能性。

读者可查询浦发银行在 2007 年 11 月 27 日当日的 K 线收盘价等于开盘价(47.690 元),呈现出一个比较少见的十字星。

（四）倒 T 字形

又称空胜线,开盘价与收盘价相同。当日交易都在开盘价以上的价位成交,并以当日最低价(即开盘价)收盘,表示买方虽强,但卖方更强,买方无力再挺升,总体来看卖方稍占优势,如在高价区,行情可能会下跌。例如图 14-1-2 中显示的浦发银行 2009 年 3 月 3 日出现的倒 T 字形,其收盘价(16.940 元)接近当日最低价(16.810 元),空方获胜,当日下跌 3.86%。

更进一步,观察带有成交量的分时走势图,理解各种典型的单个日 K 线图的形成过程和不同含义。分时走势图记录了股价的全天走势,不同的走势形成了不同种类的 K 线,而同一种 K 线却因股价走势不同而各具不同的含义。

1. 小阳星

全日中股价波动很小,开盘价与收盘价极其接近,收盘价略高于开盘价。小阳星的出现,表明行情正处于混乱不明的阶段,后市的涨跌无法预测,此时要根据其前期 K 线组合的形状以及当时所处的价位区域综合判断,如图 14-1-3 所示。

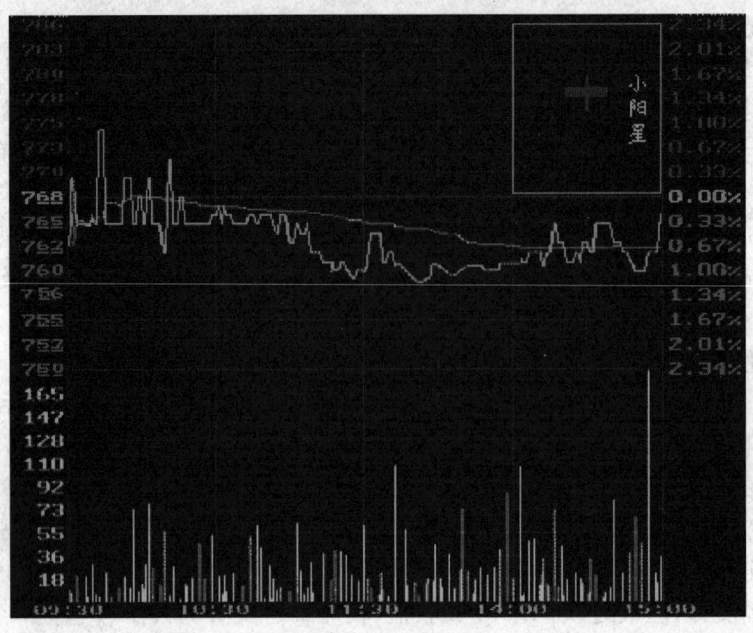

图 14-1-3 单根 K 线的应用——小阳星

资料来源：交易软件截图。

2. 小阴星

小阴星的分时走势图与小阳星相似，只是收盘价格略低于开盘价格，表明行情疲软，发展方向不明，如图 14-1-4 所示。

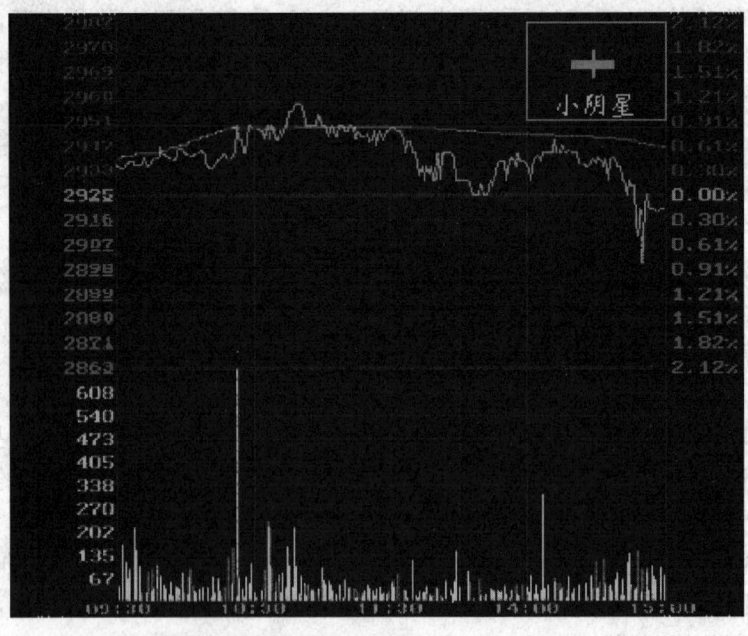

图 14-1-4 单根 K 线的应用——小阴星

资料来源：交易软件截图。

3. 小阳线

其波动范围较小阳星增大，多头稍占上风，但上攻乏力，表明行情发展扑朔迷离，如图 14-1-5 所示。

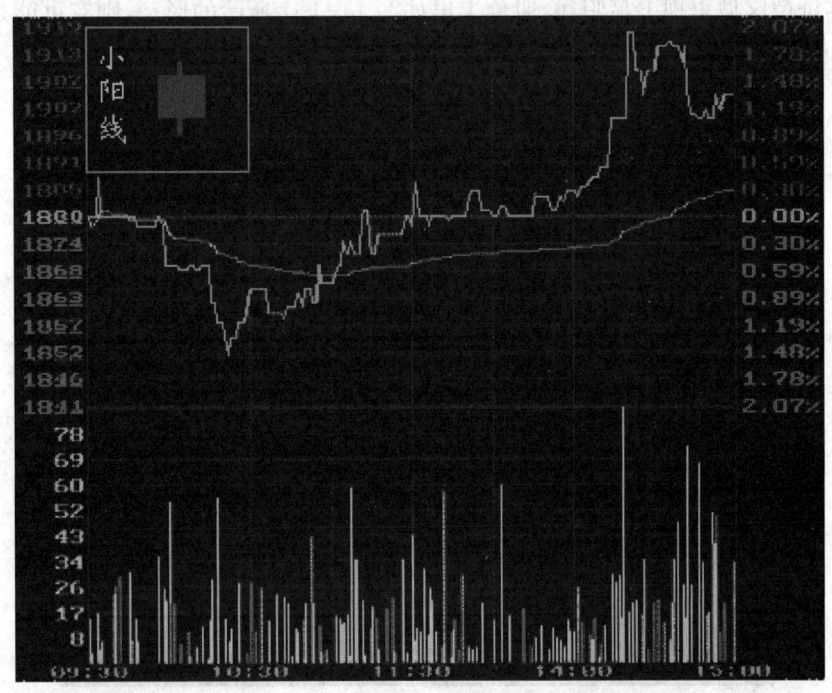

图 14-1-5　单根 K 线的应用——小阳线

资料来源:交易软件截图。

4. 上吊阳线

如果在走势图低价位区域出现上吊阳线,如图 14-1-6 所示。股价表现出探底过程中成交量萎缩,随着股价的逐步攀高,成交量呈均匀放大事态,并最终以阳线报收,预示后市股价看涨。

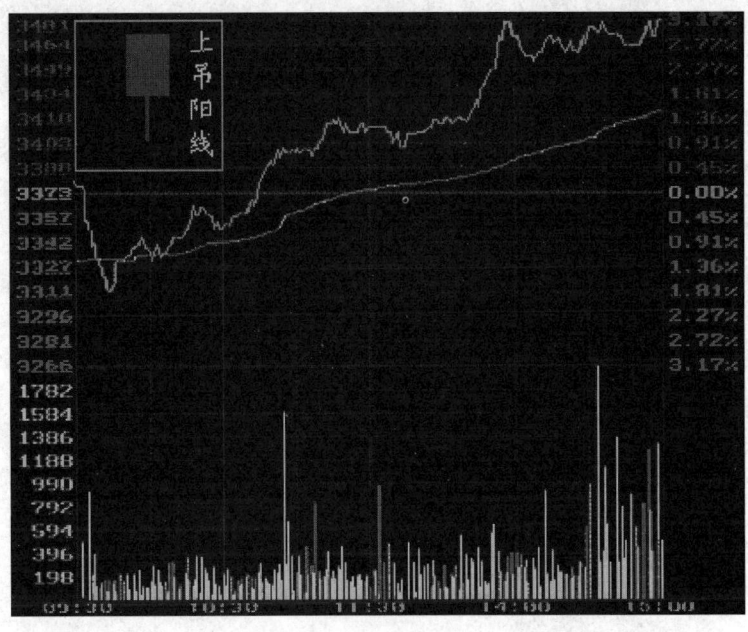

图 14-1-6　单根 K 线的应用——上吊阳线

资料来源:交易软件截图。

如果在高价位区域出现上吊阳线,股价走出如图 14-1-7 所示的形态,则有可能是主力在拉高出货,需要留心。

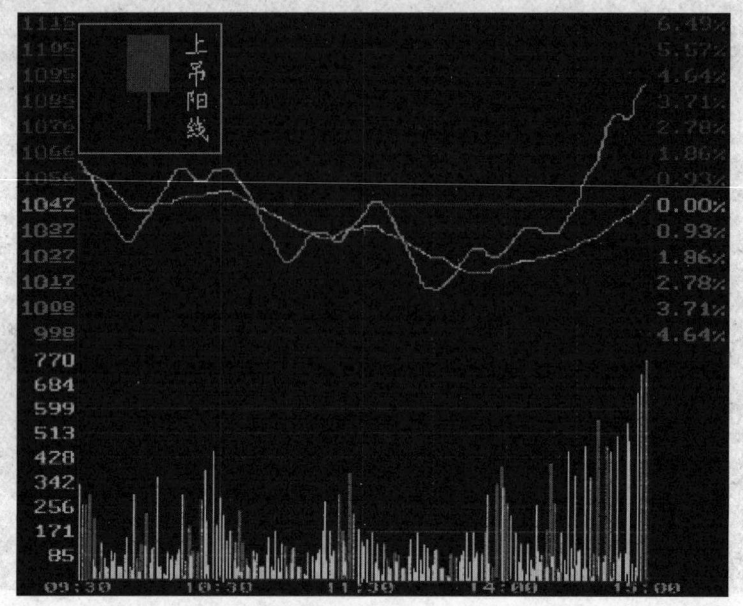

图 14-1-7　单根 K 线的应用——上吊阳线

资料来源:交易软件截图。

5. 下影阳线

下影阳线的出现,表明多空交战中多方的攻击沉稳有力,股价先跌后涨,行情有进一步上涨的潜力,如图 14-1-8 所示。

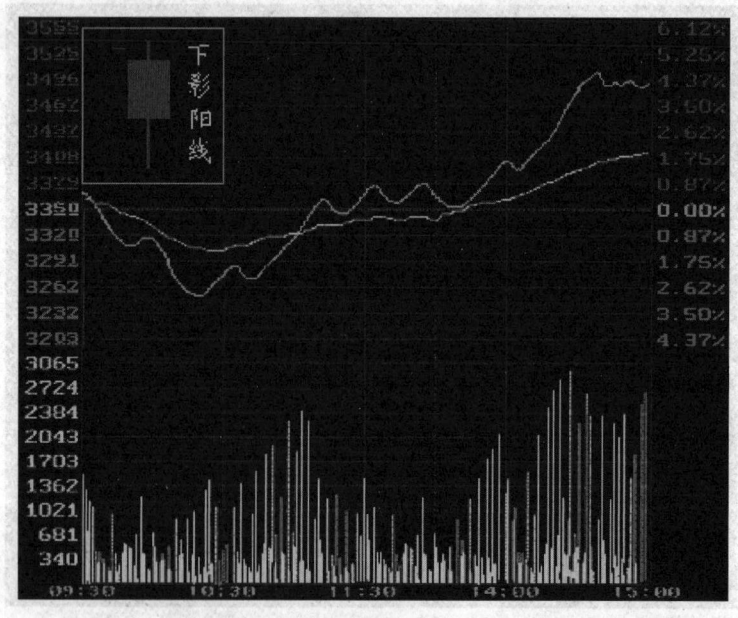

图 14-1-8　单根 K 线的应用——下影阳线

资料来源:交易软件截图。

6. 上影阳线

上影阳线显示多方攻击时上方抛压沉重。这种图形常见于主力的试盘动作,说明此时浮动筹码较多,涨势不强,如图 14-1-9 所示。

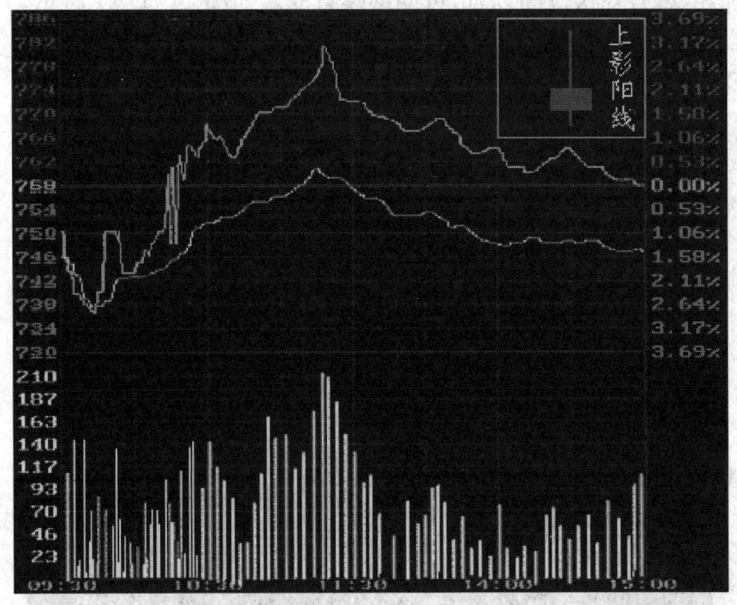

图 14-1-9　单根 K 线的应用——上影阳线

资料来源:交易软件截图。

7. 穿头破脚阳线

股价走出如图 14-1-10 所示的穿头破脚阳线,说明多方已占据优势,并出现逐波上攻行情,股价在成交量的配合下稳步升高,预示后市看涨。

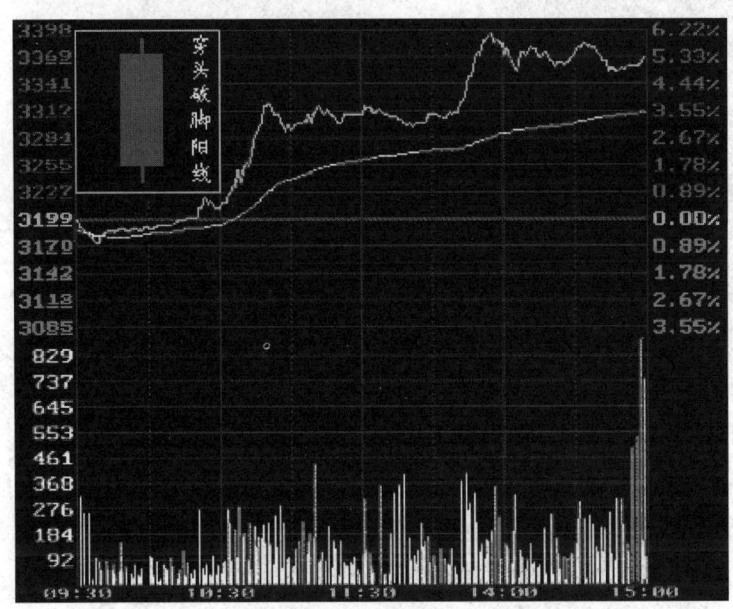

图 14-1-10　单根 K 线的应用——穿头破脚阳线

资料来源:交易软件截图。

同样为穿头破脚阳线,股价走势若表现出在全日多数时间内横盘或者盘跌而尾市突然拉高时,预示次日可能跳空高开后低走。

还有一种情况,股价走势若表现为全日宽幅振荡尾市放量拉升收阳时,可能是当日主力通过振荡洗盘驱赶坐轿客,然后轻松拉高,后市可能继续看涨。如图 14-1-11 所示。

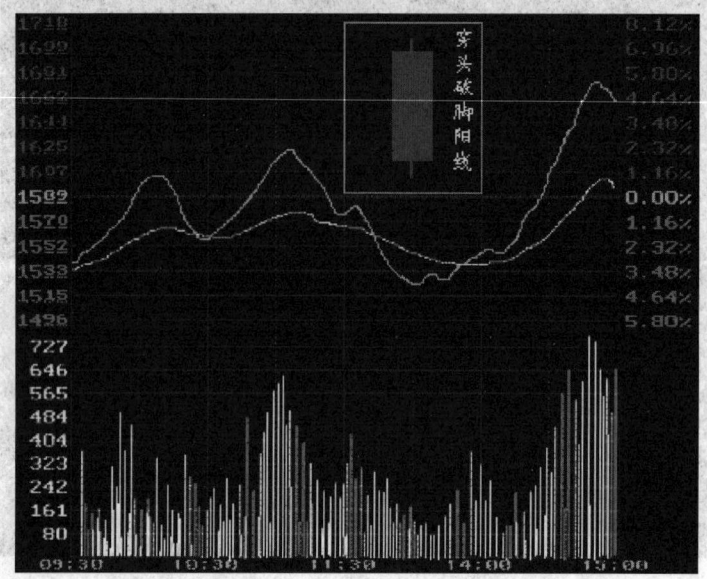

图 14-1-11　单根 K 线的应用——穿头破脚阳线

资料来源:交易软件截图。

8. 光头阳线

光头阳线若出现在低价位区域,在分时走势图上表现为股价探底后逐浪走高且成交量同时放大,预示为一轮上升行情的开始。如果出现在上升行情途中,表明后市继续看好。如图 14-1-12 所示。

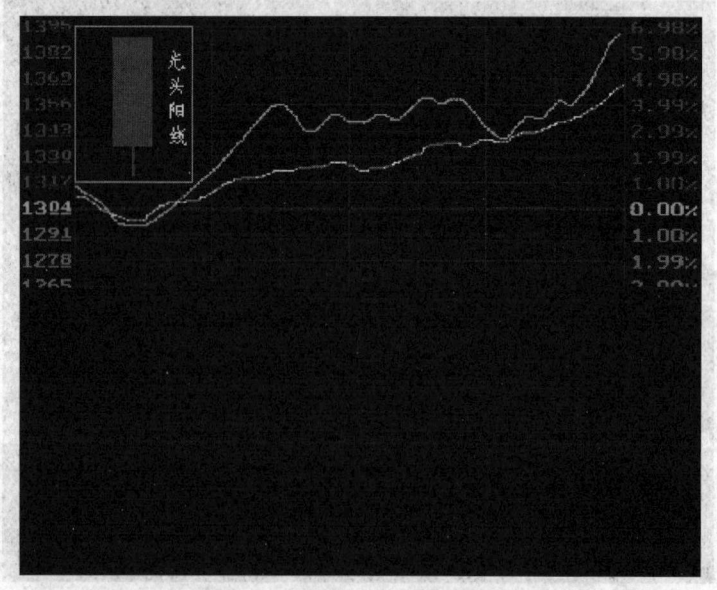

图 14-1-12　单根 K 线的应用——光头阳线

资料来源:交易软件截图。

9. 光脚阳线

光脚阳线表示上升势头很强,但在高价位处多空双方有分歧,购买时应谨慎,如图 14-1-13 所示。

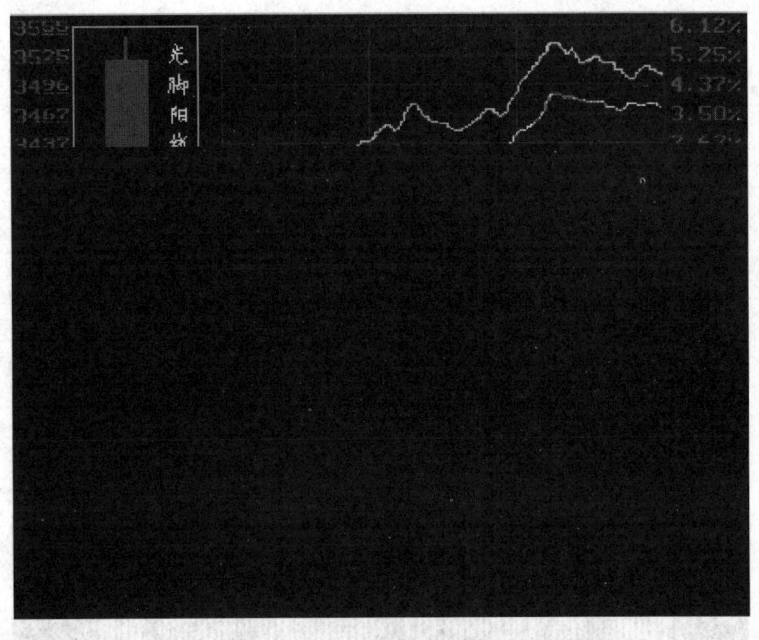

图 14-1-13　单根 K 线的应用——光脚阳线

资料来源:交易软件截图。

10. 上影阳线

上影阳线表示多方上攻受阻回落,上挡抛盘较重,能否继续上升局势尚不明朗,如图 14-1-14 所示。

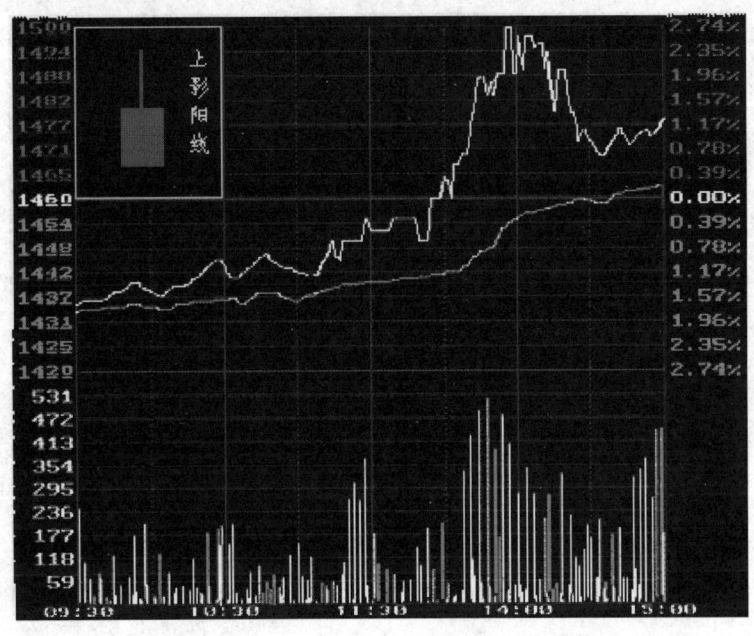

图 14-1-14　单根 K 线的应用——上影阳线

资料来源:交易软件截图。

11. 光头光脚阳线

光头光脚阳线表明多方已经牢固控制盘面,逐浪上攻,步步逼空,涨势强烈,如图 14-1-15 所示。

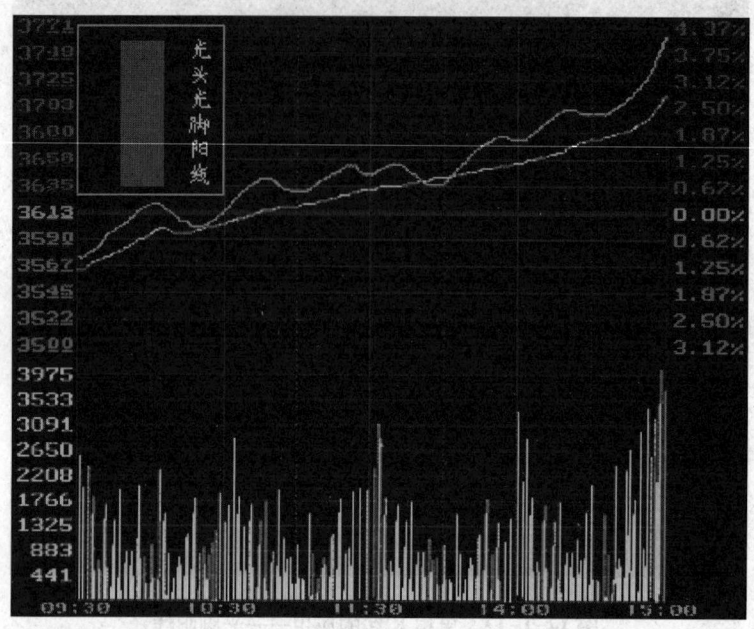

图 14-1-15　单根 K 线的应用——光头光脚阳线

资料来源:交易软件截图。

12. 小阴线

小阴线表示空方呈打压态势,但力度不大,如图 14-1-16 所示。

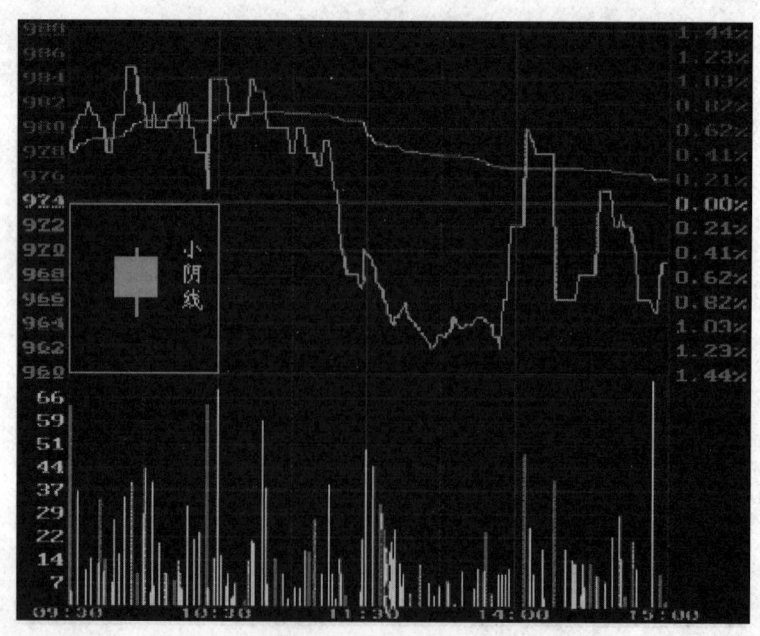

图 14-1-16　单根 K 线的应用——小阴线

资料来源:交易软件截图。

13. 光脚阴线

光脚阴线的出现表示股价虽有反弹,但上档抛压沉重。空方趁势打压使股价以阴线报收,如图 14-1-17 所示。

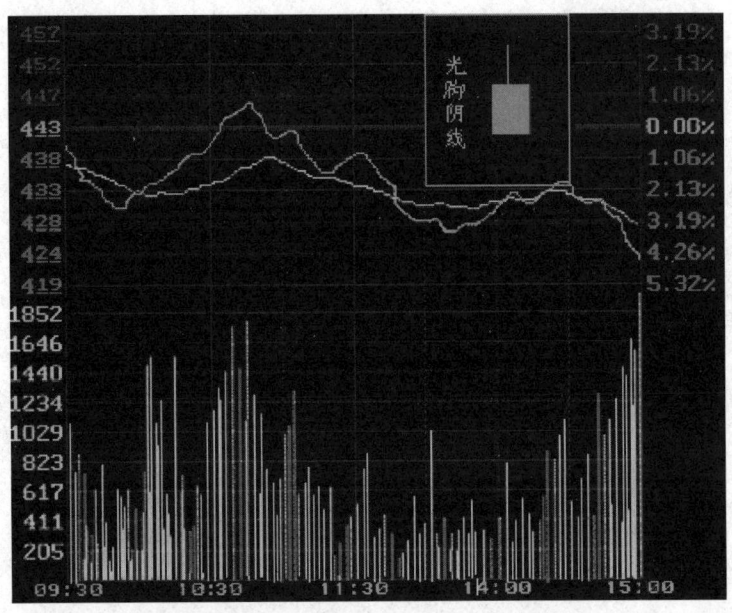

图 14-1-17 单根 K 线的应用——光脚阴线

资料来源:交易软件截图。

14. 光头阴线

光头阴线出现于低价位区,说明抄低盘的介入使股价有反弹迹象,但力度不大,如图14-1-18所示。

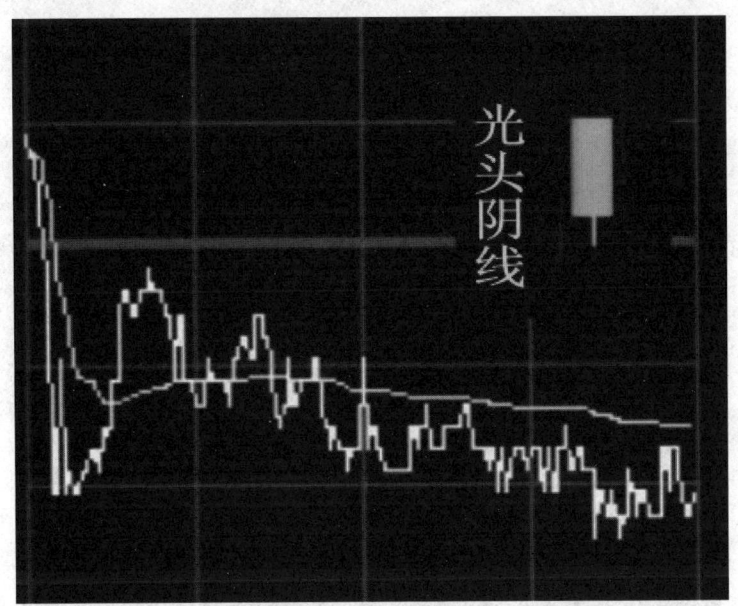

图 14-1-18 单根 K 线的应用——光头阴线

资料来源:交易软件截图。

15. 下影阴线、下影十字星、T形线

这三种线型中的任何一种出现在低价位区时，都说明下档承接力较强，股价有反弹的可能，如图 14-1-19 所示。

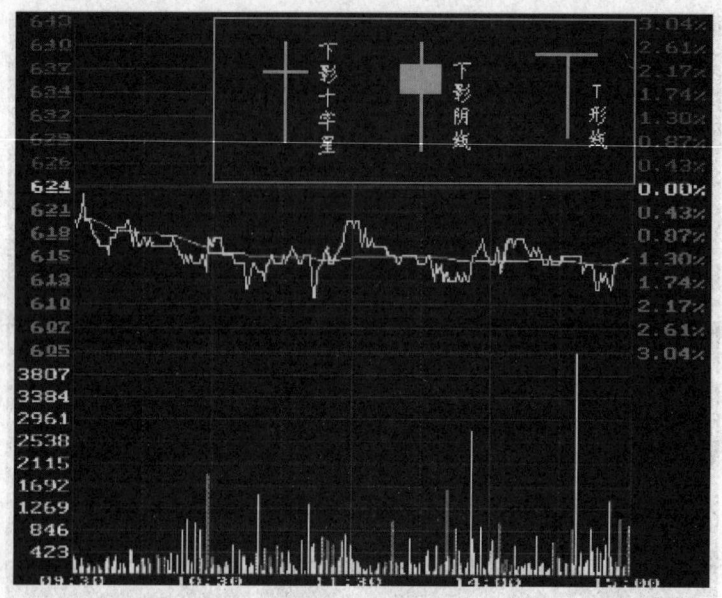

图 14-1-19　单根 K 线的应用——下影阴线、下影十字星、T 形线

资料来源：交易软件截图。

16. 上影阴线、倒 T 形线

这两种线型中的任何一种出现在高价位区时，说明上档抛压严重，行情疲软，股价有反转下跌的可能；如果出现在中价位区的上升途中，则表明后市仍有上升空间，如图 14-1-20 所示。

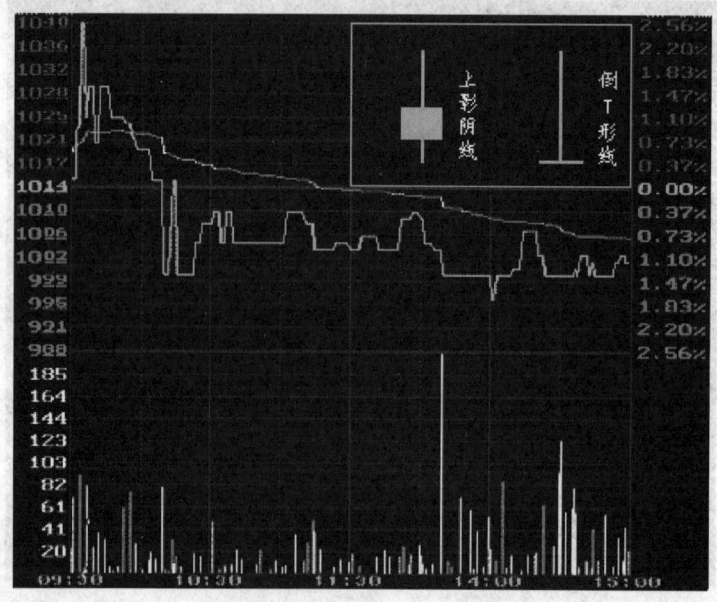

图 14-1-20　单根 K 线的应用——上影阴线、倒 T 形线

资料来源：交易软件截图。

17. 十字星

这种线型常称为变盘十字星,无论出现在高价位区或低价位区,都可视为顶部或底部信号,预示大势即将改变原来的走向,如图 14-1-21 所示。

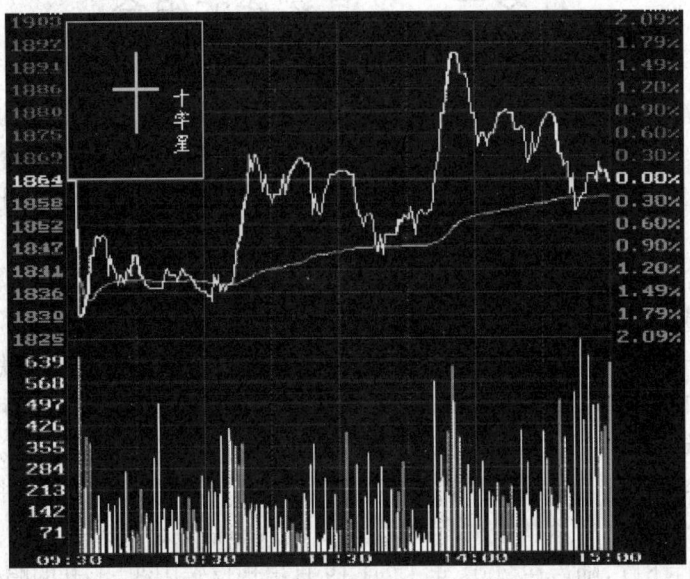

图 14-1-21 单根 K 线的应用——十字星

资料来源:交易软件截图。

18. 大阴线

大阴线表示空方力量强大。股价横盘一日,尾盘突然放量下攻,表明空方在一日交战中最终占据了主导优势,次日低开的可能性较大。

如果股价走出如图 14-1-22 所示的逐波下跌的行情,这说明空方已占尽优势,多方无力抵抗,股价被逐步打低,后市看淡。

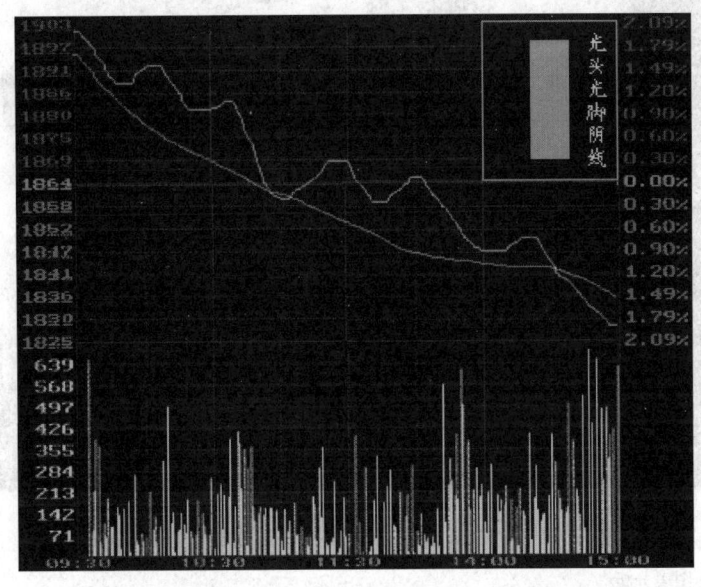

图 14-1-22 单根 K 线的应用——光头光脚阴线

资料来源:交易软件截图。

任务二 多根 K 线的组合

K 线的组合情况非常多,要综合考虑各种 K 线的阴阳、高低、上下影线的长短等。无论是两根、三根,乃至多根 K 线,都是以各根 K 线的相对位置和阴阳来预测行情的,由最后一根 K 线相对于前面 K 线的位置来判断多空双方的实力大小。一般来说,K 线多的组合要比 K 线少的组合得出结论相对可靠些。

现在我们选择浦发银行(600000)某段区间的 K 线图,如图 14-2-1 与图 14-2-2 所示。

(一) 早晨之星

早晨之星也称希望之星,为买进信号。它由三根 K 线组成,第一天在下跌过程中已形成一根阴线,第二天呈缺口下跌,K 线实体较短,构成星的主体部分,阳线和阴线均可,上下影线也不重要。早晨之星的关键是第三天必须是阳线,且其长度大致要升到第一根阴线实体的 1/2 处。注意,若阳线长度包容第一根阴线就是明确无误的买进信号。例如图 14-2-1 中,浦发银行在 2007年 12 月 17 日至 19 日三根 K 线构成的早晨之星,日阴线非常短小,2007 年 12 月 18 日与前日相比形成一个巨大缺口性下跌,随后在 2007 年 12 月 19 日出现反转阳线,上升的幅度有限,但已接近第一天的 1/2 处。之后,该股行情持续上涨数日。

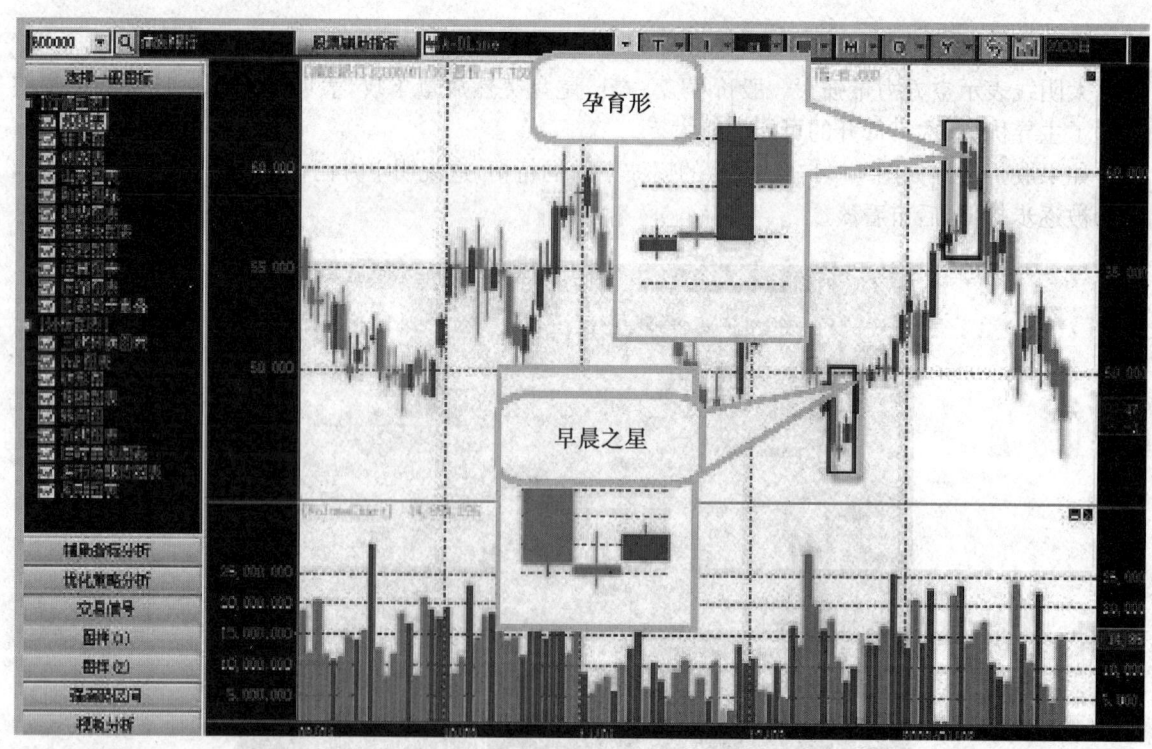

图表 14-2-1　K 线组合应用——浦发银行(600000)

资料来源:市场通-9111 图表分析。

（二）孕育形

孕育形又称被包含线，是指 K 线长实体之后是小实体，它的实体完全被前一日长实体所包含，小实体 K 线的颜色与长实体的颜色相反。熊市包含线表示一个上升趋势已经展开了相当时日，一根伴随成交量出现的长阳出现了，它维持了牛市的含义。第二天，价格低开，动摇了多头。这一天的成交量如果超过前一日，这就强烈证明了空头将颠覆多头，第三天趋势反转须得到确认。例如14-2-1 中，浦发银行 2008 年 1 月 11 日和 14 日两根 K 线构成了反转下跌孕育形组合，虽然第二天的成交量没有超过第一天，但已经孕育了下跌的趋势。

（三）射击之星

射击之星它是一个实体较小的阳线或阴线，其上影线较长，至少是实体的三倍，表明开盘价较低，在开市后被买方将股价炒得较高，但最终又被卖方压回开盘价附近，因此，下影线可以短到认为不存在。它常出现于市场顶部，预示着股价将反转，为卖出信号。

（四）刺穿线

刺穿线它发生在下降趋势中，在形态上，第一天是反映继续下降的长阴实体。第二天市场反弹了，是阳线实体，开盘价低于前一日最低价，收盘价在第一天的实体内，但高于第一天的阴线实体中点，体现出价格反转的趋势。刺穿线的两根 K 线应该都是长实体线。例如图中 14-2-2 所示的浦发银行在 2007 年 11 月 22 日和 2007 年 11 月 23 日的两根 K 线构成了穿刺组合。第二根 K 线显示的其开盘价（46.500 元）虽然低于前一天的价格（47.000 元），但是其收盘价格（47.950 元）却达到第一根阴 K 线的中部，呈现出反转的可能性极大。

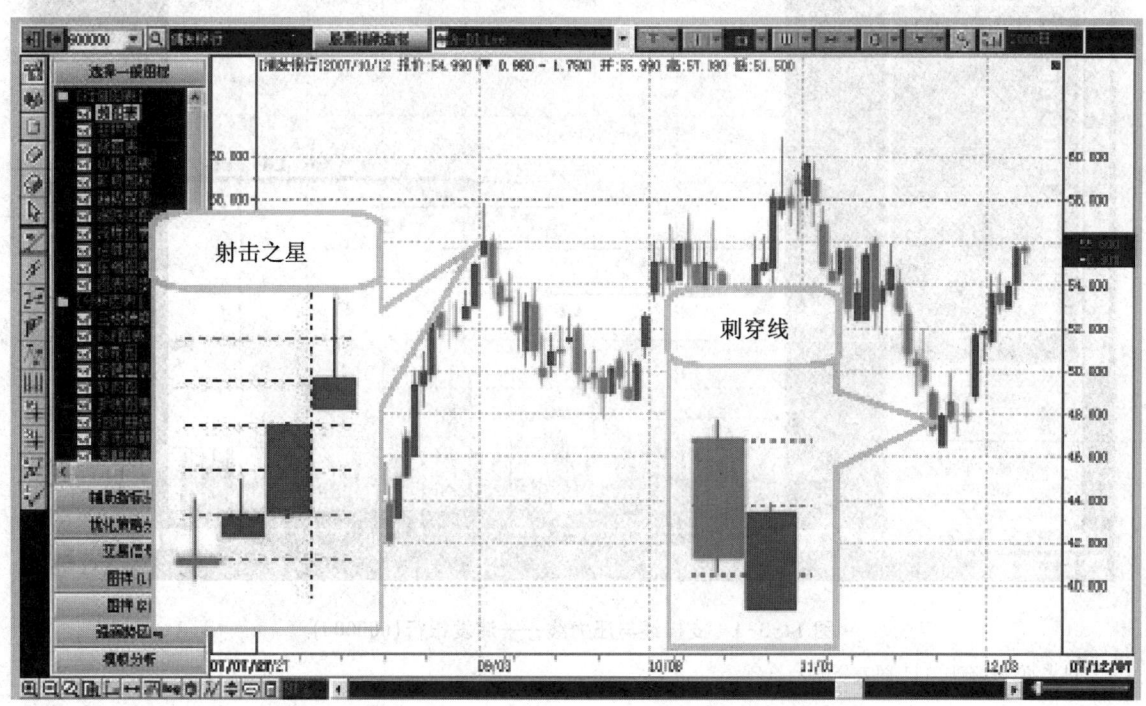

图 14-2-2　K 线组合应用——浦发银行（600000）

资料来源：市场通-9111 图表分析。

任务三　支撑线和压力线

进入页面方式:选择模块【图表分析(9111)】,我们以上市公司浦发银行(600000)为例,选取了某个区间段(2008年10月至2009年7月)的走势图,如图14-3-1所示。

支撑线又称为抵抗线,是指当股价下跌到某个价位附近时,会出现买方增加、卖方减少的情况,从而使股价停止下跌,甚至有可能回升。支撑线起阻止股价继续下跌的作用,而起阻止股价继续下跌的价格就是支撑线所在的位置。

压力线又称为阻力线,是指当股价上涨到某价位附近时,会出现卖方增加,买方减少的情况,股价会停止上涨,甚至回落。压力线起阻止股价继续上升的作用,而起阻止股价继续上升的价格就是压力线所在的位置。

支撑线和压力线都有被突破的可能性,它们不足以长久地阻止股价保持原来的变动防线,只是暂时的停顿而已,但也有彻底阻止股价按原方向变动的可能。同时,支撑线和压力线两者之间在一定的条件下又能够相互转化。在图中选择画线工具[Draw]trend。利用市场通中提供的画图工具[Draw]trend,画了四根不同的切线。

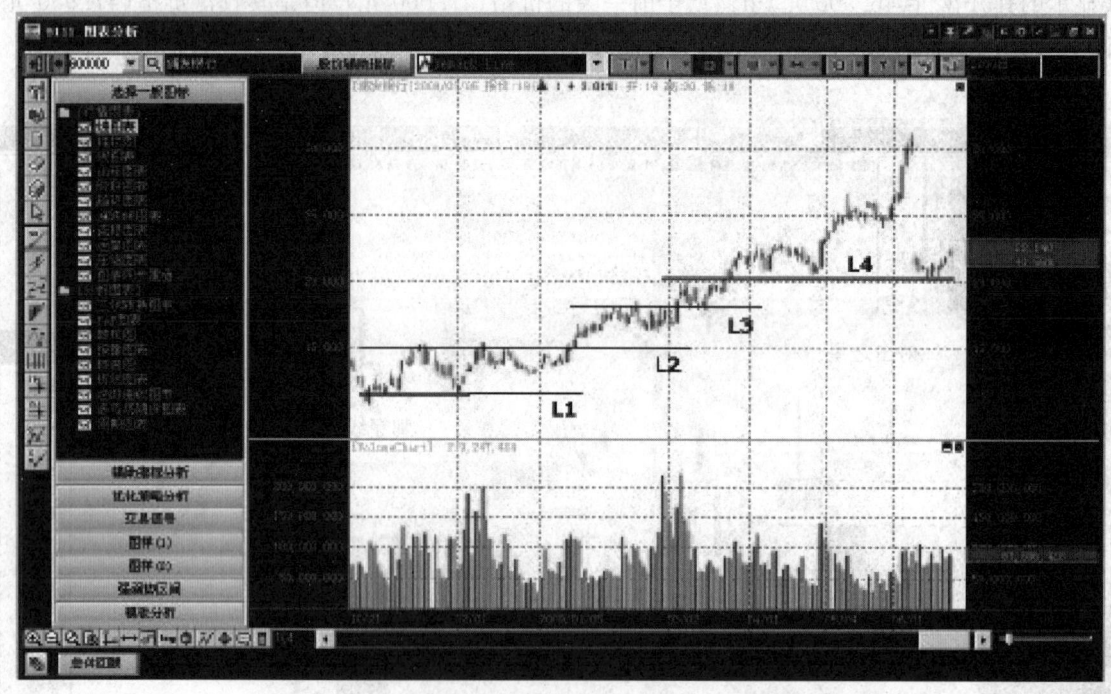

图14-3-1　支撑线与压力线——浦发银行(600000)

资料来源:市场通-9111图表分析。

图14-3-1中所显示的支撑线L1在2008年10月初和2008年11月底两次价格下跌到11.00元附近时,起到支撑作用,即阻止股价下跌趋势。压力线L2在2008年11月和2008年12月两次价格上升到15.00元附近时,起到压力作用,即阻止了价格上升。但该压力线组后在2009年1月初被突破。

图14-3-1中显示的压力线L3在2009年2月,该股票价格两次上升到17.00元附近时,起到压力线作用,但是其作用明显有限,随后在3月初被突破后转变成支撑线。同样L4(20.00附近)

在两次股价的波动过程中起到了阻力线作用,分别是在2009年5月初和2009年6月中旬。事实上,该线在2009年8月底被突破后,又起到压力线的作用,但很快就被再次突破。需要提醒的是,支撑或阻挡相互转换需要重视市场在该时期经历的时间、交易量以及交易活动的发生时间距当前远近。

任务四 趋 势 线

进入页面方式:选择模块【图表分析(9111)】,我们以沪深300指数为例,选取了在某个区间段(2008年10月至2009年7月)的走势图,如图14-4-1所示。

反映价格向上波动发展的趋势线称为上升趋势线,而反映价格向下波动的趋势线则称为下降趋势线。连接一段时间内价格波动的高点或者低点可画出一条趋势线。在上升趋势中,将两个低点连成一条直线,就得到上升趋势线;在下降趋势中,将两个高点连成一条直线,就得到下降趋势线。标准的趋势线必须由两个以上的高点或低点连接而成。

在图14-4-1中选择画线工具[Draw]trend,分别画出两根上升趋势线和两根下降趋势线,如图14-4-1所示。连接2100点和2500点价位成直线L1,触及点2700点起支撑作用,对后面价格向下突破的变动起约束作用(支撑作用)。一般来说,一旦三点验证了其趋势线的有效性后,就可以利用随后的市场下跌靠近该趋势线的机会来买进。如果趋势线被有效突破了,也就发出生变预警信号。

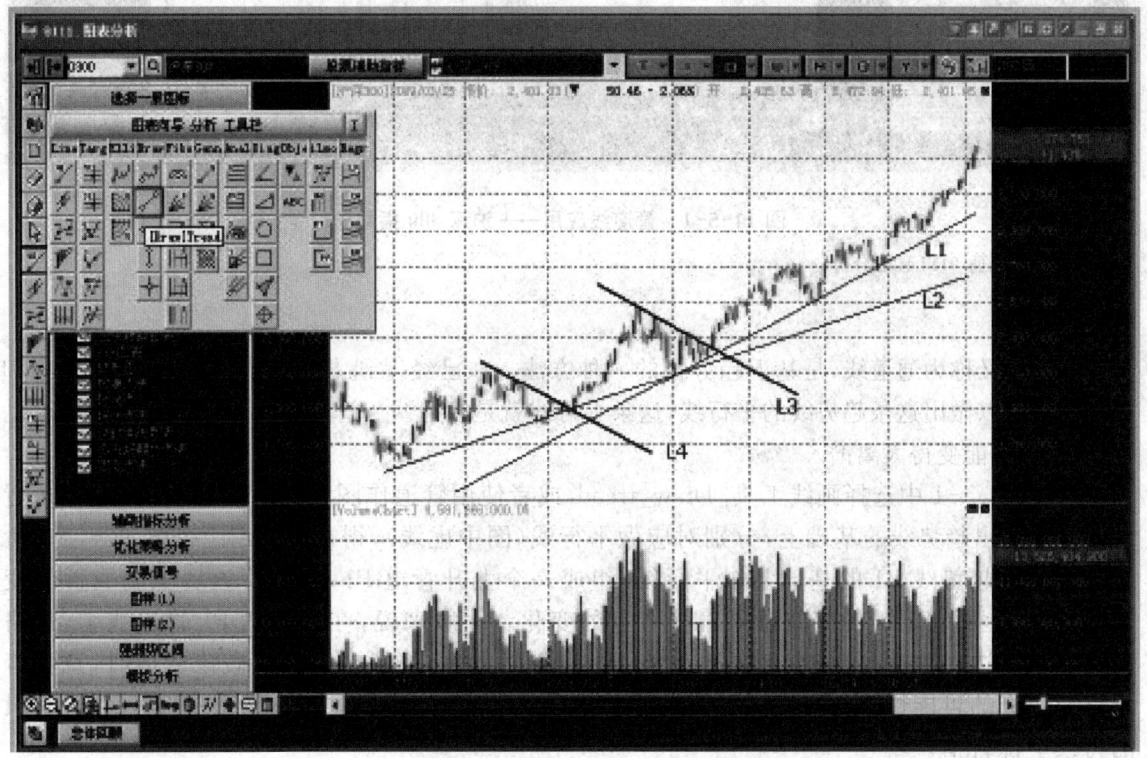

图14-4-1 趋势线应用——沪深300指数

资料来源:市场通-9111图表分析。

任务五 管 道 线

进入页面方式:选择模块【图表分析(9111)】,选择沪深 300 指数为例,选取了在某个区间段 (2008 年 10 月至 2009 年 7 月)的走势图,如图 14-5-1 所示。

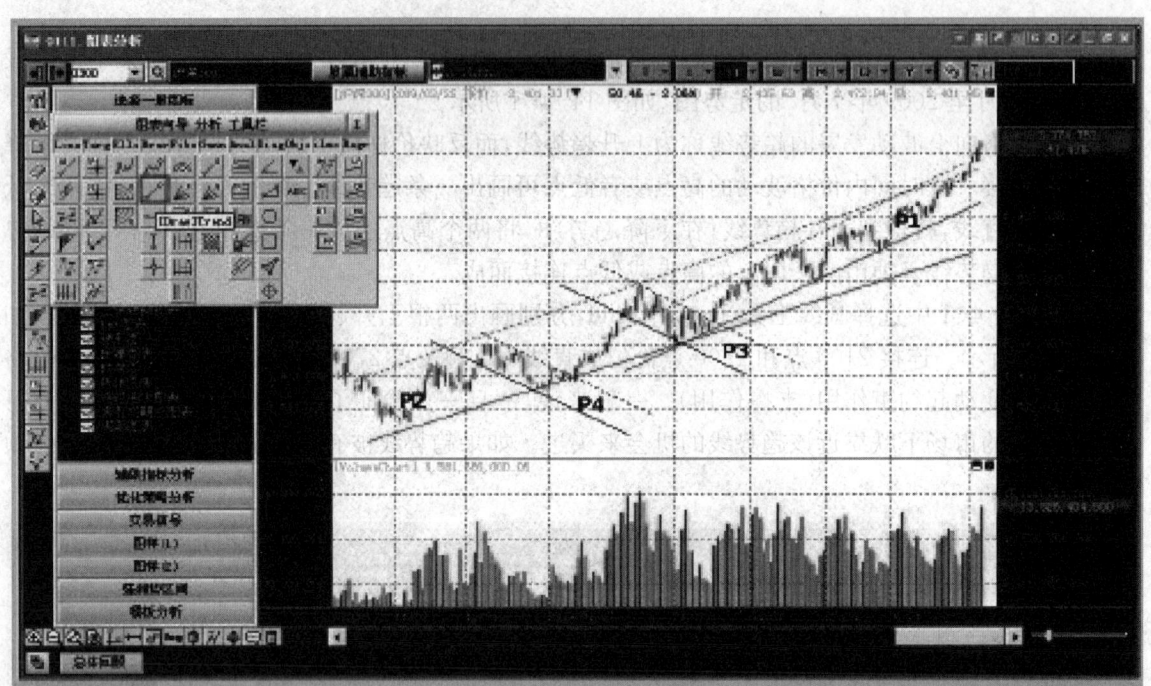

图 14-5-1 管道线应用——沪深 300 指数

资料来源:市场通-9111 图表分析。

管道线又称为通道线,是基于趋势线的一种方法。在已经得到了趋势线后,通过第一个峰和第一个谷可以做出这条趋势线的平行线,这条平行线就是管道线。管道的作用是限制股价的变动范围,让它不能变得太离谱。

在图 14-5-1 中选择画线工具[Draw]trend,或者使用管道作图工具[Line]Equivalence 进行画图。在画出趋势线的基础上,分别对应做平行线(图中虚线),得出管道线,如图 14-5-1 所示。在得到趋势线 L1 的基础上作平行线,组成一个上升管道 P1,得到管道后限制股价的变动范围,对上面和下面的突破意味着将有大的变化。一般来说,在既有的 P1 管道线中,价格无力达到上边,意味着价格突破下边趋势线的可能性增大;当股票价格突破该管道时,意味着价格有上升的可能性。沪深 300 指数在 2009 年 6 月底时突破 3 100 点,形成了一个时间段的持续上涨行情。

任务六　反转突破形态

进入页面方式：选择模块【图表分析(9111)】，或者直接输入代码 9111 进入。

反转突破形态描述了趋势方向的反转，是投资分析中应该重点关注的变化形态。反转变化形态主要有肩头形态、双重顶(底)形态、圆弧顶(底)形态、喇叭形以及 V 形反转形态等多种形态，我们以头肩顶形态为例在市场通中进行实验观察。

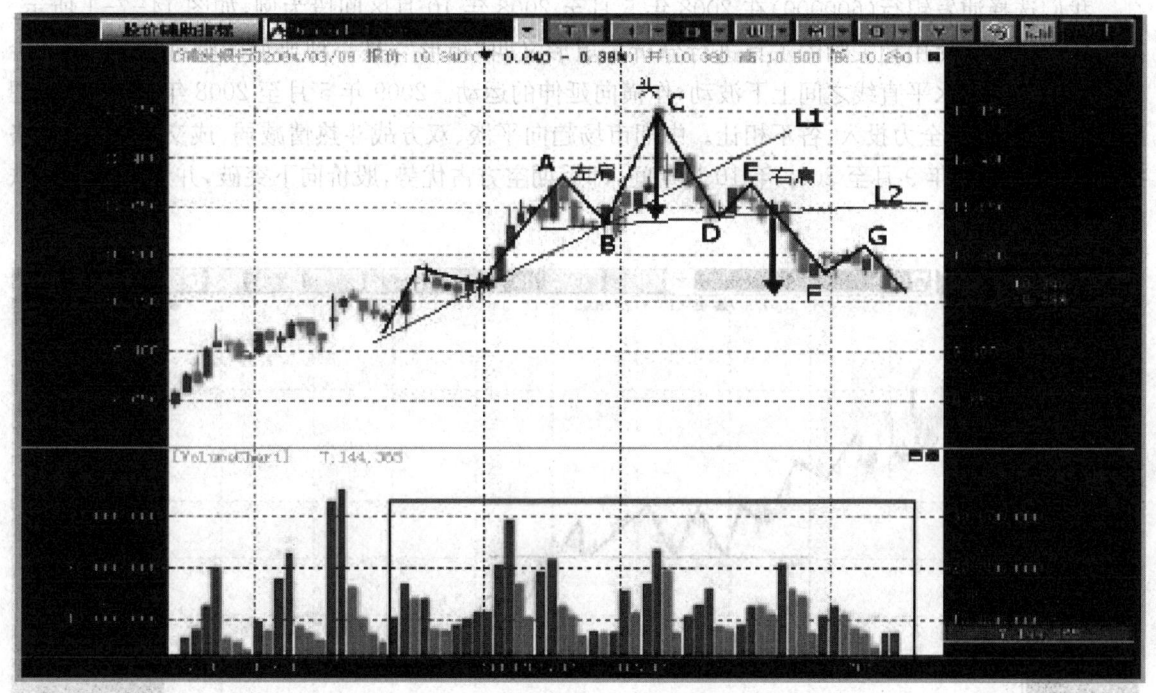

图 14-6-1　头肩顶反转形态——浦发银行(600000)

资料来源：市场通-9111 图表分析。

我们以浦发银行(600000)在 2003 年 12 月至 2004 年 3 月区间段为例，如图 14-6-1 所示。在市场通中可以使用相关画图工具进行分析。头肩顶形态是一个可靠的沽出时机，一般通过连续的三次起落构成该形态的三个部分，即三个局部的高点如图 14-6-1 中所示的 A(12.000 元)、C(13.150 元)、E(11.930 元)点。初期股价上升、成交量大增。回吐压力增加导致股价回落，成交量下降。中期股价回升、突破左肩(A 点)。过高价位促使抛售，股价回跌至前一低点水平附近。后期股价再次上升，成交量萎缩，到达头部之前就回落。下跌时穿破颈线。一般来说，峰点 E 略低于前一峰点 A，反扑后点 G 居于颈线 L2 之下，整个形态完成。由颈线突破点向下投射从头部 C 到颈线的竖直距离(14-6-1 图中所示的左边向下箭头)，可以求出股价下跌的最近目标。

任务七 持续整理形态

进入页面方式：选择模块【图表分析(9111)】，或者直接输入代码 9111 进入。

持续整理形态描述的是，在股价向一个方向经过一段时间的快速运行后，不再继续原趋势，而在一定区域内上下窄幅波动，等待时机成熟后再继续前进。常见的有三角形、矩形、旗形和楔形。我们以矩形整理形态为例在市场通中进行实验观察。

我们选择浦发银行(600000)在 2008 年 5 月至 2008 年 10 月区间段为例，如图 14-7-1 所示。在市场通中可以使用相关画图工具进行分析。矩形又叫"箱形"，是一种典型的整理形态，股票价格在两条横着的水平直线之间上下波动，作横向延伸的运动。2009 年 5 月至 2008 年 6 月，即整理的初期，多空双方全力投入、各不相让。中期市场趋向平淡、双方战斗热情减弱、成交量减少，价格持续震荡。2008 年 9 月至 2008 年 10 月期间，即后期空方占优势，股价向下突破，并形成持续下跌趋势。

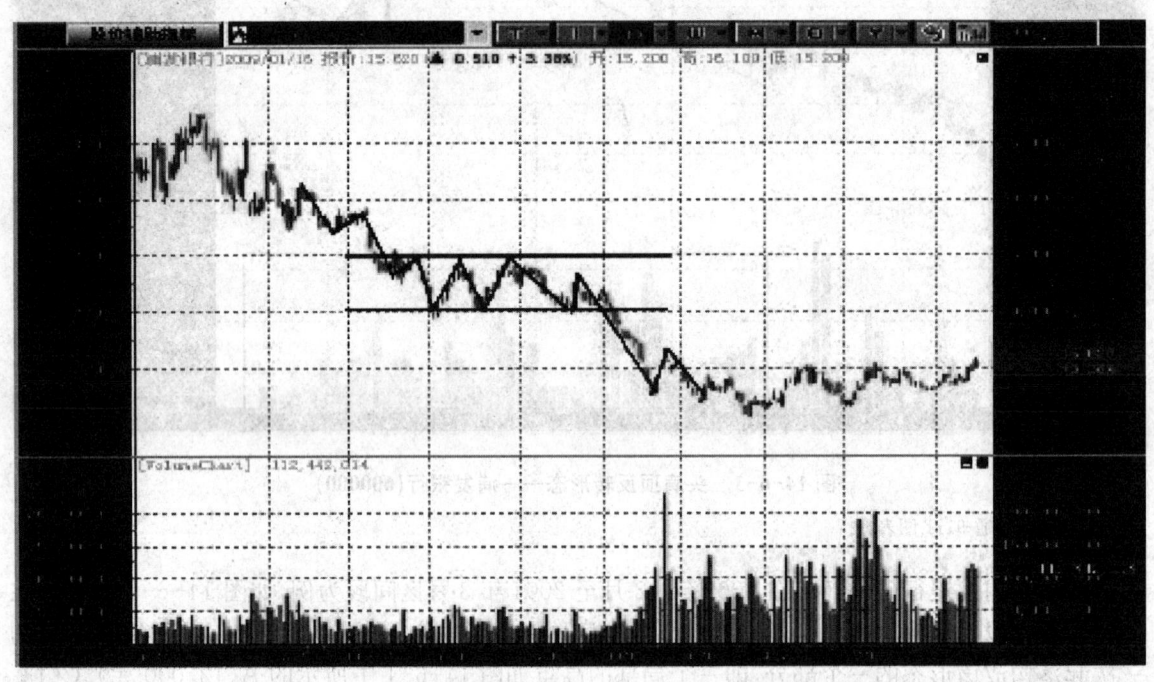

图 14-7-1 矩形持续整理形态——浦发银行(600000)

资料来源：市场通-9111 图表分析。

一般来说，看跌矩形价格在两条水平趋势线之间波动，价格上冲时交易量较重，下撤时交易量较轻。持续形态中，可在价格范围的下边界建立多头。矩形在其形成过程中极有可能演变成三重顶(底)形态，应该注意。

实验报告

在实验报告的撰写上，建议按照标准的实验参考格式。其主要包括实验室名称、实验项目名称、实验原理、实验目的、实验内容、实验器材、实验过程、实验数据及结果分析、实验结论等方面，可根据实际需要进行灵活调整。要求实验结论严谨、可靠、可验证性，格式规范、工整。

实 验 报 告

班级名称：　　　　　　课程名称：
学生姓名：　　　　　　学　　号：
实验地点：　　　　　　实验日期：

实验目的	
实验工具	
实验原理	
实验过程	
实验结果	
实验结论	
实验资料	
实验评语	指导老师：_____ 时　　间：
参与学生签字	

项目 十五 技术分析二

【实训目的】

（1）掌握证券投资最常用的技术分析的波浪理论和主要技术分析指标。

（2）了解如何利用交易软件结合波浪理论和主要技术分析指标进行证券分析。

（3）熟悉主要技术指标的含义。

【实训要求】

（1）对实训目的认真掌握，严格按照实训操作方法对实训内容进行操作。

（2）认真写出实训报告，并总结存在的问题。

（3）对比投资银行的分析报告，比较自己进行技术分析的差距。

【实训设计】

以《证券投资理论与实务》教材内容为理论体系，以波浪理论、技术指标分析等技术分析方法为技术手段；以寻找适当的买卖股票时机为目的对个股进行技术分析，最终具有将理论应用于现实分析过程的能力。

【实训内容】

任务一 波浪理论

波浪理论是技术分析大师 R·E·艾略特（R. E. Elliot）所发明的一种价格趋势分析工具。艾略特认为，不管是股票还是商品价格的波动，都与大自然的潮汐、波浪一样，一浪跟着一波，周而复始，具有相当程度的规律性，展现出周期循环的特点，每个周期都由上升的 5 个过程和下降的 3 个过程组成。这 8 个过程完成以后，这个周期才结束，将进入另一个周期。与波浪理论密切相关的除经济周期以外，还有道氏理论和斐波那奇数列。

波浪理论考虑的主要有三个方面的因素：一是股价走势所形成的形态；二是股价走势图中各个高点和低点所处的相对应位置；三是某个形态所经历的时间长短。三个方面中，股价的形态是最重要的，它是指波浪的形状和构造，是波浪理论赖以生存的基础。波浪理论各个波浪之间在时间上是相互联系的，用时间可以验证某个波浪形态是否已经形成。

波浪理论从理论上讲是 8 浪结构完成的一个过程，但是，主浪的变形和调整浪的变形会产生复杂的多变形态，波浪所处的层次又会产生大浪套小浪、浪中有浪的多层次形态。浪的层次形态和浪的起始点的确认是应用波浪理论的两大难点。

进入页面方式：选择模块【图表分析（9111）】，或者直接输入代码 9111 进入。以浦发银行（600000）为例，选取了在 2004 年 6 月至 2004 年 8 月区间段的走势图，尝试寻找一个完整周期的波浪结构,如图 15-1-1 所示。

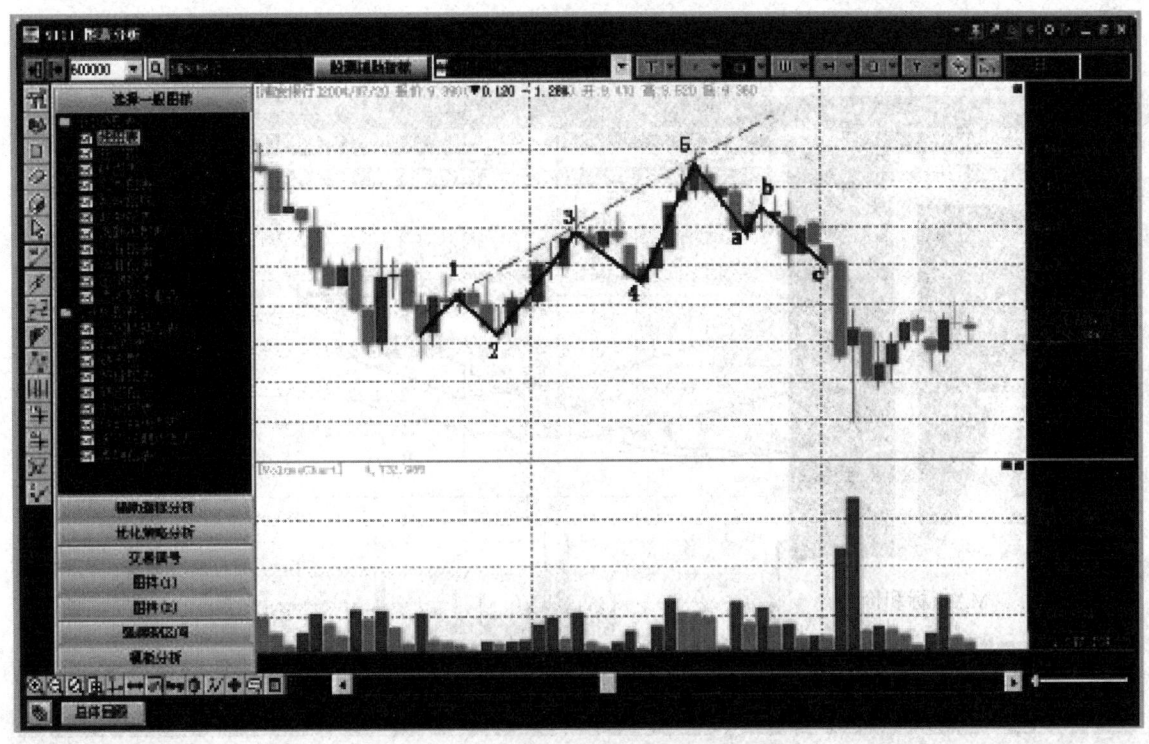

图 15-1-1 波浪形态——浦发银行(600000)

资料来源:市场通-9111 图表分析。

图 15-1-1 是一个上升阶段的 8 个过程,是一个比较完整的浪,0~1 为第一浪,1~2 为第 2
浪,2~3 为第三浪,3~4 为第四浪,4~5 为第五浪。这五浪中,第一浪、第三浪和第五浪称为"上升
主浪",而第二浪和第四浪称为是对第一浪和第三浪的"调整浪"。上述 5 浪完成后,紧接着会出现
一个 3 浪的向下调整,这 3 浪是:从 5 到 a 为 a 浪,从 a 到 b 为 b 浪,从 b 到 c 为 c 浪。0 到 5 我们可
以认为是一个大的上升趋势,从而从 5 到 c 可以认为是一个大的下降趋势。

任务二 移动平均线

移动平均线(MA)是用统计处理的方式,将若干天的股票价格加以平均,然后连接成一条
线,用于观察股价趋势。移动平均线的理论基础是道·琼斯的"平均成平"概念。短期常见的有
MA(5)、MA(10)、MA(20),被称为"短期移动平均线";中期常见的有 MA(30)、MA(60),被
称为"中期移动平均线";长期常见的有 MA(120)、MA(200),被称为"长期移动平均线",其目
的是取得某一段期间的平均成本,而以此平均成本的移动曲线配合每日收盘价的线路变化分析
某一期间多空的优劣形势,以研判股价的可能变化。一般来说,现行价格在平均价之上,意味着
市场买力(需求)较大,行情看好;反之,行情价在平均价之下,则意味着供过于求,卖压显然较
重,行情看淡。

进入页面方式:选择模块【图表分析(9111)】,或者直接输入代码9111进入。在辅助指标分析中选择MA指标簇,选择浦发银行2008年12月至2009年7月区间段(600000)为例(如图15-2-1所示)。

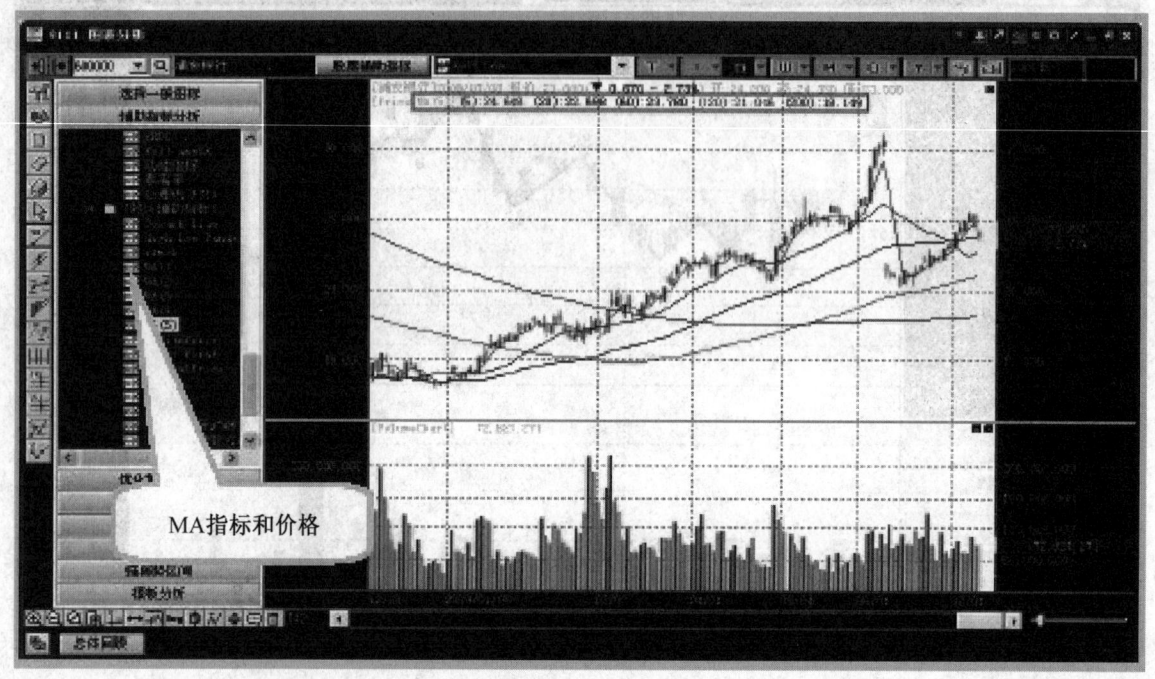

图15-2-1　移动平均线MA——浦发银行(600000)

资料来源:市场通-9111图表分析。

MA是指用统计的方法,图15-2-1显示了浦发银行的5种移动平均线,各指标及其参数均显示在图的上面。例如,当前5日移动平均线的价格显示是24.662元,MA(20)=22.701(元),MA(60)=23.781(元),MA(120)=21.046(元),MA(200)=18.149(元)。市场在2008年12月就开始突破MA(60)线,可以认为是买进的时机,被认为显示出牛市信号。

在实际应用中,常将长期MA(250日)、中期MA(50日)、短期MA(10日)结合起来使用,分析它们的相互关系,判断股市趋势。三种移动平均线的移动方向有时一致,有时不一致,可从两个方面来分析、研判。

方向一致的情况。在空头市场中,经过长时间的下跌,股价与10日均线、50日均线、250日均线的排列关系,从下到上依次为股价、10日均线、50日均线和250日均线。若股市出现转机,股价开始回升,反应最敏感的是10日均线,最先跟着股价从下跌转为上升;随着股价继续攀升,50日均线才开始向上方移动。至于250日均线的方向改变,则意味着股市基本趋势的转变,多头市场的来临。

方向不一致的情况。当股价进入整理盘旋后,短期平均线、中期平均线很容易与股价缠绕在一起,不能正确地指明运动方向。有时短期均线在中期之上或之下,此种情况表示整个股市缺乏弹性,静待多方或空方打破僵局,使行情再度上升或下降。

在MA的组合应用过程中,市场通(MP)提供了这方面条件的个股搜索,即"黄金交叉"和"死亡交叉"。进入页面方式:选择模块【综合(A)】→【特殊功能】→【个股搜索】→【智能选股(1611)】→

条件搜索→股价→【黄金交叉、死亡交叉】。

在图表分析页面(9111)还可以选择优化策略分析和交易信号相关指标。例如在优化策略分析选项里面可以选择【移动平均线交叉】。在交易信号的选项里面可以选择 MA 上转、下转卖出信号。同时，可以对参数指标属性进行设定，如图 15-2-2 所示。

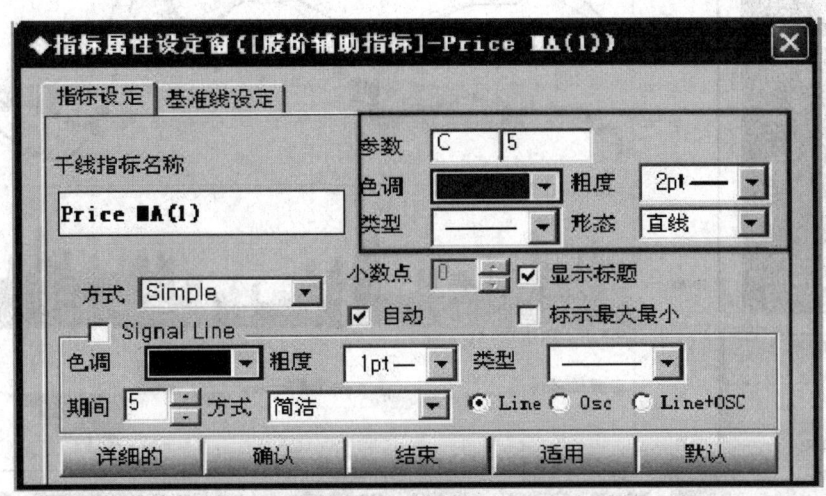

图 15-2-2 指标参数设定

资料来源：市场通-9111 图表分析。

任务三 指数平滑异同移动平均线

指数平滑异同移动平均线(MACD)是根据移动平均线较易掌握趋势变动方向的优点所发展出来的，它是利用二条不同速度(一条变动的速率快——短期的移动平均线，另一条较慢——长期的移动平均线)的指数平滑移动平均线来计算二者之间的差离状况(DIF)作为研判行情的基础，然后再求取其 DIF 的 9 日平滑移动平均线，即 MACD 线。MACD 实际就是运用快速与慢速移动平均线聚合与分离的征兆，来研判买进与卖出的时机和讯号。

同样，在 MACD 应用的过程中，市场通(MP)提供了这方面条件的个股搜索。进入页面方式：选择模块【综合(A)】→【特殊功能】→【个股搜索】→【智能选股(1611)】→条件搜索→技术分析→【MACD】。

在【图表分析(9111)】页面还可以选择优化策略分析和交易信号相关指标。例如在优化策略分析选项里面可以选择【MACD 交叉】。在交易信号的选项里面可以选择相关 MACD 买卖信号。

对于指标的参数，市场通(MP)提供了用户自定义相关参数的具体设置。

进入页面方式：选择模块【图表分析(9111)】，或者直接输入代码 9111 进入。选择浦发银行(600000)2009 年 3 月至 2009 年 7 月区间段为例，在辅助指标分析中选择 MACD 指标，如图 15-3-1所示。

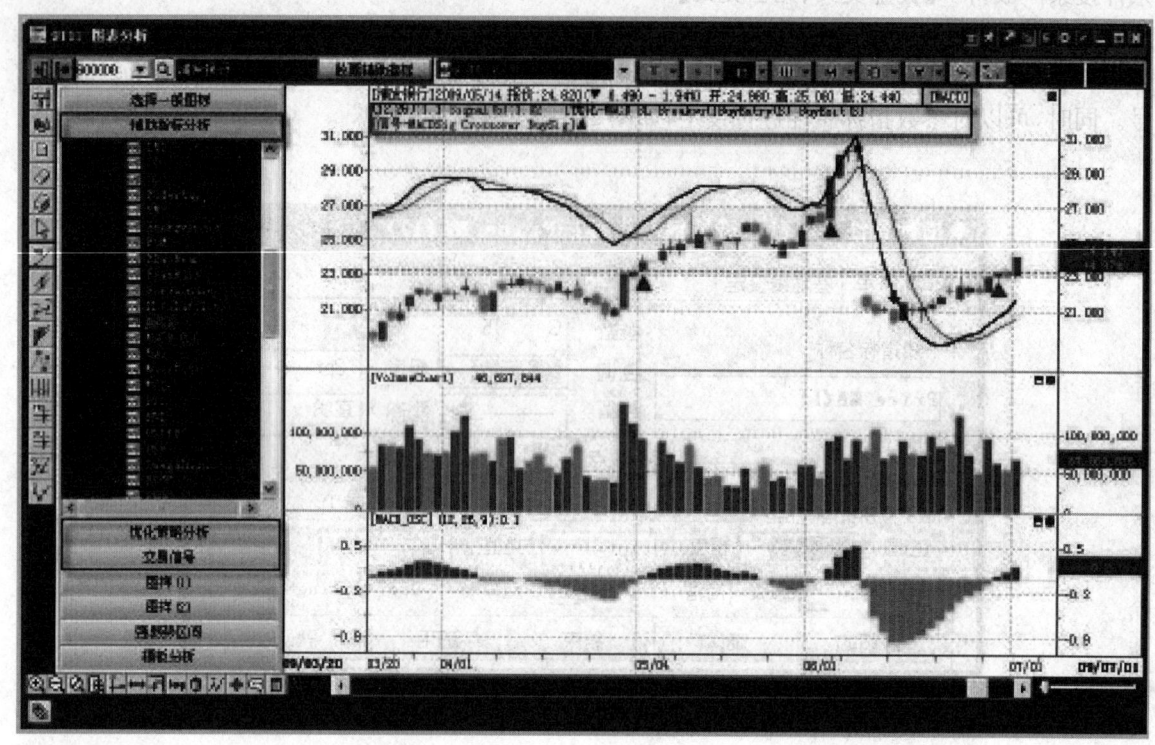

图 15-3-1　指数平滑异同移动平均线 MACD——浦发银行(600000)

资料来源:市场通-9111 图表分析。

图 15-3-1 分别给出了 DIF(黑色)与 DEA(红色),中间的红色虚线为临界值点 0,红色三角形为 MACD 交叉买入信号,黑色箭头为 MACD 基准线突破,最下方的柱状线为 BAR。

当 DIF 和 DEA 均为正值时,属多头市场。DIF 向上突破 DEA 是买入信号,如 2009 年 5 月 4 日的红色三角形,说明此时为买入时机,DIF 与 DEA 均为负值时,属空头市场。DIF 向下跌破 0 轴线,如向下的黑色箭头所示,为基准线突破 0 值,此时为卖出信号。2009 年 6 月 3 日到 2009 年 6 月 8 日,此时红柱状持续放大,表明股市处于牛市行情中,股价将继续上涨,这时应持股待涨或短线买入股票,直到红柱无法再放大时才考虑卖出。2009 年 4 月 15 日到 2009 年 4 月 28 日,此时当绿柱状持续放大时,表明股市处于熊市行情之中,股价将继续下跌,这时应持币观望或卖出股票,直到绿柱开始缩小时才可以考虑少量买入股票。

任务四　威廉指标

威廉指标(WMS)指标通过分析一段时间内股价高低价位和收盘价之间的关系,来度量股市的超买超卖状态,以此作为短期投资信号的一种技术指标。WMS 指标的含义是当天的收盘价在过去一段时日全部价格范围内所处的相对位置。如果 WMS 的值比较小,则当天的价格处在相对较高的位置,要提防回落;如果 WMS 的值比较大,则说明当天的价格处在相对较低的位置,要注意反弹。WMS 的取值范围为 0~100。

在图表分析页面(9111)可以选择优化策略分析指标,即【威廉超买超卖指标】。对于指标的参数,市场通(MP)提供了用户自定义相关参数的具体设置。

进入页面方式:选择模块【图表分析(9111)】,或者直接输入代码 9111 进入。以浦发银行(600000)2008 年 12 月至 2009 年 7 月为例,在辅助指标分析中选择 Williams 指标,如图 15-4-1 所示。

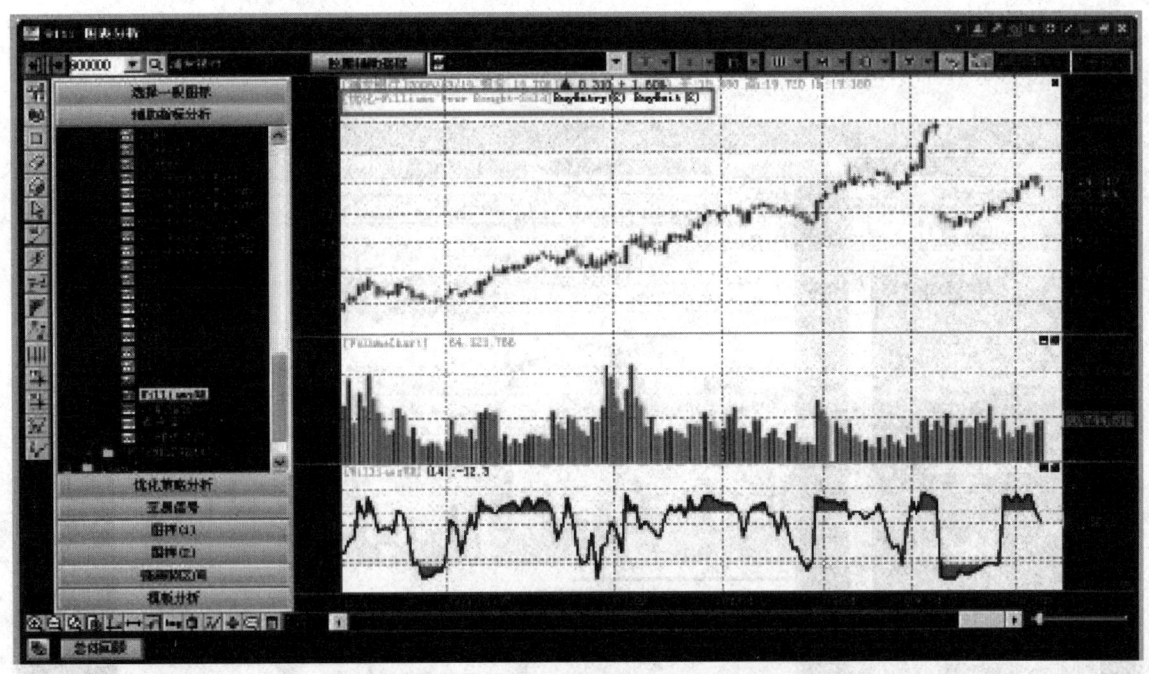

图 15-4-1 威廉指标应用——浦发银行(600000)

资料来源:市场通-9111 图表分析。

如图 15-4-1 所示,蓝色区域为超卖区,此时 WMS 高于 80,行情即将见底,应当考虑买进。橙色区域为超买区,此时 WMS 低于 20,行情即将见顶,应当考虑卖出。

任务五　相对强弱指标

相对强弱指标(RSI)是通过比较一段时期内的平均收盘涨数和平均收盘跌数来分析市场买沽盘的意向和实力,从而判断未来市场的走势。它实际上表示股价向上波动的幅度占总波动的百分比。如果比例大就是强市,否则就是弱市。RSI 的参数为 N,一般取 5 日、9 日、14 日等。RSI 的取值范围介于 0~100 之间。

在 RSI 指标应用的过程中,市场通(MP)提供了这方面条件的个股搜索。进入页面方式:选择模块【综合(A)】→【特殊功能】→【个股搜索】→【智能选股(1611)】→条件搜索→技术分析→【相对强弱指标】。

在图表分析页面(9111)的优化策略分析里面提供 RSI 超卖超买指标选项,在交易信号里面提供了 RSI 超买卖出信号、RSI 超卖买入信号、RSI 交叉买入信号、RSI 交叉卖出信号等选项。在强弱势区间提供了 RSI 看涨信号区域、RSI 看跌信号区域选项,如图 15-5-1 中显示的红色和蓝色箭头符号,及黑色的向上和向下箭头符号。

对于指标的参数,市场通(MP)提供了用户自定义相关参数的具体设置。如图 15-5-1 中所示,为了进行两条 RSI 曲线的联合使用和比较分析,我们利用参数设置工具添加了 RSI(5)和 RSI(14)两条指标曲线。同样可以实现多条指标曲线的联合使用。

进入页面方式:选择模块【图表分析(9111)】,或者直接输入代码 9111 进入。以浦发银行(600000)为例,在辅助指标分析中选择相对强弱指标,如图 15-5-1 所示。

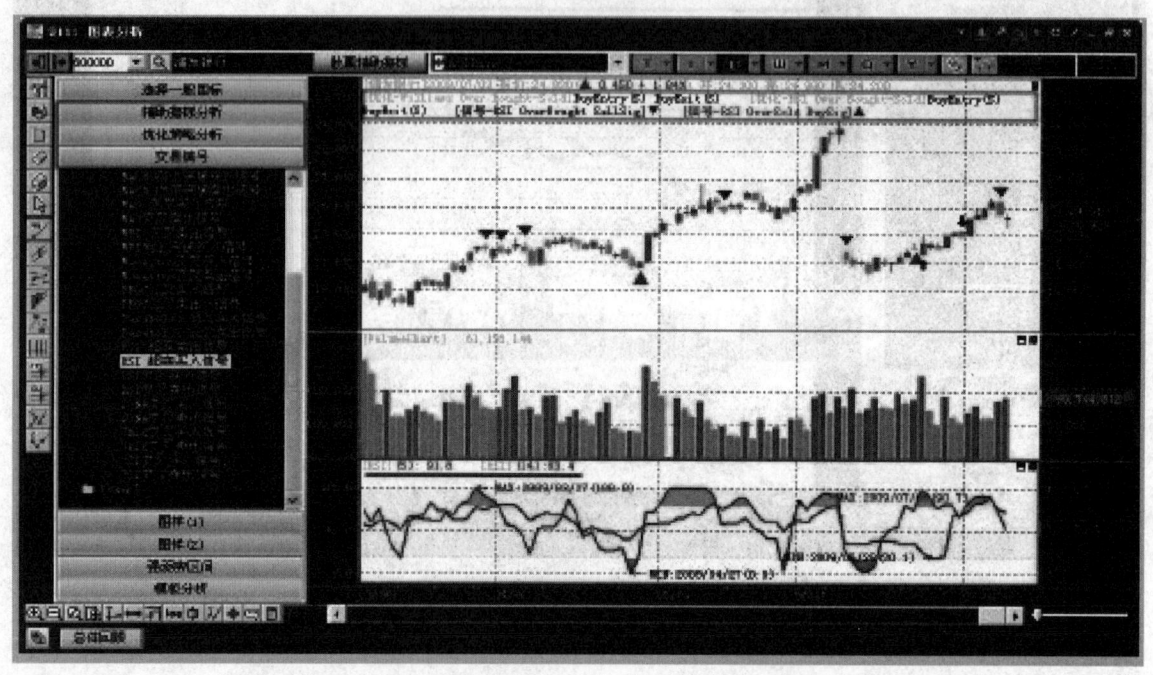

图 15-5-1 相对强弱指标 RSI——浦发银行(600000)

资料来源:市场通-9111 图表分析。

从图 15-5-1 我们可以看到,当短期 RSI>长期 RSI,属多头市场,且 RSI 值在 80~100 之间时,如图中橙色区域所示,此时市场特征极强,投资者可以考虑卖出。当短期 RSI<长期 RSI 时,则属空头市场,且 RSI 值在 0~20 之间时,如图 15-5-1 中蓝色区域所示,此时市场特征极弱,投资者可以考虑买入。

任务六 乖离率指标

乖离率(BIAS),简称 Y 值,是移动平均原理派生的一项技术指标,其功能主要是通过测算股价在波动过程中与移动平均线出现偏离的程度,从而得出股价在剧烈波动时因偏离移动平均趋势而造成可能的回档或反弹,以及股价在正常波动范围内移动而形成继续原有势的可信度。进入页面方式:选择模块【图表分析(9111)】,或者直接输入代码 9111 进入。以浦发银行(600000)为例,在辅助指标分析中选择乖离率指标，如图 15-6-1 所示。

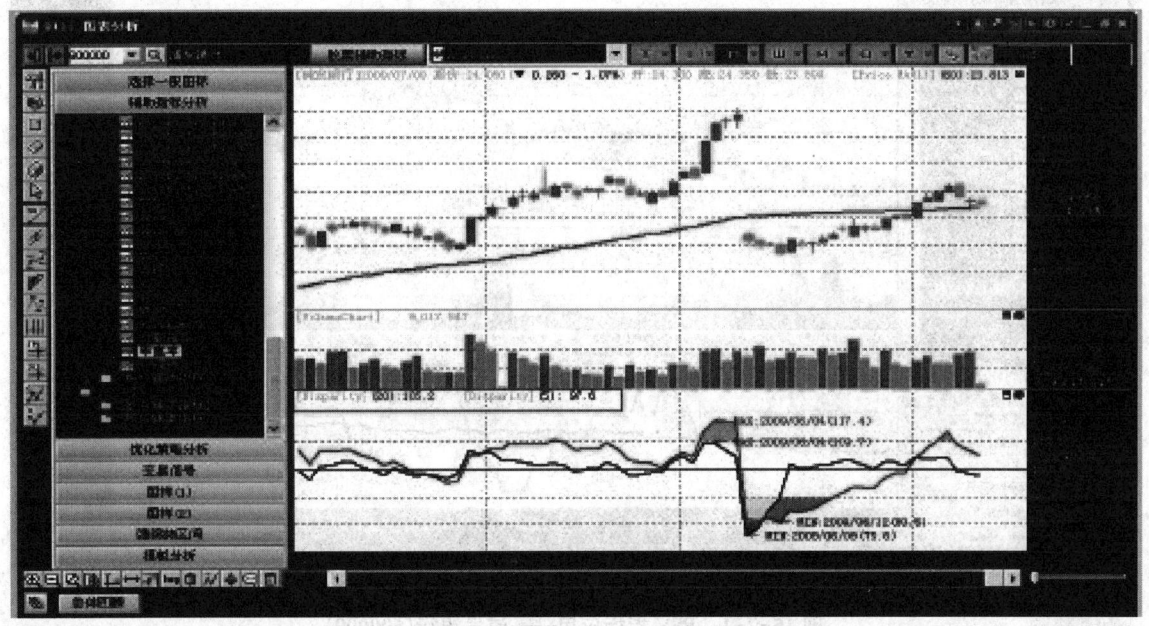

图 15-6-1　RSI 曲线应用——浦发银行(600000)

资料来源：市场通-9111 图表分析。

长短期乖离率指标的综合应用。当短期 BIAS 在高位下穿长期 BIAS 时，是卖出信号；在低位，短期 BIAS 上穿长期 BIAS 时是买入信号。如图 15-6-1 所示，橙色区域为卖出信号区域，蓝色区域为买入信号区域。

任务七　心理线指标

心理线指标(PSY)是一种建立在研究投资人心理趋向基础上，将某段时间内投资者倾向买方还是卖方的心理与事实转化为数值，形成人气指标，做为买卖股票的参数。PSY 的取值范围为 0～100，50 为中心，以上是多方市场，以下是空方市场。以 50 为例，图 15-7-1 中显示 PSY(12) 从 3 月底开始大于 50，表明市场开始看多。事实上，在后面的时间段里面，PSY(12) 值大于 50 的情况属于多数。多条 PSY 曲线的综合应用有助于判断市场当前的主导力量属于哪一方。

PSY 参数的选择是人为的，参数选得越大，PSY 的取值范围越集中，越平稳。当 PSY 的取值过高或过低，都是行动的信号。一般来说，如果 PSY<10 或 PSY>90，这两种极端的情况出现，是强烈的买入和卖出信号，但这两种极端的信号比较难以出现。

进入页面方式：选择模块【图表分析(9111)】，或者直接输入代码 9111 进入。选择浦发银行(600000)为例，在辅助指标分析中选择心理线(PSY)指标，如图 15-7-1 所示。

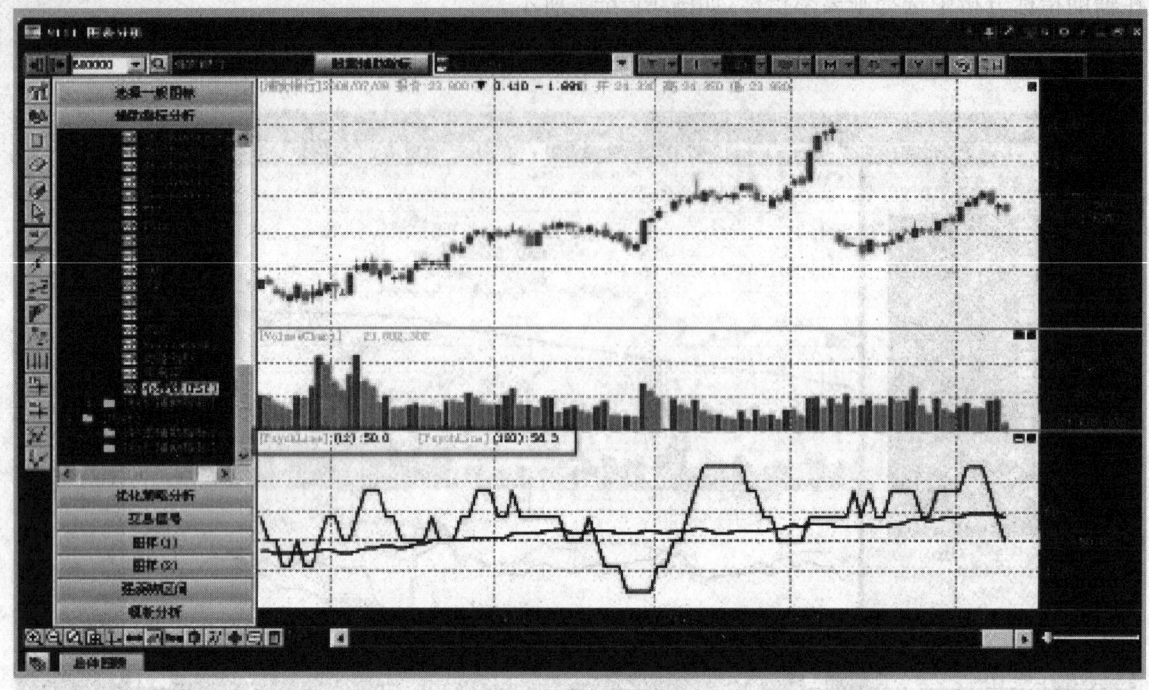

图 15-7-1 PSY 指标应用——浦发银行(600000)

资料来源:市场通-9111 图表分析。

图 15-7-1 给出了长短 PSY 指标的比较,PSY 的聚会范围是 0～100,以 50 为中心,50 以上为多头市场,50 以下为空头市场。由图 15-7-1 可知,由 5 月 4 日到 6 月 1 日,市场处于多头市场,股价一路上涨,买方信心足。

实验报告

在实验报告的撰写上,建议按照标准的实验参考格式。其主要包括实验室名称、实验项目名称、实验原理、实验目的、实验内容、实验器材、实验过程、实验数据及结果分析、实验结论等方面,可根据实际需要进行灵活调整。要求实验结论严谨、可靠、可验证格式规范、工整。

实 验 报 告

班级名称: 课程名称:

学生姓名: 学   号:

实验地点: 实验日期:

实验目的	
实验工具	
实验原理	

实验过程	
实验结果	
实验结论	
实验资料	
实验评语	指导老师： 时　　间：
参与学生签字	